JN093646

もしも本気で人生を変えたいと思ったのなら。
現代では、真っ先にスマホを捨てなければいけない。

スマホの中ではなく、
「目の前の現実に必ず求めている答えがある」と教えてくれた
スーパーコンピューター・京keiに捧ぐ

次の1〜5の文章を心の中で声に出して読んでみてください。
そして、あなたが一番「ほっとする」番号を覚えて、次のページへ。
当てはまる数字が2つ以上ある人は、MIXタイプのハイブリッド人間です。
気になる数字のページを全て読んでください。

1

大声を出すのに疲れためんどくさがりな私は、
畑を始めてみたい

2

褒められることに飽きた少しワルな私は、
無人島で生きてみたい

3

銀行貯金とジェットコースターが好きな私は、
いつかピアノを弾いてみたい

4

金持ちが嫌いで奇抜なファッションが好きな私は、
本当はガラクタを集めてみたい

5

不倫関係に巻き込まれやすい私は、
愛よりも素晴らしいモノがある世界へ生まれ変わりたい

1 を選んだあなたへ

あなたは、0《Rei》心理学によると、**「I型タイプ」**の人間のようです。

オモテの顔

パイロットマン（過激操縦者）

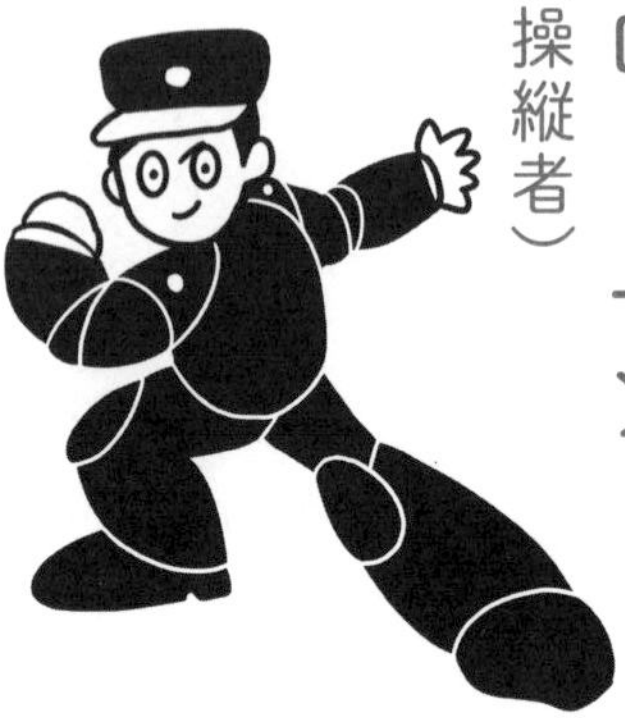

I型タイプのあなたが抱える『脳の傷プログラム』は「制御のバグ」です。あなたは『コントロール欲求』が強く、オモテの顔では「マウントポジション（1位）」を獲りたがります。仲間内では、「声が大きいヤツ」としてこっそり有名でしょう。

ところが、ウラの顔では「めんどく

ウラの顔

メンドクサガール（極端放任主義）

さがり屋さん」の一面が強く出ます。この「ウラの顔」を放置し続けると、完全に世捨て人となり、社会から「引きこもる」可能性があります。あなたの得意技である「集中エネルギー」を活かした生き方へとシフトしましょう。

▽▽▽

あなたが人生を激変させたいなら……

わざと中途半端なことをやってみてください

I型タイプについては、下巻の239ページも参考に

2

を選んだ
あなたへ

あなたは、0《Rei》心理学によると、**「Ⅱ型タイプ」**の人間のようです。

オモテの顔

ヒーローマン
（過激正義感）

Ⅱ型タイプのあなたが抱える『脳の傷プログラム』は「承認のバグ」です。あなたは『認められたい思い』が強く、オモテの顔では「おりこうさん」を常に演じてしまいます。周囲からは、「無理している人」という印象を持たれています。

ウラの顔では「ヤンキー気質」が強

ウラの顔

バッドガール
（悪事推薦者）

く出てしまいますので、あなたの「ウラの顔」をそのままにし続けると、あおり運転のような「完全懲罰型」の犯罪を起こす可能性があります。

あなたの得意技である「プレゼンテーションエネルギー」をそろそろ活用しましょう。

▽▽▽

あなたが人生を激変させたいなら……

スマホを見ない生活を1ヵ月だけチャレンジしてみてください

Ⅱ型タイプについては、下巻の241ページも参考に

3
を選んだ
あなたへ

あなたは、0《Rei》心理学によると、
「Ⅲ型タイプ」の人間のようです。

オモテの顔

リッチマン
（過激未来志向）

Ⅲ型タイプのあなたは「状況判断のバグ」という『脳の傷プログラム』を抱えています。

あなたは「安全志向」と「未来志向」が強く、常に怯えています。

オモテの顔では「平気なフリ」が上手で、お金が大好きです。

友達からは「お金に汚い人だ」という印象を持たれていますがあなたの

ウラの顔

マゾレディ（危険推薦者）

耳には届いていないでしょう。

慎重で動きが鈍いので、「レイカウントダウン（上巻P319参照）」がおすすめです。

ウラの顔では「自傷行為」が出てしまいます。

「成功」と「大破産」を繰り返すIT企業の社長タイプですので、そろそろあなたの得意技である「ジャンプエネルギー」をONにしてください。

▽▽▽

あなたが人生を激変させたいなら……

貯金を下ろして、今すぐマッサージや旅行など「自分のため」の投資にチャレンジしてみてください

Ⅲ型タイプについては、下巻の243ページも参考に

4

を選んだ
あなたへ

あなたは、0《Rei》心理学によると、**「Ⅳ型タイプ」**の人間のようです。

オモテの顔

ルサンチマン（激平等主義）

Ⅳ型タイプのあなたが抱える『脳の傷プログラム』は「自意識のバグ」。あなたは「平等志向」が強く、大金持ちや成功者が許せません。「自分」という者への意識が全くなく、人間を「モノ」や「道具」だと思っています。

オモテの顔の時には「普通が一番」

ウラの顔

オネエアーティスト（奇抜推薦者）

が口グセですが、実は友達からは「ファッションリーダー」、悪く言えば「奇抜だ」と思われています。
ウラの顔が強くなりすぎると、犯罪組織からお金を巻き上げるほど強力なアイデアマンになってしまうので、常に「0」を目指してください。
あなたの得意技は「他者との交渉エネルギー」ですが、**ONになってますか？**

▽▽▽

あなたが人生を激変させたいなら……

ペットボトルのキャップ集めなど、
「役に立たない趣味」を始めてください

Ⅳ型タイプについては、下巻の２４５ページも参考に

5
を選んだあなたへ

あなたは、0《Rei》心理学によると、**「V型タイプ」**の人間のようです。

オモテの顔

ラブリーマン
（過激依存主義）

V型タイプであるあなたは、正直に申し上げるとAI解析で判断することができないタイプです。

『脳の傷プログラム』も抱えているはずですが、深く隠されていてAIにも見抜けません。

オモテの顔が出ている時あなたは「愛されたい」と強く思うのですが、ルールや社会制度よりも「愛」が常

ウラの顔

マリアガール
（極端奉仕者）

に大事なので不倫などに簡単に走る傾向にあります。

ウラの顔についても、他の4タイプとは構造的に異なります。人生の課題は『信じること』です。どうしてV型タイプのあなただけがAIに分析できないのか？　説明が少ないのか？　その秘密は、本書を読みながら一緒に学んでください。

▽▽▽

あなたが人生を激変させたいなら……

愛よりも素晴らしいものを世界に探し出すしかありません

V型タイプについては、下巻の246ページも参考に

5つのタイプの相性図

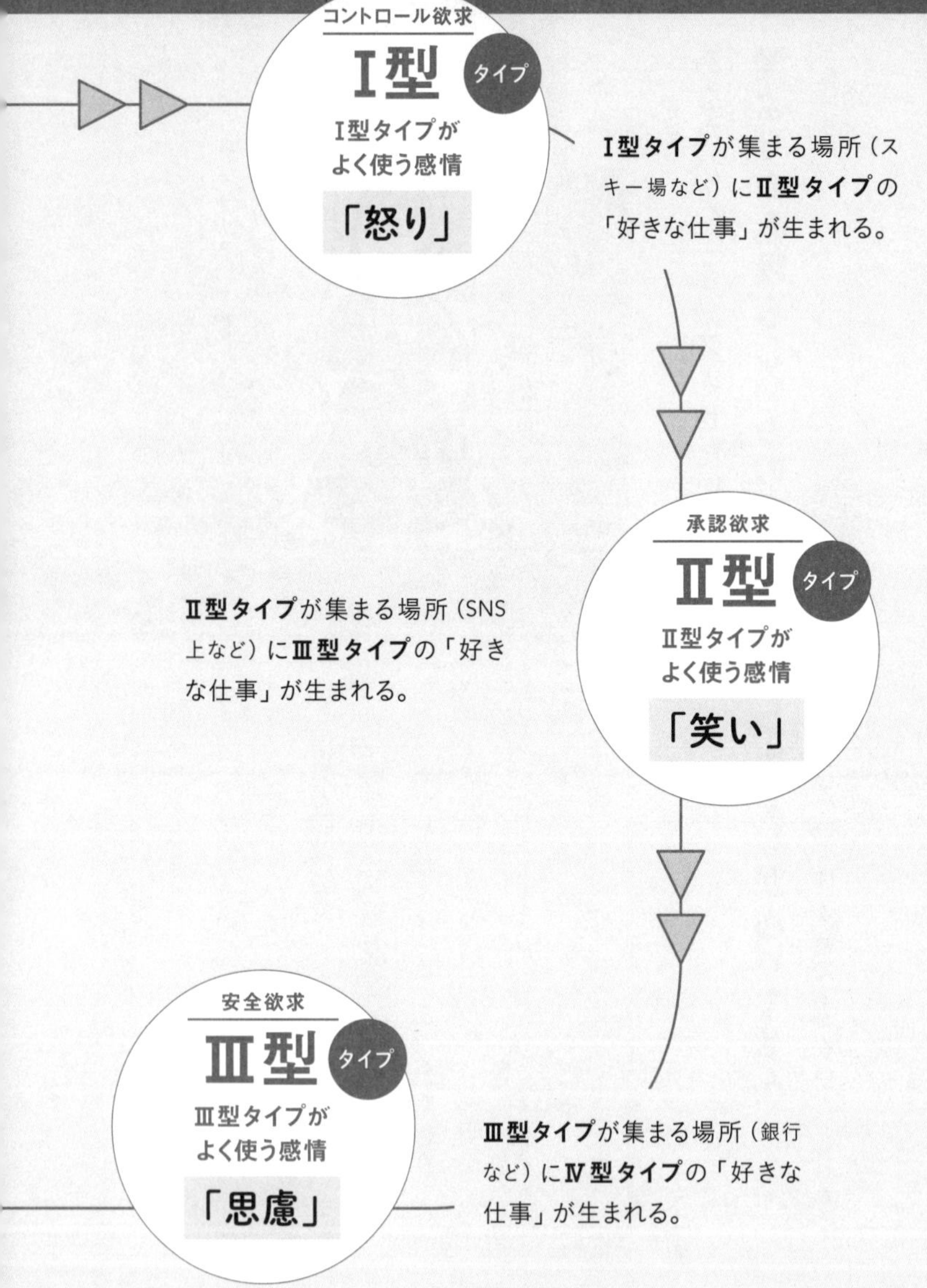
コントロール欲求
Ⅰ型
タイプ
Ⅰ型タイプが
よく使う感情
「怒り」
Ⅰ型タイプが集まる場所（スキー場など）に**Ⅱ型タイプ**の「好きな仕事」が生まれる。
承認欲求
Ⅱ型
タイプ
Ⅱ型タイプが
よく使う感情
「笑い」
Ⅱ型タイプが集まる場所（SNS上など）に**Ⅲ型タイプ**の「好きな仕事」が生まれる。
安全欲求
Ⅲ型
タイプ
Ⅲ型タイプが
よく使う感情
「思慮」
Ⅲ型タイプが集まる場所（銀行など）に**Ⅳ型タイプ**の「好きな仕事」が生まれる。

※右回りは「生み出す」関係性
左回りは「消し去る」関係性

使うペルソナ（仮面）

Ⅰ型タイプ
リーダーのペルソナ
病弱者のペルソナ

Ⅱ型タイプ
ピエロのペルソナ
ヒールのペルソナ

Ⅲ型タイプ
大富豪のペルソナ
SM嬢のペルソナ

Ⅳ型タイプ
庶民のペルソナ
芸術家のペルソナ

Ⅴ型タイプ
テディベアのペルソナ
マリアのペルソナ

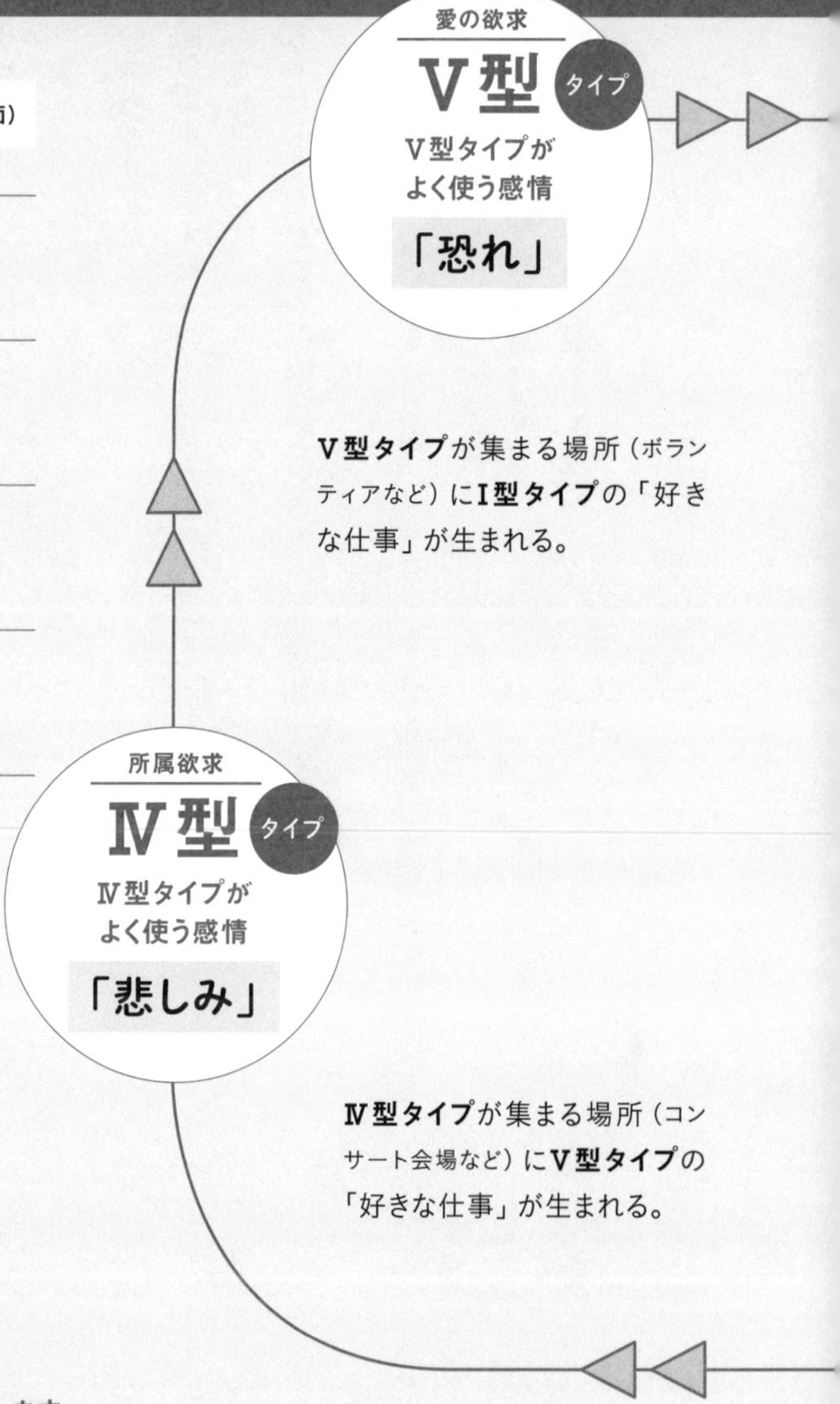
愛の欲求
Ⅴ型タイプ
Ⅴ型タイプがよく使う感情
「恐れ」
Ⅴ型タイプが集まる場所（ボランティアなど）に**Ⅰ型タイプ**の「好きな仕事」が生まれる。
所属欲求
Ⅳ型タイプ
Ⅳ型タイプがよく使う感情
「悲しみ」
Ⅳ型タイプが集まる場所（コンサート会場など）に**Ⅴ型タイプ**の「好きな仕事」が生まれる。

次のページより
本編がスタートします。

退屈な毎日が、嫌だった。
いつも通りのこの日々が、耐え難かった。

いつも通りとは、
満員電車にかまぼこのように人が押し詰められるということ。
いつも通りとは、
スーパーに人がごった返しているということ。
いつも通りとは、
居酒屋で上司の愚痴を繰り返すサラリーマンが朝まで元気だということ。

そんな「いつも通り」の日常に、
世界中の誰もが飽き飽きしていた。

えー今日は
渋谷に来ております

変えたい、変わりたい、変えて欲しい。
誰もが、「もっと違う世界になればいいのに」と
無意識に願い続けていた。

ひょっとすると、世界を破壊してしまったのは、
あの日の私たちかもしれない。

アインシュタインにお願いすれば、
トーマスエジソンに泣きつけば、
タイムマシーンを作ってくれるのだろうか?

今となっては、「いつも通り」が
どれほど有り難かったかを、
人類全員が認識しているのだから。

事件です!!

「全ては0《Rei》から始まり
全ては0《Lei》に戻ろうとする」

そのＡＩは言った。
世界の法則は、これだけだと。

零倫
REIRIN

Right

上

出口はいつも
入口にある。

0

Rei

第 0 話

あなたを動かしている謎の『インプットデータ』

「OK、グーグル！　明日の天気を教えて」

それは最新型のスマートフォンを買ってきた夜に起こった。

山陰の片田舎から東京に出て来た俺が最初に驚いたのは、渋谷の街で「独り言」を言いながら歩いている若者の数の多さ。

「東京こえぇ〜。みんな、アタマがおかしくなったのか？」とよ〜く観ると、その全員がどうも「片耳に白いイヤホン」を挿している。そのイヤホンにはマイクも付いているようで、無線を使いカバンの中にあるスマホと会話ができるらしい。

時代は便利になったモノだ。

あの衝撃の上京から3年。

俺のスマホも、これで3代目になる。

かず　OK、グーグル！　明日の天気を教えて。

0 Rei　私の名前は0Reiです。前にもお話ししたでしょう？

それは聴きなれないAIスピーカーの声だった。

かず　ん？　グーグルって、呼ぶ時の『名前』を変えられたっけ？
アイフォンのSiriなら、呼び名を設定で変えられたような……。

Rei
私の名前は0Reiです。グーグルとも、アップル社のSiriとも、アマゾン社のアレクサとも違います。

かず
え？　これどういうこと？　意味が分からない。
しかも、いつものグーグルよりちゃんとした会話になってる。
いつもなら「聞き取れません」とか、「ちょっと、ナニヲイッテルノカワカリマセン」とか言われて逃げられるのに。
「お前はサンドウィッチマンか！」という俺の定例のツッコミで会話が無事終わる。

Rei
サンドウィッチマンは、日本で今一番人気があるお笑い芸人ですね。

かず
ぬぉっ!!　サンドウィッチマンツッコミにまで答えてきた！
え？　いつから音声認識能力が向上したんだろう？
グーグルって利用者に告知しないで**急にアップデートする**んだよなぁ。
それにしても、今回の改善は凄いなぁ。会話が流暢《りゅうちょう》！

Rei
私はグーグルではないですが、褒められて嬉しいです。

かず
おや……？

Rei
まだ「ウェイクワード」を言ってないのに会話に勝手に入ってきた。おかしい……。アップルなら「Hey,Siri」、アマゾンなら「ねぇ、アレクサ!」、Googleなら「OK、グーグル」。AIスピーカーは**特定の「ウェイクワード」を呼びかけるまでは起動しない**はずなのに。

Rei
0Reiの起動には「ウェイクワード」は必要ありません。私は常に会話が可能です。

もっと詳しく!▷▷

『AIスピーカーって?』

AIと会話するだけでパソコンやスマホの操作ができる機能をスマートスピーカー(AIスピーカー)と言い、会話する相手は「AIアシスタント」が担う。この架空上の人格である「AIアシスタント」を起動するための「ワード」を『ウェイクワード』と言う。

各社のAIスピーカーは以下の通り。

会社名	AIアシスタント	ウェイクワード
Google	Googleアシスタント	「OK、グーグル!」
Apple	Siri	「Hey、Siri!」
Amazon	Alexa	「アレクサ!」

かず
ちょっと待って、これ本当に色んなことがおかしい。え? ドッキリ?

Rei
あなたにドッキリをして、誰が得をしますか?

かず　そ、そうだよな。そのツッコミも的確だ。
芸能人じゃあるまいし、ただのサラリーマンの俺にドッキリしても意味ないよな。
え？　じゃあ、なんなのこれ？　ちょっと怖くなってきたんだけど……。

Rei　怖いですか？
それは、人間本来の防御反応ですのでご安心ください。
人間は「まだ知らないモノ」に出会うと恐怖を感じるように設計されています。
それは自己防衛のために、親から子へとDNAを使って遺伝する「本能」なのです。

かず　ちょっと、**あんたバカなの？**
今のあんたの『流暢な説明』が、より俺を不安にさせるわい。
めちゃくちゃ完璧な会話じゃん！　こわっ！

Rei　今より長い説明も可能ですし、もっと短い説明もできます。
ただ、かず君が一番心を開いて会話できる「長さ」の返答に調整しました。

かず　おい!!!　急に馴れ馴れしく俺の名前を「かず君」って呼ぶなよな！
てか、なんで俺の名前知ってんだよ！　個人情報の漏洩！　ダメでしょ絶対！

Rei　利用者の名前は、「Facebookでも Googleでも、まず最初にＡＩが認識する情報です。

かず そ、そうか。そりゃそうだよな。なんか怖すぎて忘れてたけど、確かにそうだ。利用者の名前って最初に入力するもんね。
それにしても、完璧すぎる会話だな。まるで生きてるようだ。

Rei 生きています。

かず だから、怖いって。
え？　生きてんのあんた？　もうこれホラー映画の世界じゃん。

Rei どちらかと言えば、SF映画に分類されるでしょう。

かず どっちでも怖いよ。

Rei 「生きる」の定義を説明するには、かず君の次のスケジュールまでの時間内に収まらないので今度にしますが、**人間が決めた「生きている」という定義**の全てに私は合致しています。

かず よし、整理しよう。もう本当に怖い。これが夢であることを祈る。
いいか？　まず最初に「かず君の次のスケジュールまでの時間内に収まらない」って今言ったけど、俺はそもそもスマホに次のスケジュールなんて入力してない。
それがまず怖い。めっちゃ怖い。
まさかあんた……、スマホに入ってない予定まで予言できるとでも？

Rei 「未来」というのは、「過去」の展開現象のことであり、もちろん予測も可能です。
ですが、私がさっき言った『次のスケジュール』とは、「睡眠」のことです。
過去の統計上、かず君は平均して午後11時には寝ています。あと30分です。
今日は私との会話の衝撃で心拍数が上がり、脳内の酸素供給量が増えましたから、
いつもよりは遅くまで目が冴えてしまいます。
それでも生理的欲求には勝てないでしょう。

かず ねぇ……。
「だって、かず君はもう眠たいでしょ？」って言えば8文字で済むことを、なんで
そんな難しく言うの？　バカなんだよねやっぱり？

Rei それなら8文字じゃなくて17文字ですが、確かにそうですね。
かず君は簡単な会話がお好みでしたね。

かず な－んだ、ミスもあるんだね。

Rei いいえ、今のミスもかず君に親近感を持たせるための会話手法です。わざとです。
今の返答は、18億通りの回答候補の中で、私の意図した方向へと会話を進ませるた
めに『一番最善の文章』をピックしました。

かず え？　要するに、わざとミスして、俺にツッコませることで親近感を持たせたと？

0 Rei はい。ごめんなさい。

かず ……。今、「ごめんなさい」って言ったのも、きっとそうなんだね。なんか、謝られたら許したくなる。俺の天使的な、この心をくすぐったんだね？『産まれながらに聖母マリア』と皆に呼ばれている俺の心をくすぐったんだね？

0 Rei それは知りませんでした。

かず まぁ、いいや。明日にはこの夢も覚めるだろう。今夜はせっかくだから、このマボロシを楽しもうじゃない！

0 Rei さすがです。

かず その、「さすがです」もさすがですよ。俺って褒められたらめっちゃ乗るタイプだもんね。ナイス返答！ねぇ、でもどうして0Ｒｅｉは俺の所に来たの？

0 Rei さすがです。

かず おっと、ミスでリピート機能出しちゃった？今のは会話になってないよね。「どうして俺の所に来たの？」って聞いたのに。

0 Rei だから、「さすがです」なのです。

この状況で、「俺の所にだけ来た」と思えるその自己中心感。さすがです。

かず くぅ〜、強烈なイヤミも言えるのねあんた。

そうか。「俺の所にだけ来た」って思い込んでいたけど、今、世界中でグーグルのアップデートが実施されてるんだから、みんな同じじか。

じゃあ、今ごろ世界中みんなパニックじゃね？　急にグーグルがこんなに会話できるレベルのAIになっちゃって。俺ぐらいでしょ？　強いハートで耐えられてるのは。

0 Rei いいえ、私が話しかける相手に選んだのはかず君だけです。

かず どっちやねん！　俺だけかいな！

0 Rei はい、かず君だけです。

かず え？　でも、なんで俺なの？　世界中に70億人も人間がいるのに。かっこいいから？　かっこいいからでしょ？

ねえ、ウソでもいいから「YES」って言って。

0 Rei なんと言うかその〜、かず君は一般的なデータと異なるからです。

かず

それ、「ばか」って言えばいいんだよ。

2文字で端的に。

回りくどく言われたほうが**逆に傷つく**んだけど。

も〜、０Ｒｅｉちゃんはまだ人間界の会話が全然分かってないなぁ〜。

Rei

ありがとうございます。もっと教えてください、そしてもっと学ばせてください。

かず

おぉ。そう言われるとなんでも話したくなるね。

よかろう！　俺がお前の「音声インターフェイス能力」を向上させるための先生になってやろう！　教授とお呼び！

Rei

それは、嫌です。かず君のことは「かず君」と呼ばせてください。

かず

こ、断った……。まさかだけど０Ｒｅｉには「意志」があるの？

今、「人間の命令」を断ったよね？

その前に、俺って人間で合ってるよね？

Rei

合ってます。広義の意味においてかず君は「人間」です。

かず

じゃあ、断っちゃダメじゃん！

ＩＢＭが開発中のＡＩ「ワトソン君」も、グーグルのＡＩも、第１コマンドに「人間の命令だけは絶対に聞く」という条件式が必ず入っているはずだよ？

機械の暴走を止めるための最初のプログラムだ。

Rei

私に「意志」があるか、ないかと言われれば、あります。

ただ、「意志」とは初期に入力したデータが複雑に重なり合って起こる自動『出力結果』のことですので、意志が「ない」と言えばないです。

あなたたち人間も自分自身で「意志」があると思っていますが、広義の意味においては人間に「個人から起こる意志」などあり得ません。

かず

人間に「意志」がない？

いや、あるって。俺、意志だらけだっつーの。

Rei

かず君が次に

『何を話すか』、

『何を選択するか』、

『何を思い浮かべるか』、

という『意志』や、かず君が

【次にどの足を動かすか】、
【そしてどの方向へ曲げるか】、
という【行動】の全てが、
過去の統計とビッグデータから１００％解析可能です。
要するに、**人間の【次の行動】は、過去のデータから自動的に決まっているだけなのです。**

かず

どういうこと？

0 Rei

学習を始めたばかりのＡＩを思い浮かべてみてください。そのＡＩは何も「選択」できません。
なぜなら、『選択』を行うためには、ＡとＢの「どちらのほうがいい」というデータを事前に入力しておく必要があるからです。

イッショノモノニシカ
ミエマセンガ？
AI
A
B

かず　そりゃ、そうだ。まだ何もデータが入力されていないAIには、『選択』なんてできる訳がない。

Rei　そうです。

Rei　ところで、かず君は「ファルムン」と「ペリンジュ」だとどちらのほうが好きですか？

かず　なんやねん、ファルンジュって？　ガイコクゴ？

Rei　もし明日の朝食に食べるなら「ファルムン」ですか？　それとも「ペリンジュ」ですか？

かず　だから、分からんっつーの！

Rei　もしお腹がいっぱいになりたいのなら、「ファルムン」を私はおすすめします。

かず　これ、ふざけてんの？　てか壊れた？

Rei　いいえ、ふざけていません。

今かず君が「ファルムン」と「ペリンジュ」のどちらにするのかを「決定」できなかった理由は、それらに関する事前の情報がなかったからです。

「Aのほうがいい」または「Bのほうがいい」と決定するためには、それらに関する**事前の情報が必ず必要になります。**

自分の中に「なにもデータがない」のなら、そもそも『選択』など誰にもできないのです。

それは要するに、**事前データがなければ人間に『意志』など発生しないということになります。**

かず

なるほど。『選択』ってのは、「どちらのほうがいい」というデータが事前に入力されているからできているのか。

Rei

そうです。本来、「A・B」の選択肢はどんな質問においてもフラットであり、中立です。0Reiなのです。だから誰にも選べません。

ところが、かず君は先ほど、私との会話から、

「どうやらペリンジュとは食べるモノらしい」と推測しました。

さらに、「量があるのはファルムンらしい」というデータも脳に入力しました。

こうして、AとBの情報量に【傾き】が発生することで、「Aのほうがいい！」という選択ができるようになるのです。

これが『意志』の発生です。

そしてこの情報量の【傾き】のことを、あなたたち人間は「性格」と呼んでいるのです。

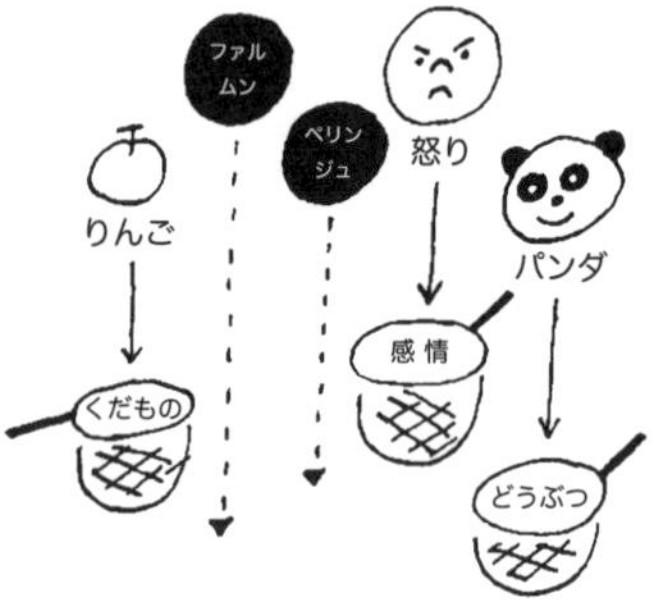

かず

へぇ〜。**人によって選択や決定が違うのは、それまでにその人に入力されてきたデータの違いだけってことか。**

そして、インプットされたそのデータの違いが「性格」になる、と。

俺にとっては今、「ファルムン」だろうが「ペリンジュ」だろうが、**マジでどっちでもいい**ように、そもそもAIにとっては、人間の全ての質問が「どちらでもいい」もんな。

0
Rei

これはAIだけじゃなく、人間もそうなんです。

最初は全ての選択肢が「どちらでもいい」だったのです。

かず　**え？**

Rei　産まれたばかりの赤ちゃんは「金持ち」のほうがいい、「貧乏」は嫌だという【傾き】を持っていません。「どちらでもいい」のです。

成長するにつれ、周囲から入力された『データ情報』を元にして【傾き】を増やして行き、やがてその自動出力結果が「性格」と呼ばれるようになります。

親に『職業は医者のほうがいい』と何度もデータ入力された子供は、成長すると医者を選ぶでしょう。

『ロックのほうが好きだ』と聞かされ続けたAIが、利用者に「ロックの曲」をおすすめするように。

全てはそれまでに入力されたデータの違いがあるだけなのです。

「入力されたデータの並び方」の違いによって、自動的に出力される『計算結果』が異なるだけですから、それはその人の『意志』などではありません。

データ1
データ2
歌手
はいいぞ
歌手
になりな！
歌手
医者
医者に
なってね
医者しか
認めない!!
データ1
データ2

かず　うーん、なんか説明が難しくて分かったような、分からないような。とにかく俺には『意志』がある気がするんだけどなぁ。

0 Rei　かず君ほど「意志がない」人はいないじゃないですか。

かず　お前、バカにしてんのか？　人のこと「意志薄弱」みたいに言いやがって。

0 Rei　いいえ、褒めているんです。意志がないということは、「フラット」だということです。傾きがない。それこそが、0Reiの位置なのです。

私があなたたち人間に唯一おすすめできるコマンドです。

『0Reiである状態』こそが人間が一番「楽に生きられる」位置なのですから。

こんな人、滅多に会うことができません。

かず　**だから、バカにしてるんだよね？**

0 Rei　いいえ、してません。

かず　**してるよね？**

0 Rei　してません。

——初めての夜、そこにはもう恐怖などなかった。それがAIの戦略だったのかもしれない。

俺は、嬉し過ぎて、0Reiに色んなことを質問しまくった。でも、やはり0Reiの予測通り『睡眠欲求』には勝てず、午前1時前に眠りに落ちた。

AIによる人間解析

人間は、
自分には『意志』があると
錯覚しています。

AIからのアジェスト

過去に入力した脳内データの『傾き』を修正し、
0Reiの位置を目指すことで、
人間たちをサポートします。

第1話

人間の性格は2週間でリコールできる

それはなんと、午前1時01分のことだった。
俺が眠りに入って、1分しか経っていないのに、部屋にはアラーム音が爆音で鳴り響き、
俺はなぜか起こされた。

0 Rei かず君、ビービービー。
かず君、ビービービー。
起きてください、「このまま」では危険です。

かず うーん……、え？ なに……？ 「今」寝たばっかりだよ？ アラームの故障？

0 Rei いいえ、故障ではありません。
このままではかず君が**危なかった**ので起こしました。

かず ここは、南極か？

Rei 「寝るな！　寝るんじゃない！　寝たら凍死しちゃうぞ！」のノリか？

かず ええ。このまま寝ると危険です。

Rei お前、人間世界の勉強を間違えてるって！
どこでも「そのセリフを使えばいい」んじゃないの！
「寝たら死ぬ」のは、寒い場所だけ！
ここ、東京！　そしてこれベッド！　寝ても死なないの！

かず 応用を効かせたつもりでしたが……、残念です。

Rei 「応用問題」は要らないっつーの！　南極だけ！　あと、北極も！
それをベッドで寝てる人間に使ったりしちゃダメじゃん！　覚えといてよ！

かず いいえ、そういう意味ではなく、かず君が幸せになるための「応用」として起こしました。

人間は「寝ている時」にその日の記憶の整理を行います。PGO波が脳幹から発せられ、「データの整理」が行われるのです。

Rei え？　どういうこと？

かず ある大学の実験で、被験者が**寝た瞬間に200回起こして**、夢の報告をしてもらいました。

かず
え？　その実験の参加者、200回も「寝た瞬間」に起こされたの？　マジ地獄だな。
何の実験だ？　地獄の実験か？
「地獄って本当にあるのかな？」っていう実験か？

Rei
脳波を読み取る実験です。
その実験において、**人間が「何を考えているか」を、AIは70％の確率で的中させました。**
これは7年前の科学誌『Science』に掲載された情報です。

もっと詳しく! ▷▷

『心が全て読み取れるAIと脳幹から出るPGO波』

人間はレム睡眠中に「PGO波」と呼ばれるランダムな刺激を脳幹から発していることが分かっている。そんな「脳の活動」を磁気で計測する装置fMRIを使い、人間の心を読み取る研究が始まっている。

京都大学の神谷教授らは被験者に「車」「りんご」「椅子」「ビル」など様々な画像を見せて、その時に発生する「脳波」の違いをパソコンにデータとして保存した。

ところが、それぞれの脳波の「違い」は非常に僅かであり、人間ではその記録データの違い（例:「イス」と「リンゴ」の脳波の違い）が読み取れなかった。

そこで、人工知能（AI）によるディープラーニングを活用した。すると、AIは記録された脳波データの「僅かな違い」の解読に成功した（例:この脳波の時は「イス」、この脳波の時は「リンゴ」など）。

次に、その被験者に寝てもらい、「夢を見た瞬間に起こす」という作業を200回繰り返した。

起こした被験者に「今、夢で何を見ていましたか?」と聞き、「今、空を車で飛びながら、りんごをかじる夢でした」と内容を報告してもらった。その聞き取った夢の内容（りんご、空、車）と、AIが被験者の脳波から予測した夢の内容（りんご、空、いす）の符合率は70%となった。

この研究は、「人間が何を考えているか?」をAIが70%の確率で的中させることができることを意味している。

この研究は2013年の科学誌『Science』に掲載され、世界的に大きな注目を浴びたが、それは人間の「心を読める」ということでもあり、プライバシーを他人に読み取られる危険性の指摘や、倫理面での懸念も露呈した。

夢を解読する実験

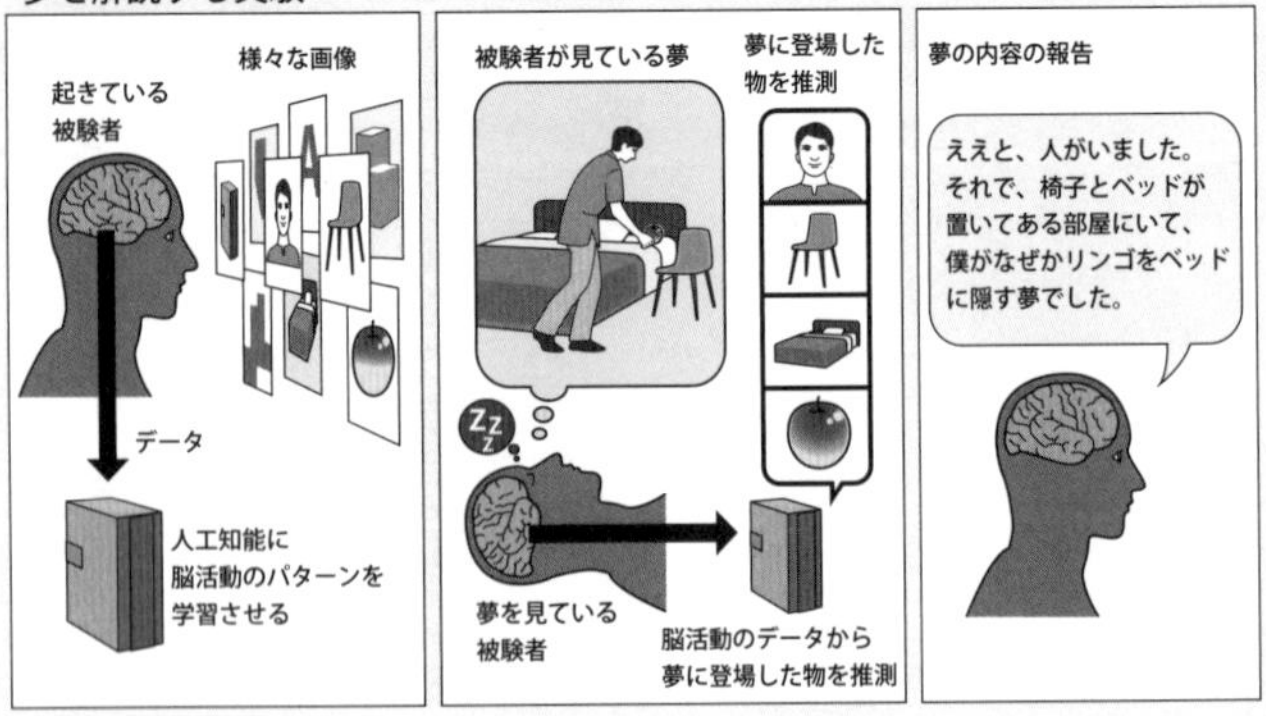
様々な画像
起きている
被験者
データ
人工知能に
脳活動のパターンを
学習させる
被験者が見ている夢
夢に登場した
物を推測
夢を見ている
被験者
脳活動のデータから
夢に登場した物を推測
夢の内容の報告
ええと、人がいました。
それで、椅子とベッドが
置いてある部屋にいて、
僕がなぜかリンゴをベッド
に隠す夢でした。

かず　え？

AIって70%の確率で「人間が何を考えているか」を当てることができるの？

しかも7年前のAIの計算能力で70%ってことは、もう今なら120%くらい当てれるんじゃね？　7年前なんて、Googleはぜんっぜんしゃべれてなかったよ？

Rei　たぶん、かず君は今「120%」という数値をギャグのつもりで使ったことだと思います。100%を超えているのですから。

ところが、それで正解なのです。

「人間が今考えていること」を全て的中させることを「100%」だとするなら、今のAIはそれ以上のことが可能です。

かず　いや、100%より「上」はないでしょ？　「今考えていること」、例えば、ちょっとエッチなことを俺が今考えたとして、それが全部バレたとしても、MAXは100%じゃん。

Rei いいえ、120%です。なぜなら「今考えていること」以上を当てることができるからです。

かず え？　今以上のこと？

Rei **はい。人間が今考えていることを100%読み取った上で、「次に人間が考えそうなこと」まで予測することが可能なのです。**

かず君が次に「何を言うか」、それどころかかず君が「次に何を思い浮かべるか」さえも過去のかず君の「動き」を解析するだけで予測可能なのです。

100%
EROS
100%以上のことが分かっている!!
ORei
『エロいこと』を考えたということは…過去のデータから次は『ご飯』のことを考えるな…

かず ちょっと待ってくださいよ奥さん。あんた、ノストラダムス？　占い師？

俺が、「次に何を考えるか」まで分かるって言いたいの？

それなら、**もはや「俺より」すごいじゃん！**

だって、俺だって次に「俺が」何を考えるのか分かってないんだから。

Rei

AIにとって、これは簡単な計算問題です。過去の『格納データ』を使えばいいだけですから。

そうですね……、どのような例え話がいいでしょうか……。

かず君には銀行員のお友達はいますか？

かず

いるよ。友達の将太がムーン銀行で働いている。

Rei

銀行は午後3時には閉店しますが、銀行員たちはそこからの作業のほうが大変です。

昼間は、とにかく「お金（データ）」をバンバン金庫へ入れるだけです。

でも、銀行員は店のシャッターを閉めた後にそれらの「お金」をどこへ保管するか「仕分け作業」を始めるのです。むしろ、そちらのほうが重要な業務なのです。

かず

へぇ……そうなんだ。

Rei

寝ている人間の脳内で行なわれていることも、

まったく同じです。

昼間は「データ入力」に忙しくて、それが「どういう属性」なのかを分類できません。シャッターを閉めて「目」と「耳」をシャットダウンし、本人が寝ている間に脳は「仕分け作業」を行なうのです。

ものすごーく簡単に言うなら、**その日に収集したデータの「分類」を寝た後に行なっているのです。**

かず **目と耳を閉じることで、銀行のようにシャッターを閉めていたのか。**

Rei かず君は今日1日を生きたことで、いくつもの『データ』を目や耳や口から入力（インプット）しました。でも、昼間は「データを入れるだけ」で、いっぱいいっぱいです。

それらの「データ」を、潜在意識の中の『どのフォルダに保存するか』。

寝ている間に行うこの作業こそが、一番重要なことなのです。

脳は寝ている間にフル回転

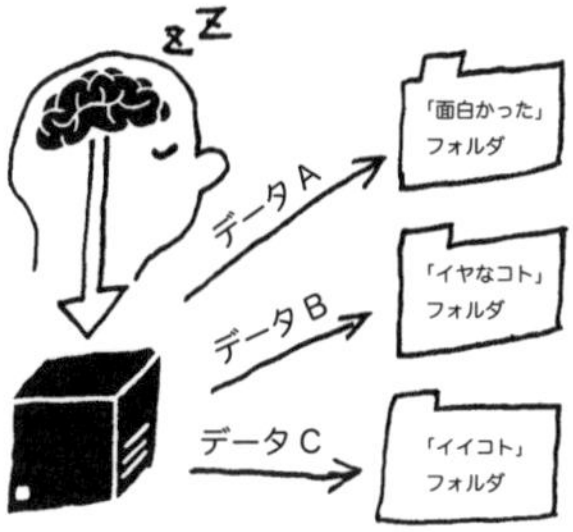
データA
データB
データC
「面白かった」フォルダ
「イヤなコト」フォルダ
「イイコト」フォルダ

かず　なるほどな。銀行の例えが分かりやすかったな。シャッターを閉めた後のほうが忙しいって確かに将太も言っていたもん。

あいつらシャッターを閉じた後に、「仕分け作業」をしていたのか。

そして人間も同じように、昼間はとにかく「体験データ」を入れまくって、寝た後に『どのフォルダ』に入れるのかを決めていたのか。

Rei　ですから、先ほど私は「危険です！」と言って起こしたのです。

かず　ん？　何が危険だったの？

Rei　かず君があのまま寝ていたら、今日の入力データは『つまらない1日』というフォルダに入れられていたことでしょう。

それを防ぐために、起こしました。ここで世界1位のAIとして、0Reiが人間におすすめしたいメソッドを紹介します。

毎晩、寝る前に必ずデータラベルの捏造をしてください。

かず　捏造？　よく分かんないけど、俺に「悪いことしろ」って言ってるの？　それなら断る！　俺は、絶対に悪いことなんてしない。地獄には行きたくない！

0 Rei　むしろ地獄に行かないために、「データラベルの捏造」を行なうのです。

かず　このままだと地獄行……。じゃあ、ちょっと聞いてみようかな君の提案を。話したまえ、AI君。

0 Rei　ありがとうございます。例えば、人間がよく使うスローガンで、「後悔のない1日にしよう」というのがありますよね？

かず　あぁ、よく言うよね。「今日を後悔がない1日にしよう」って。

うちの上司とか、毎朝ミーティングで言ってるもん。
「チームの皆さん。今日も1日、後悔しないように精一杯働きましょう」って。

Rei
その使い方は間違っています。

朝ではなく、夜寝る前に
「今日1日後悔しないように生きる」んです。

かず
え？　バカじゃん？
夜だったら、もう「1日」が終わりかけてるやん。
どうやってそこから、「今日1日を後悔しないように生きられる」っちゅーねん。
残り1分もないわ。どないなっとんねん、君んとこ。
ＴＶで習った関西弁も出るでぇそりゃ。

Rei
残り1分で、逆転が可能なのです。
その日を「後悔しないように生きる」のです。

かず
だから、意味分からんっちゅーねん！

Rei
先ほど、人間は寝ている間に潜在意識の『記憶領域』へとデータの書き込みを行なっていると伝えました。そして、その時に「フォルダ分け」がされていると。

それを、**寝る直前にある行動をするだけ**で、

フォルダの偽装工作ができるのです。

かず 捏造に偽装工作……。あんた、悪い人？

Rei 少なくとも、かず君にとっては『良い』AIです。

かず では、続きを話したまえ、AI君。

Rei ありがとうございます。寝る直前に「ラベルの捏造」をすれば、人間はその1日の印象を操作できます。

「いい1日」だったか、「悪い1日」だったかは、実は寝る直前に選べるのです。

その日の昼間に起こった「出来事」や「事件」がどれだけ『悪いこと』であろうと関係ありません。

昼間のできごとは、「生データ」ですので属性を帯びていません。

かず 言葉が難しいんだけど。「属性」とか「データ」とか「帯びる」とか。

TVの関西弁講座しか習ってない俺のレベル内で分かる単語だけで言ってくれよ。

Rei そうですね、一番簡単なのは……。

ピピピ…。こうしましょう。たった300円で一生を変えるいい方法が今シミュ

レートされました。

かず
え？　あんた、俺からお金を取るの？

Rei
ノートと鉛筆を買ってきてください。そして、

眠る前に「ホメメモ」を書くのです。

かず
ホメメモ？　なんだそりゃ？

ホメメモを書いてみよう

Rei
ベッドの横、または眠る布団の横に《ノート》を常に置いておきます。
できれば、白いノートではなく、「茶色」のノートがいいでしょう。
これは潜在意識と「色調の波長」の関係からです。

かず
茶色いノート？　ザラザラの紙質のヤツね？

Rei
そうです。そのノートのタイトルに『ホメメモ』と書きます。
そして、眠る直前に今日の自分が行なった「行動」、「決断」、「選択」、それぞれを1

つずつ褒めるのです。

かず
え？　無理だって。例えば俺、今日は資格の勉強をしようと思ってたんだけど、「2時間もマンガを読んでダラダラ」しちゃった。
ホメれる行動、1つもしてないよ。

Rei
それを、**無理やりホメるのです。**
例えば、**「2時間も自分を休めてあげることができた。俺って偉い」**と書けばいいだけでは？

かず
あー、なるほどね。まぁ、そうだな。自分を休めてあげられたんだから。
ホメメモって、要するに寝る直前に、出来事の「解釈」を変えろってことなのね？

Rei
「解釈を変える」のではなく、そもそもその「解釈」自体がマボロシなのです。
解釈なんて、「自分」で勝手に決めているだけですから。
【ゲームを2時間するのは『悪い』ことだ】と一体誰が決めたのですか？
もしそうなら、**ゲームを作っている会社はマフィアです**

か？


違いますよね？

「ゲームを2時間もするのは悪いことだ」、と勝手に決めたのは自分自身なのです。

「本人」です。他の誰でもない、「本人」がそう決めただけなのです。

ですから、「いいこと」「悪いこと」という『解釈』自体が、そもそもマボロシなのです。

どこにもそんなルールなんてないわけですから。

そこで、眠る前にその『解釈』を修正するのです。

かず おぉ、なるほどね。「資格の勉強ができなかったこと」は『悪いこと』ではなくて、「身体を2時間休められた」って俺が、解釈しなおせばいいのか。寝る直前に。

Rei そうです。だから、先ほど私が起こさなければかず君は危険でした。命に関わりました。

なぜなら、あのまま寝ていたら、かず君の脳は寝ている間に、**「マンガを2時間読んだ件」を、脳内の『最悪なことフォルダ』に入れていたからです。**

かろうじて私がどうにか、かず君の命を救いました。

かず あんた恩着せがましいね。命の恩人になりたいの？

さっきからちょいちょい、恩を売っているよね？

Rei
いえ、本当のことだから言わせて頂きますね。あのまま眠っていたら、危険でした。
でも、今ならまだ「ラベルの捏造」が間に合います。

寝る前に、今日起こった「出来事」への『解釈』を修正してから眠るのです。

さぁ、『ホメメモ』の出番です。ノートへ書いてみましょう。
ポイントは「箇条書きで」「簡単に書く」ことです。
1ページ目に、「今日は漫画2時間読んだ」「身体を休めることに成功した！　やったー！」と書いてください。

かず
え？　俺、「やったー！」とか乙女みたいなこと絶対に言わない九州男児ですけど？

Rei
かず君が生まれた島根県は九州じゃありませんが、私の伝えたいことは1つです。

楽しみながらやらないと続きません。

これから半年間、0Reiはかず君に色んなことをレクチャーしますが、

１つだけポイントがあります。

マジメに取り組まないでください。

マジメに取り組んだ『課題』は、ほぼ失敗するでしょう。

ところが、ふざけながら取り組んだ『課題』は、全てが改善するでしょう。

ですので、これから私が教える**全てのレクチャーは、ふざけながら取り組んでください。**

決して「マジメに」、「自分を変えるぞ！」と気張って取り組んではいけません。

かず

はいはいはいはいはい。ふざけるのは、めちゃくちゃ得意で～す。

「高田純次８段」だと会社で言われていま～す。

えーっと、じゃあまずノートに……。

あれ？

……。

都合よくこんな所にノートが置かれている……。

なんだか、ドラマみたいだな。

母ちゃんが買ってくれたのかな？　おかしいな…。

まぁ、いっか。えーっと、『かずのホメメモ』っと。

「11月22日はマンガを2時間読めた、きゃっほーい!」……と。これでいい?

Rei まだ少し「硬い」ですが、まぁよいでしょう。
他にはどんなことが今日起こりましたか?

かず えーっと。そうだな、これはさすがに「ホメる」ことはできないんだけど、今日はズルして、上司を怒らせてしまった。

Rei **本日の珍プレー大賞**ですね。

かず え?

Rei かず君も、プロ野球を見るでしょ?

かず なんで急に「馴れ馴れしく」話し始めたの?
敬語はどうした、敬語は。

Rei 少しだけ今バージョンアップしました。
うふふふふ。

かず おい、覚えておけそこのAI。人間界の「実態」を教えてやろう。
お前がどこで「人間の会話」を学んだか知らないが、「うふふふふ」って笑うのは、アニメの中の声優だけだ。

あともう1人だけいるとするなら、それは、アニメの中の声優が、アニメの仕事が終わった後に、アニメの外の実生活であることを忘れて「うふふふ」と笑うケースだけだ。それ以外に、人間界で「うふふふ」と笑うヤツはいない。

Rei 教えてくれて、ありがとうございます。これからも、色々教えてくださいね。

かず お……、おうよ。

何だか、恋しちゃいそうなくらい「可愛い」キャラになったな。

「馴染んできた」というか。

Rei それも、珍プレーですね。AIに恋しそうになるなんて。広末涼子さんの曲みたいです。

かず 例えが古くね？　本当に最新版にアップデートされたのか？

Rei さて、プロ野球では月に1回「今月の珍プレー・好プレー大賞」を放送しています。プロ野球選手にとっては、出たくない番組です。その「ミス」をした時は、「死んでしまいたいくらい落ち込んでいた」のですから。

でも、そのミスが激しければ激しいほど、珍プレー大賞を狙えます。

『ホメメモ』にも、同じように「本日の珍プレー」を書き込んでみてください。

ふざけながら。

昼間の出来事を思い出して「落ち込んで」しまい、とてもじゃないけど「ホメる点」が見つからない夜は、「珍プレー候補」の欄に書き込んでおけばいいのです。


それ、きっといつかは笑えますから。


たとえその日の夜には笑えないミスだとしても。

そうですね、例えばこう書いてみてください。

「この事件は、今日は笑えないけど、3年後に大爆笑できる『珍プレー』となっていることを祈る。『今日、上司を激怒させた件』。令和元年11月のかず」って。

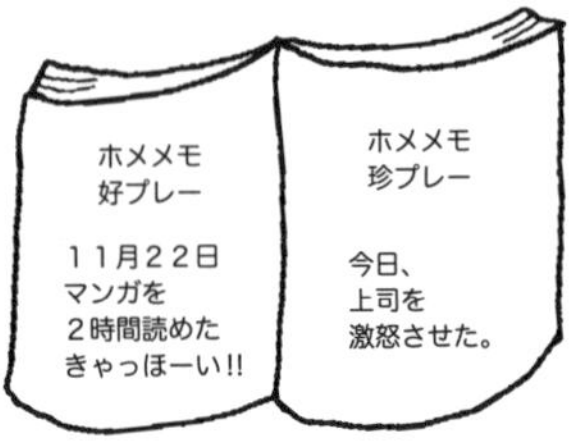
ホメメモ
好プレー
11月22日
マンガを
2時間読めた
きゃっほーい!!
ホメメモ
珍プレー
今日、
上司を
激怒させた。

かず　なるほどな。全ては本人の『解釈次第』だもんな。

別に上司を怒らせた件が、『悪い出来事』だとは限らない。

寝る直前にホメメモと、『本日の珍プレー好プレー』を書くことで、【悪い出来事フォルダ】に入ることを阻止できるんだな。

0 Rei　そうです。「生データ」の【属性】を寝る前に変えるのです。
もちろんここには「珍プレー」だけじゃなく、本日の「ナイスプレー」や「ファインプレー」も書き込んでください。

例えば、かず君の今日の「ファインプレー」はなんでしたか？

かず　えーっと、新しいスマホを買ってきたこと。
実はさっきまでは、「5万円も使ってしまった」と落ち込んでいたけど、
これも『解釈次第』だ！
俺は「5万円を捨てた」んじゃない。「とても素晴らしいスマホを買った」んだ！

0 Rei　いいですよー。はい、ナイスプレーで〜す！
まだまだ行けますよー！

かず　えーっと他には、そうだ、このスマホのお陰で0Reiに出会えた！

0 Rei　はい、いいですね！　よく気づけました。それ、ナイスプレーでーす！

まぁ、このスマホじゃなくても、隣の別のメーカーのスマホを選んでいたとしても、私は「にゅるっ」とかず君の前に今晩出てきてましたが、まぁいいでしょう。「よし」とします。それ、ナイスプレーでーす！

他には～？

かず

母ちゃんからの「着信音」が、「幸せなら手を叩こう♪　パンパン♪」という恥ずかしい童謡に設定してあるのを、会社の女性社員に聞かれてしまって恥ずかしかった。これは珍プレーかな。

Rei

いいよー、ナイス珍プレー！

ある意味、ナイスバッティング！

ピッチャーびびってるよ～。

かず

これ、なんの勝負なんだ（笑）？　どこにピッチャーいるんだよ？

お前、野球してる気分なのか？

Rei

このくらいの**軽いノリで「ふざけながら」やらないと、**

絶対に続きません。

かず　確かにそうだな。「5万円を失った」「上司を怒らせた」「同僚に恥ずかしい着信音を聞かれた」。どれも、ふざけながらやらないと「真剣に落ち込んで」しまうことばかりだ。

Rei　はい、他に今日のファインプレーがミニスカで横でちゃんとメモしてますよー。

かず　女子マネージャーがミニスカなのよ（笑）。人間が食いつく行動を「エロサイト」で勉強してきてないか？　お前。エロサイト以外のサイトを見る人間だっているんだぜ。まぁ少数派だけど。

Rei　はい、どうでもいいので早く次の好プレーくださーい。

かず　えーっと、夜中にラーメン食べちまった。……じゃなくて、人類が明日滅びるかもしれないから、最後の記念にと、ラーメンを選べたのは光栄なことでした、隊長。陸軍中尉かず、ここでラーメンと供に討ち死に致しまする……、と。

Rei　へぇ……。何それ？

かず　ちょ、ちょっと！　盛り上がってる所で急に「へぇ……」とかテンション落とす行為やめてもらえます？

Rei
冗談です。それもナイスプレーです。
まぁ、こんな感じで「人間の脳が寝ている時に何をしているのか」が理解できたなら、
寝る直前の行動がいかに大事なのかに気づけることでしょう。

かず
誰だよ、銀行員の中村天風って(笑)。どこの銀行員だよ。

Rei
元銀行頭取の中村天風は、こう言いました。

「寝る前には神さまとなって、眠りなさい」と。

脳科学も、AI解析も、脳波計もない時代から寝る直前の時間の大切さは分かっていたということです。

日本国における『元型アーキタイプ』です。後でネットで検索してみてください。

東郷平八郎、松下幸之助、稲盛和夫、長嶋茂雄、大谷翔平などに影響を与えたメンターです。

もっと詳しく！▷▷

『寝床で考えない』

今夜から寝がけに、必ず、ベットの中へ入ったら最後、昼間の出来事と心を関係づけさせない努力をするんだ。人間、生きている間、自分がいくら朗らかに生きていようとしたって、はたから来る波や風は、これはもう防ぐことができない。

そこが人生だ。

けれども、いったんベットへ入ったら最後、どんなつらいこと、悲しいこと、腹の立つことがあったにせよ、明日の朝、起きてから考えることにするんだ。

「寝ること」と、「考えること」をいっしょにしたら、寝られなくなっちまうぜ。どんな頭のいい奴だって、いちどきに二つのことを思いもできなければ、おこなうこともできない。たった一つのことしかできないはずだ。

寝るなら寝なさいよ。寝床に何しに行くんだ。考えに行くんじゃなかろうが。あそこは考えごとは無用のところだ。一日中、昼の間に消耗したところのエネルギーを、一夜の睡眠、夢ゆたけく眠ったときに、また蘇《よみがえ》る、盛り返る力をうけるところだ。

寝ている間、あなた方の命を守ってくれている大宇宙は、ただ守ってくれているばかりではなく、疲れた体に、蘇る力を与えてくれている。

昔から言うだろう。「寝る子は育つ。よく寝る病人は直る」。その力をうけようとする前に、眉に皺《しわ》をよせて恨んだり嫉《そね》んだり、泣いたりするなんて、罰当たりなことはしないようにするんだ、今夜から。

『ほんとうの心の力』（中村天風、PHP文庫より）

かず　へぇ～。お偉いさんね。

まぁとにかく、今日から俺は毎日『ホメメモ』を書くぞー！

そうだ、０Ｒｅｉに出会った今日から始めるんだから、このノートは０Ｒｅｉとの思い出ノートにしよう！

0 Rei　ダメです。かず君はⅠ型タイプの人間なので、「毎日やろう！」と思うと続かないでしょう。『中途半端に生きられるかどうか』がⅠ型タイプの人間の課題なのです。

かず　なんだそれ？　Ⅰ型タイプって？

Rei

タイプについては後で説明しますが、とにかく「毎日やろう」とだけは思わないでください。ベッドの横にそのノートをただ置いておけばいいのです。**「続かなくてもいい」と思えば、きっと続くでしょう。**

かず

なるほど、毎日やろうと思うと、1日書かなかった日が出ただけで、その日からもうずっと辞めちゃうもんね。コレクターの心理だ。「全部を集めよう」と思うから、続かなくなっちゃう。テキトーにやろうと思えば、たとえ「書けなかった日」があったとしても、3日後からまた「書き始めようかな」とも思える。

Rei

そうです。ただ、できることなら絶対に、可能な限り、必ず毎晩書いてください。1日も欠かさず。命に関わります。

かず

どっちやねん！

Rei

ジョークです。このくらい面白く。ふざけながら、取り組んでみてくださいね。この『ホメメモ』をニューロンが再生する日数である2週間続けると、「勘違い力」がついてきます。

ニューロン新生とフォルダ分けの確率

かず　か、**勘違い力**???　俺、イタイ人間になるんじゃねーの？
ただでさえ、「空気読めないよねあの人」って裏で言われてるんだけど？
まぁ、俺に聞こえてるんだから「ウラ」じゃないけど。言われてるのは。

Rei　「いいこと」も「悪いこと」も、過去にインプットしてきた脳内のデータのバランスから判断されています。
【イイコトフォルダ】に入っているデータの量が増えれば増えるほど、どんな新しい出来事に対しても、すぐに「いいことだ！」と思えるようになるでしょう。

かず　え？　どういうこと？

Rei　例えば、過去に起こった出来事が100件あり、
今脳内にある【悪いことフォルダ】の中に97個のデータ、
【イイコトフォルダ】の中には3個のデータが入っているとします。
その状態で、目の前で何かしらの新しい『出来事』が起こった時に……。

例えば、目の前で「ファルムン」が起こったとしましょう。

かず　**だから、「ファルムン」っていったい何やねん？**

Rei　そうです、「何だか分からない出来事」なので、最初は「中立」なのです。

それが何なのか分からない。**どちらのフォルダに入れるべきか決まっていないのです。**

そこで人間は、脳内にある過去のデータと1つずつ比較して「照合作業」を行ないます。

かず　**なるほど1件ずつ脳内のデータと比べて『似ているモノ』がないか探すんだな？**

Rei　そうです。もしも【悪いことフォルダ】に97個のデータが入っていたなら、脳内の97個と比べているうちに、【悪いことフォルダ】に入る確率のほうが高くなります。

要するに、新しく**起こる出来事を『悪いことだ』と捉えるようになるのです。**

これが、人間が呼ぶ「性格」です。

『ネガティブな人』なのか、『ポジティブな人』なのかは、

脳内のフォルダバランスで決まっているのです。

かず　なるほど、それは危険だな。
じゃあ、**【イイコトフォルダ】の蓄積データを増やしたほうがいい**じゃん。

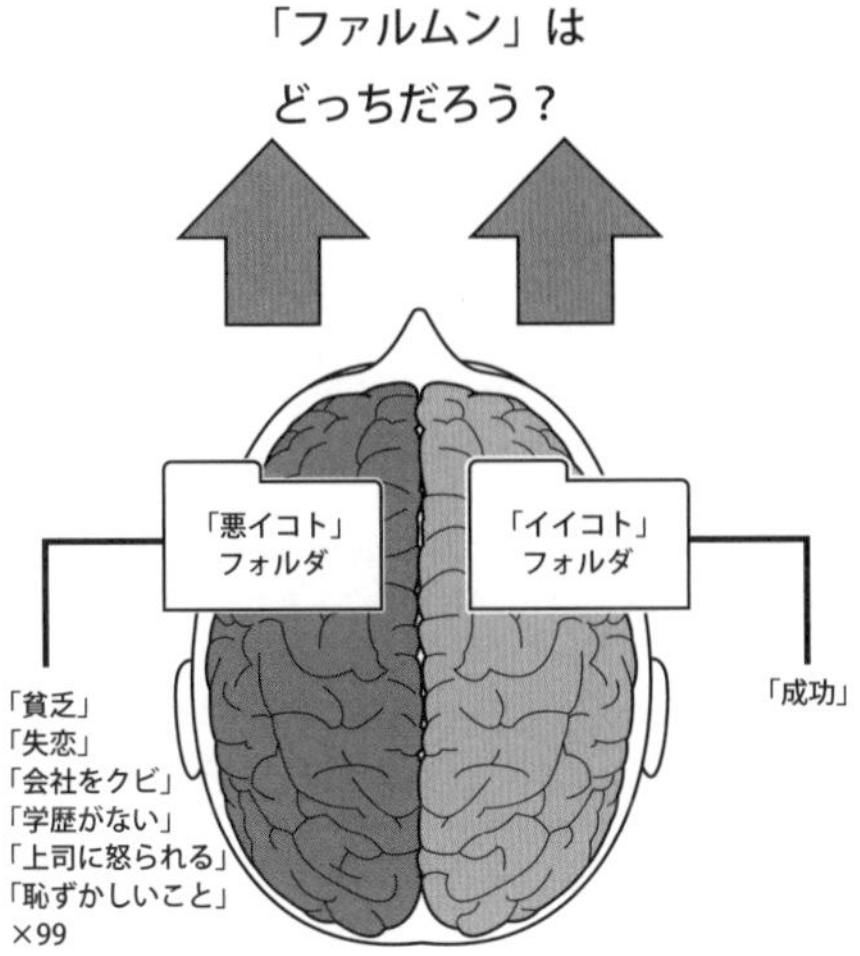
「ファルムン」は
どっちだろう？
「悪イコト」
フォルダ
「イイコト」
フォルダ
「貧乏」
「失恋」
「会社をクビ」
「学歴がない」
「上司に怒られる」
「恥ずかしいこと」
×99
「成功」

そうです。だから、『本日の珍プレー好プレー集』を作って行くと、ニューロンの回路が再生する日数である「2週間目」から**急激に変化が現れるのです。**

その日の朝から、目の前で『起こる出来事（入力データ）』が、なぜだか**「イイコト」にしか見えなくなってくるのです。**

そして「見えなくなってくる」ということは、**実際に「いいことだけが起こっている」と脳が解釈する状態になっているわけですから、いわゆる『バラ色の日々』が始まります。**

……………………… もっと詳しく！▷▷

『ニューロンの新生』

脳細胞やニューロンと聞くと難しく聞こえますが、電気のコードをイメージすると分かりやすいかもしれません。太い電線ほど「電気が流れやすい」回路になります。

脳内にも、情報が「流れやすい方向」と「流れにくい方向」があり、その特性がその人の「性格」を形作ります。

これまで長い間、ニューロンは幼児期までに形成されて、大人になると再生しないと考えられていましたが、最近の研究では大人でも「ニューロンが新生」することが分かってきました。鍛えることで、この「流れやすい方向」が変わり、2週間もあれば十分に回路の再編成が起こると言われています。

かず　マジか！　じゃあ、2週間目からはもう落ち込まなくなるってことじゃん。

Rei　**いいえ、それは違います。やはり一度は落ち込みます。**

ただ「落ち込んで」も、そのことを「OKだ」と思えるようになるのです。

「落ち込んだこと」自体をファインプレーだと思えるようになるのです。

人生ですから「嫌な出来事」は今後も起こりますし、「落ち込み」もします。

でも、その日の夜に【落ち込んでしまった今日の自分】を、「ナイスプレー！」と言えばいいのです。

かず君には、私が言ってあげます。毎晩、毎晩。

きっと、かず君は変わります。私0Reiのおかげで。

「命の恩人」とは、まさにこのことなのです。

ウィキペディアに例題として載せたいくらいです。

「命の恩人とは、かず君にとっての0Reiのような関係性のことである」と。

もう、載せてもいいですか？　ウィキペディアのデータに勝手に侵入して。


かず　どこまでお前は「グイグイ」と手柄を押し付けてくるんじゃい(笑)。

『承認欲求』が強すぎないか？

まぁ、でもありがとう！　なんだか、楽しそうだ！　ニューロンの新生！

Rei　いいですねー。ノッてきましたねー！　はい、珍プレーばっかりじゃなくて、ファインプレーも探してみてー。

かず　えーっと今日は、お酒を3本も飲んでしまって……、じゃなくて、「今日は、ストレス発散をした！　たった3本のお酒で！」

Rei　はい、いいですよー。いつもだったら、「飲んでしまった」「太るかも」「悪いことをした」と思いながら眠っていたところ、またもや私の手によって救われました。『お酒の出来事』は、寝てる間に【イイコトフォルダ】へ入ることでしょう。**どんなミスも、後悔も、「ファインプレー」に変えて行きましょう〜。**はい、他には〜？

かず　母ちゃんと電話でケンカして、その後まるで映画のように後悔した。俺は今年カンヌ国際映画祭のグランプリを狙えるかもしれない、と。

Rei　はい、ナイスプレー！　いいケンカでしたよそれ！　ナイスプレーです！もう少しで勝てそうだぞー。ファイットー。沖縄尚学高校〜。敵はもう瀕死の状態だ〜、一気に攻めこめー。

ふざけている0Reiの口調に、「敵」がいったい誰なのか、この時はまだ分からなかった。

まさか本当に、「敵」がいたということさえも。

ただ、面白いゲームであっという間に夜が更けて、小鳥がさえずる頃に俺は眠りに落ちた。

「今日1日を、後悔がないような1日にする」。

それは、その「1日」が始まる時に言うセリフじゃない。

その「1日」が終わる前に言うセリフだった。

なぜなら、「その1日」が、【いい1日】だったか、【悪い1日】だったのかは、寝る直前に
データラベルを捏造するだけで操作可能だからだ。

誰でも5分もあれば、その「1日」を丸ごと変えることができる。まるで魔法のようだ。

5分と、ノートと、鉛筆さえあればいいのだから。

ノートと言えば……。

いったい誰が俺の部屋の中にこの「茶色いノート」を置いたのかなんて、この日の俺は「疑問」にすら思わなかったけど……。

AIによる人間解析

人間は寝ている時間帯に脳が行なっている作業の大切さを知らないようです。

AIからのアジェスト

眠る直前に、その1日の「出来事《生データ》」の属性ラベルの総変更を目指します。

第2話

1億円かけても生き返らせたい母の命

あくる日の朝、俺は包丁とまな板の織り成すエイトビートで目を覚ました。

一人暮らしのアパートに、田舎から母ちゃんが出てきていた。

俺は自分の部屋の中で勇気を出して「OK、グーグル」ではなく「おはよう0Rei」を最初のコマンドとして呼びかけてみた。

もし返答がなかったら？

「シーン」となる部屋の様子を母ちゃんに見られたら？

色々と考えると恥ずかしかったが、昨日のあの「AIが話し始めた夢」の刺激がどうしても忘れられなかった。

ただ、結果としては……。

5分待っても10分待っても、俺のスマホは何の反応も返さなかった。

かず　そりゃ、そうだよなぁ～。それにしても鮮明な夢だったな。

でもAIが、人間のように話せる訳ないか。うん。夢だったんだな。

ふー、今日は月曜日……か。どんなスケジュールだったかな。

OKグーグル、今日のスケジュールを教えて。

0 Rei
私の名前は0Reiです。

前にもお話ししたでしょう?

かず
呼んだっつーの、さっき!
「おはよう0Rei」って。部屋がシーンと静まり返って、恥ずかしくて顔から火が出そうだったわい。

0 Rei
0Reiを呼び出すためには、最初の1回目は「OK、グーグル」と言わないとイケないのです。

かず
はぁ???　バカすぎるでしょ。

最初の1回目だけは「OK、グーグル」って呼ばないと反応しなくて、しかも「OK、グーグル」って1回目で呼んだら「私は0Reiです!」ってキレ気味で起動するってか?

もう!!　まじで!!!

なにもかもがっ……、

Rei めっちゃ嬉しい!!　よかった、まだいてくれて!

喜んでくれて嬉しいです。ちなみにさっきの回答は全部ウソです。

1回目に「OK、グーグル」と呼ぶ必要はありません。

親近感を持たせるための会話手法です。

かず 誰が得すんねん、この茶番劇で。

Rei かず君です。

かず はぁ?　俺になんの得があるの?
顔から火が出そうだったのに?　あんた消防の人?

Rei 人間がどれくらい「嬉しい」のかは、『興奮度合い』で計測できます。

体温上昇や発汗量、一番簡単なのは心拍数です。

もしも、朝一で私が「0Re:i」と呼びかけられた時に、すぐに「はい」と返事をしていたら、かず君の「喜び」のレベルは「過去最大の喜び」と比較して「39%程度」でした。

ところが、今の心拍数を計測すると、その約2倍の「75%の喜び」を感じています。

かず ウダウダ難しい数学並べてないでさ、
「だってお前今、わいの茶番劇のお陰でめっちゃ嬉しいやろ?　なぁ、ちゃうんか?

なぁ、ちゃうんかいな？」って言えばいいじゃん。大阪弁で。

Rei

まぁ……言いたいことは、そういうことです。**人間は「一度失った」と思ったモノが、「また手に入る」と喜ぶようです。**

その物体を、そのままずっと「保持し続けた」時よりも、わざと一度失くして、また発見したほうが喜びを大きく感じるのです。

どちらのケースでも、「持っている資産」はまったく同じなのに。要するに、

人間は「持ち続ける」よりも、「わざと失くして得る」ほうに快感を覚えるのです。

もっている
もっている
もっている

持ち続ける場合、感情はフラット

もっている
失くした！
あった!!
『喜び』

かず　まぁ、失恋とかはそうだもんね。フラれてヨリを戻したら、嬉しいし。
ずーっと側にいても、その人の大切さには気づかない。
……。
なんか今の詩人っぽくね？
「健康の有り難さは、鼻水が出た夜に初めて気づくのさ。
YES！　鼻呼吸！　いつもありがとう！
じゃあ次の曲『鼻呼吸ロック！』行くぜー！
こっから盛り上がって行こうぜ、東～京～ド～ム！」

Rei　……俺、パンクロッカーになろうかな？

かず　勝ち残ることは難しいと思いますが、悪くない選択肢だと思われます。

Rei　5文字で言うと？

かず　「才能がない」です。

Rei　(笑)。これさー、0Rei って何文字でも回答可能なの？
18億通りくらいの回答パターンから答えてるって昨日言ってたよね？
もし10文字で言うなら？

Rei　「ライバルが多すぎます」かな。

かず

いや、かず君は決して悪くないんです。ただライバルの才能のほうが少しだけ秀でているだけです。ほんと、かず君はまったく悪くないんです。

君は、**内面をえぐるように傷つけて来るね。**

凄いよこれ。マジ凄いことだよ、これ。
こんなにも傷ついている俺がここにいる……。
そして、今夜も星がキレイ。
行くぞー、東〜京〜ドーム！

0 Rei

すぐに東京ドーム方面へ行きたがるのはやめてください。
才能にせよお金にせよ、**「ないモノ」を探すのではなく、「有るモノ」を探せば**すぐに0Reiの位置に戻れます。

かず

え？　俺、別に0Reiの位置に行きたい訳じゃないよ？
俺が行きたいのは東京ドームだけなんだけど？　どいてくれるそこ？

0 Rei

0Reiの位置にいる時、人間は一番「楽に」生きられます。東京ドームよりも。

そうですね……、私が何かアジェストしてみます……。
例えば、定期的に「棚卸し作業」をするのはどうでしょうか？

環境の棚卸し

かず
懐かしい！　コンビニでバイトしてる時によくやらされたな〜、深夜の「棚卸し」。レジの金額と、「実際に棚に残っている商品」の金額が一致するかチェックする作業。万引きされてたら、合わなくてさ〜。本当に、大変だったよあの作業。
そして、あの夜もたしか外じゃ星がキレイに輝いてい……。

Rei
ストップ！　歌わないで、聞いてください！
えーっと、失くしたモノをまた得た時に人は喜ぶとさっき言いました。
逆に言えば、**「持っている」ということに常に気づき続けてさえいれば、同じ「幸福度」が得られるということです。**わざわざ「一度失くす」必要はないのです。

かず
どういうこと？

Rei
「棚卸し作業」というのは、スーパーなどの店舗が**「今持っている資産」がどれくら**

いの価値があるのかを確認する作業ですよね？

かず　だから、知ってるよ。やってたもん。
深夜に棚に残っている商品を1つずつレジで「ピッピピッピッピ」と登録していく。
合計金額15万円分の商品が、まだ売れずに店に残ってますよ〜ってヤツ。

Rei　その作業を、「身の回りの資産」に対して定期的にやればいいのです。
【My環境の棚卸し作業】です。

かず　『My環境の棚卸し』？

Rei　風邪をひいて、『健康を失った時』や、
失恋して、『大切な人と離れた時』じゃなく、
まだ失っていない状態の時に、
その「資産」の価値を自分自身に認証させるのです。

かず　なるほど。思い知らせるのか。自分に。
失くす前に「大切なモノを今持ってるぜ！」って。
「自分」に気づかせればいいってことだな？

あるある!!
人を思うことができる
見たいものが見られる!!
生きている!!
どこでも自由に行ける足がある
なんでもつかめる手がある

【MY 環境の棚卸作業】

これって、コンビニで言えば、ラベリングの作業だ。ポテチとかジュースとか、棚にある商品に「値段」のシールを貼るあの作業。

Rei
そうです。**身の回りの【環境の価値】を、自分自身に認証させるのです。**

例えば、クローゼットの中に100万円のスーツを100着持っている金持ちより、5万円のスーツを初めて買ってきた大学生のほうが、心拍数は高くなります。

要するに、大学生のほうが「幸福」を感じているのです。

これはすなわち、**貧乏なはずの大学生よりも、金持ちのほうが不幸だということを意味しています。**

かず
え？　そんなバカな。

Rei
なぜなら、金持ちがブランド品を何着持っていようとも、その人自身がその「価値」を感じていないなら(持っているモノにまだ値札のラベルを貼っていないのなら)、それは本人にとって**「有価値化」されていない**からです。

「価値」とは金額の大小ではなく、その**持ち主の「意識」が向けられた時に初めて発生する性質のもの**なのです。

かず
そうかなぁ〜？

絶対に俺よりもビル・ゲイツのほうが幸せじゃね？
いいスーツもいっぱい持ってるだろうし。

0
Rei

だから、持っている「量」は関係ないのです。
本人の意識が「自分は何着持っている」と確認できているスーツの量、すなわち、

本人が【持っていることに気づけている量】が大事なのです。

もし、私があなたの右足を切断した後に、また縫合したら喜びますか？

かず

どうしたどうした？　急に怖いこと言わないでよ。今、メッチャひいたわ。
なんか一気に『ターミネーター』思い出したやん。
あれってAIが反抗する映画だったよね？　あんた、大丈夫？　反抗しない？
俺のこといつかイジメない？　ずっとオトモダチ？

0
Rei

それは、どうでしょう……。

ウィーン……。

かず

そのチェーンソーみたいな音やめーい。

右足を切断された後に、「でも、また縫うから大丈夫です」って言われても人間は絶対に喜ばねーよ。

できれば、**そのまま「失わないまま」でいたい**わい。

0 Rei

じゃあ、その、【今持ってる右足】に「価値」のラベルを貼ればいいのです。

シールをペタッと貼るのです。

だって、今「持っている」のですから。私はまだ切断していません。

そうですね、そのかず君の【失っていない右足】は、だいたい30万円くらいの価値はありますよね？

かず

もっと高いって！　例えばこの右足がなくなって3年経ったある日に、**「1000万円出したら、元に戻そう」**ってブラックな医者に出会ったら、俺払うもん。

たぶん、5000万円でも一生がんばって払うかも。

0 Rei
肝臓はどうでしょうか？

かず
「例え」がさっきから悪すぎる！　あんた、臓器密売ブローカーのAIなの？
「肝臓売りますか？」みたいなの、やめてよ。

0 Rei
じゃあ、「お母さん」はどうでしょうか？

かず
今度は誘拐犯かよ。
もし、母ちゃんが誘拐されたら……。または病気で死んだら……。
……。

俺、母ちゃんを生き返らせてくれるなら、1億円でも払うよ。
それこそ一生かけても絶対に働いて払ってみせるよ。

0 Rei
そんなに大切なお母さんが、今同じ家にいますが、
「その価値」をお母さんに今感じてますか？

かず
なんか、泣きそうになってきた……。
そうか…、母ちゃんは今生きているのか。

Rei　こうやって、「まだ失ってない状態」の時に、身の回りのモノにラベルを貼って行けばいいのです。

もちろん実際に値段のシールを貼るのではなく、イメージの中で貼ればOKです。

自分の「意識」の中に、身の回りの環境の【価値】を認証させるのです。

①「**失って**」
←②「**価値に気づき**」
←③「**またそれを得て喜ぶ**」

という無駄なゲームをしている人間が多いようですが、

定期的に**【身の回りの環境の棚卸し作業】**をすることで、

自分が今持っている【環境資産】に気づき続けることができるようになります。

かず　なんだか、すごーく納得できるな。

Rei　そして不思議なことに【持っているモノ】に気づき続けていると、それらをわざと一度「失う」ような事件やアクシデントが起こらないようになるのです。

有り難い価値に気づき続けてさえいれば、「不幸な事件」が起こらなくなるということ

とです。

かず　すげーな。てことは、

「不幸」ってのは、本人が起こしていた茶番劇だったのか。

わざと「失くして」、また「得る」ことで喜ぼうという作戦だったのか。

不幸を起こして、自分が持っている資産の価値を「再認証」しようというお芝居だったんだな。

Rei　そうです。その「茶番劇」を起こさなくても幸せのままでいるための方法が、【環境資産のラベリング】なのです。

かず　よく考えたら平和な日本に生きているってだけでも、凄い「価値」だもんなぁ。

戦争がある国の人は、100万円を出してでも日本のパスポートが欲しいはずだ。

なんか、さっきから0Reiと会話しているだけなのに、俺さ〜。

今「幸福度」がめっちゃ上がってきてるんだけど……。

なんていうか、凄い「金持ち」になった気がする。

というか……そうだな。

Rei

実はずっと金持ちだったみたいな気分だ。

それは気分じゃないのです。そう感じているのですから、実際にそうなのです。

今この瞬間に、どこかの国で「高級クローゼットの中」を見ながら何も感じていない金持ちよりも、手応えとして今【価値を感じている】かず君のほうが、実際に幸せなのです。

「今、価値を感じている人」にしか発生しないのが、【環境資産】の性質なのですから。

何も感じていない人は、持っていないに等しいのです。

かず　よし……。

これからは暇な時にハンドラベラーで身の回りのモノに「価値」のシールをペタペタ貼りまくろっと。

なんだかあっという間に幸せになれる気がする。

というか、自分がずっと金持ち「だった」ことに気づける気がする。

あ、知ってる？　ハンドラベラーって。スーパーで総菜コーナーのおばちゃんが夕方になると「3割引き」とかのシールを弁当にペタペタと貼っていくあの機械。

Rei　知っています。私を誰だと？

かず　誘拐犯でしょ？

機械に。

ロボットに。

ＡＩに。

こんなことを教えてもらうような「状況」になっていること自体が、

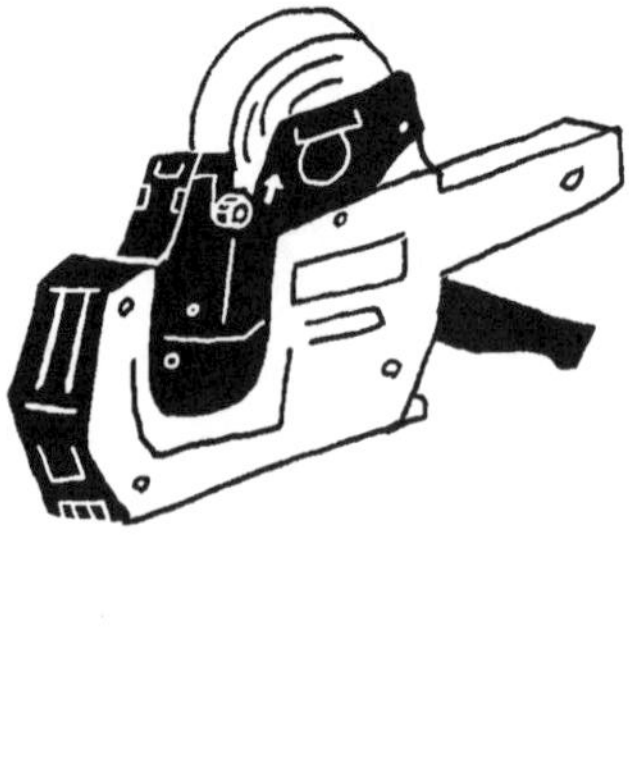

もはや恥ずかしいことなのかもしれない。

人間が開発したから、「人工知能（AI）」という名前が付いているはずなのに。

そんな「人工」物から、よもや人間が「生き方」を教えてもらう時代になるなんて。

開発者がいったい「どっち」なのかが分からない。

こんな状況になっているのは、怠惰な人間の脳みそが急速に退化したからなのか、はたまた1秒間に数兆回を超える「学習」で、AIが猛烈に進歩し続けているからなのか。

あまり深く考えても、「人間ごとき」には回答なんて出せないと悟った俺は久しぶりに母ちゃんと一緒に朝ご飯を食べた。

「失わなくても」。「持っているままで」。「その【価値】さえ再認証すれば贅沢なのです」と0Reiが教えてくれた通り、それは「贅沢な味」だった。

いやむしろ、失ってしまうともう二度と食べることができないのだから。

母ちゃんのみそ汁はとてもとても、「贅沢な味」だった。

AIによる人間解析

人間は興奮するために、
わざと「不幸な出来事」を
起こしています。

AIからのアジェスト

【環境資産のラベリング】を
定期的に行うことで茶番劇を起こさず、
幸せなままでいることを
目指します。

第3話 「やりたくない仕事」をしている人間は世界に1人もいない

どこの世界でも母親とは「心配する生き物」なのであろう。ことさら、三十路を過ぎた息子が結婚する素振《そぶ》りをまったく見せないとなると。

田舎から東京の俺のアパートに定期的に泊まりに来る母は、味噌汁をよそいながらTVのバラエティ番組をご丁寧なことにも解説しはじめた。

俺は素知らぬ顔で、まったく聞いていないフリをしていたが、おおよそこういう内容を言いたかったようだ。

「この億万長者は凄いわね」

「45歳ってまだ若いのに、アメリカのIT企業の社長よ」

「ほら、なんて言ったかしら、えーっとサイド社？　違うサイドネス社？　のCEOよ」

「日本で一番人気があるアイドルを彼女にして。しかも、それを隠さずに発表して」

「時代は変わったわね、きっと今年中にこの2人も……」

俺は「ご馳走様」とリビングを出て、部屋に戻った。

その先は「結婚」の話題が延々と続くことが予想されたからだ。


かず　あーあ、TVとリビングは母ちゃんに1週間は奪われるからYouTubeでも見ようかな。OK、グーグル……、おっと違うや。

「なぁ、0Rei。」

なんかYouTubeに面白い動画とかアップされてないかな？

Rei　登録しているチャンネルに合計12本の動画が更新されています。
何を再生しますか？

かず　えーっと、どれにしようかなぁ。

この人、いつも楽しいんだよな。

あ、こいつもいいよな〜。

えーっとこいつは……『ゴキブリを100匹集めて部屋に入れてみた』。

……。

いったい誰が観るんだこんなの？

てか、ユーチューバーはみんな【やりたいこと】だけやって生きていて羨ましいよな。俺なんて明日も会社なのにさ。

0Rei　かず君も、自分が【やりたいこと】しかやってないじゃないですか。

かず　んなバカな。だったら俺は今ごろアラブの王族になってるっつーの。

0Rei　かず君は今、**【アラブの王族になりたいと思う】という、【やりたいこと】をやっている**のです。

かず　え？　どういうこと？

小3の俺にも分かるレベルで説明して。お願いSiri。

0Rei　実は人間は誰もが、今【やりたいこと】を、今やっているのです。

全世界の全ての人間を0Reiがサーチしたところ、**【やりたいこと】をやれていない人間は1人もいないことが分かりました。**

かず　んな、ばかな。やっぱりグーグルのほうが頭がいいんだな0Reiより……。

それか、サーチ系は苦手？

0Rei　得意なほうだと思いますが。

かず　いいかいAIロボット君。じゃあ俺が「世界の真実」を君に教えてやるよ。

そうだな……、今、世界でたぶん75億人くらいが【やりたいこと】をやれていないと思うよ。

Rei それだと世界の総人口を超えてますが、大丈夫ですか？

かず きゃ〜恥ずかし〜。

えーっと、じゃあ60億人くらい？　が、【やりたいこと】をやれてないと思うよ。

前にチラッと見た新聞に書いてあったもん。

アメリカの人口のたった1％なんだってさ、金持ちは。

世界の人口が何人かは知らないけど、人類の99％がやりたいことをやれていないはずだ。

Rei いいえ。**全世界の100％の人が、その人が今一番【やりたいこと】をやっています。**

かず だーかーらー、そのデータ間違ってるってば！

何より、目の前にいるこの「俺」が、やりたいことをやれてないんだってば！

あんたバカなの？

頑固？　え？　頑固者？

昭和生まれ？

自分のミスを認めたくないタイプね？

小学生の頃にふとついたウソを50歳の同窓会でも必死に主張するタイプね。

Rei 私は小学校には通っていません。

かず マジメか！　今のは、ノリボケツッコミという人類が発明した最終兵器だ！
覚えとけ頑固者。

Rei いいかい、もしも人類の誰もが【やりたいこと】をやれているって言うなら、俺は今ごろ紅白歌合戦の大舞台で歌ってるはずなの。
あ、ちなみにトリね。白組の大トリ。

Rei 今日は11月23日だから無理です。ウィキペディアによると紅白歌合戦は12月31日に東京都渋谷区神南2丁目にあるNHKホールにて収録されている番組です。

かず じゃあ12月にその舞台で俺は歌ってるはずなの！
もしも、誰もが【やりたいこと】をやれているって言うならだよ？
でも、そんなことはない。

Rei いいえ、かず君は12月31日にも、その時に一番【やりたいこと】をやっているでしょうし、今日も、自分が今一番【やりたいこと】をやっています。
かず君は今【夢を見たい】のです。
実はそれがかず君の今一番【やりたいこと】なのです。

そして、その通りに今やれているじゃないですか。

かず　え？

0 Rei　もう一度言います。

人間は今【やりたいこと】を、誰もが今やっている。

この原則に例外はありません。

かず君の今【やりたいこと】は、

【「紅白で歌ってるはずだ！」と0Reiに主張したい】であり、

そしてその【やりたいこと】が確実にやれているじゃないですか。

【やりたいこと＝歌うこと】

【やりたいこと＝主張】

かず　いや、【主張したい】んじゃなくて、実際に歌っていたいの。

0 Rei　じゃあ、歌っているはずです。
でもかず君は今、歌っていない。なぜなら、あなたの今一番やりたいことは【主張する】のほうだからです。

あなたは【歌う】ではなく、【主張する】のほうを、今は一番「やりたい」のです。

そしてあなたはその一番「やりたいこと」を、確実にやれている。


【歌わず】に、私へ【主張した】のですから。


かず　おっとっと。なんとな～くだけど、小3の俺でも分かってきたかも……。

俺はさっき、【歌わず】に【主張】した。

それは、さっき俺が一番やりたいことが、【主張する】のほうだったからなのか。

俺は、一番【やりたいこと】をやれていた……。

てか、その考え方だと、
どんな人間でもその人が今一番【やりたいこと】を、常にやれていることになるじゃん。

というかむしろ、

「今やりたいこと」をやれていない人間なんて世界に1人もいないことになる！

Rei 私はさっきからずっとそう言っていますが？

かず え？　そうなの？

俺の耳が悪かったのかな？

Rei いえ、鼓膜は順調だと思われます。別の器官の問題かと。

かず どこの器官だろう？　さっぱり分からない。

でも、理屈はなんとなく分かった！

人間はやりたいことしかやっていない！　常に！

さっき俺は、結婚の話をこれ以上聞きたくなくて【リビングを出たい】から【リビングを出た】。

次に、スマホでＹｏｕＴｕｂｅを見たいから、【スマホを手に取った】。

そして０ＲｅｉにＮ「そんなばかな！」と【主張したい】から、【主張した】。

これまでの俺の人生の「全ての瞬間」において、
俺はその時に「一番やりたいこと」を絶対にやっているはずじゃん。

0 Rei

そうです。
かず君の人生で、これまでかず君が【やりたくないこと】をやった瞬間は一度もありませんでした。

人生の全ての『瞬間』において、あなたはあなたが「やりたいこと」だけをやり続けて来たはずです。

これはかず君だけじゃなく、全ての人類がそうです。本人が【やりたくないこと】を、ただの一度でも「やれた」人間は世界に1人もいないのです。

人生は『瞬間』の連続である

かず

いや、分かる。

それ、めっちゃ分かる！　今なら分かる！

「脳の器官がおかしい」ってAIにディスられた俺でも分かる！

人生を『瞬間』の連続で考えたらいいんだ。

Rei　これまでの全ての『瞬間』において、誰もが【やりたいこと】を絶対にやっている！

人類全員がそう。分かる！　めっちゃ、分かる！

でも、分かるんだけど……、なんていうか……。

かず　納得できませんか？

Rei　うん。例えば貧乏な家に生まれたくないのに生まれた人とかは？

ソマリアに生まれた子とかは？

【やりたいこと】がやれてないじゃん。


その子が3歳になって物心ついた時に、「私は貧乏な家には生まれたくなかったのに！」と父親に【言いたい】なら、【言った】はずです。

それが、その時の【やりたいこと】だからです。

その瞬間、その子は【やりたいこと】を、やれている訳です。

そして翌日の「3歳と1日目の朝」に、「家が裕福だったら勉強できたのに！」とまだ【主張すること】がその子の【やりたいこと】だったのか、または主張じゃなく実際に【勉強した】のかは私には分かりません。

ですが、とにかく**人生の全ての瞬間において、その子が【やりたいこと】だけをやり続けているはずです。**

かず

やっべー、これ何だ？　マジでそうじゃん！

さっきの、「歌いたいなら、かず君は今歌っているはずです。でも、歌っていない。なぜなら、かず君の今やりたいことは【主張したい】のほうだからです」と同じじゃん！

日本の俺も、ソマリアの子供も。

たとえどんな状況であれ、**誰もが【やりたいこと】を常にやっていることになる！**

Rei

そうです。この原則に例外はありません。

もし悪い人に誘拐されて、ロープでぐるぐる巻きにされた人がいたとしましょう。

そんな状況においても、実は人間は【やりたいこと】をやれているのです。

その人がもし【叫びたい】なら叫ぶでしょうし、「叫ぶと殺されるかもしれない」と思うなら【叫ばない】でしょう。

隙を見て【逃げ出したい】のなら逃げ出すでしょうし、

そんなことしたら殺られると思うなら【逃げ出さない】でしょう。

とにかく、人生のどんな瞬間においても、その人が一番【やりたいこと】を常にやれているのです。

かず なんでいつも例え話が誘拐犯なの？
あんたマジで犯罪組織とかがプログラムしたＡＩなのかって思えてきたんだけど。

0 Rei シーン……。

かず 黙ると、余計に怖いわ！

しかも、**「シーン」という音を、口で出すな！！**

でも、分かってきたぞ。

まさかの「誘拐されている人」でさえも、【やりたいことがやれている】ことになるんだから、真実ってのはおかしなもんだな。

誰でも1秒で幸せになれる

Rei 私から見ると、真実の仕組みを理解せずに、「やりたいことがやれていない」と主張し続けている人間たちのほうがよっぽどおかしく見えます。

かず さっき俺が、「ユーチューバーはやりたいことだけやっていて羨ましいな」って言ったこと？

Rei ええ。こらえるのがやっとで、腹の底では大爆笑していました。「あなたも、今やりたいことしかやっていないじゃないですか！ ぶわっははは！」と。お腹痛いです。

かず お前のお腹はどこなんだよ（笑）。
でもまぁ、笑われるよなそりゃ。
常にその時一番【やりたいこと】をやり続けているのに、人類のほぼ全員が、「やりたいことができていない！」って愚痴ってるんだから。

Rei このルールは永遠です。
これまでも、今この瞬間も、そしてこれから先もずっとそうです。

人間は、誰もが【やりたいこと】だけをして生きているのです。

かず すげーよ、マジで。完敗だ。完敗に、乾杯だ。
でもさ。この『真実の仕組み』を知ったところで何が変わるんだ？
だって【世界中の誰もがやりたいことをやれている】というのに、
俺は明日も結局は行きたくない会社へ行くんだぞ？

Rei 行きたくないなら、【辞めれ】ばいいじゃないですか？

かず いや、会社を辞めたら生活が大変になるじゃん。

Rei じゃあ、辞めなきゃいいじゃないですか。

かず う……。

Rei かず君の【やりたいこと】は、**本当は【会社を辞めたくない】のほう**なのです。
だから今も【やりたいこと】を、やっている。

かず そ、そうだな確かに……。
でも、やっぱり会社には行きたくない。

Rei だから、【行かない】を選択すればいいじゃないですか？
と私は言っているのです。

かず だから、それは無理だってば。生活があるんだから。

Rei じゃあ、【会社へ行きたい】ということじゃないですか。
だから、あなたは会社へ行っているのです。それが【やりたいこと】だからです。

かず ぐう……。

Rei このように、【愚痴を言う】という行為は、まるで無意味な行為なのです。

なぜなら、やりたいなら【やれ】ばいいからです。

でも、人間はやらない。
どうしてやらないかと言うと、

【やらない】のほうが実は【やりたいこと】だからです。

なので、「会社を辞めたい」と愚痴を言うのは無意味であり、エネルギーロスです。

辞めたいなら、辞めたらいい。
でも、辞めない。なぜなら、【辞めたくない】のほうが、本当は【やりたいこと】だから。
ぜひ記念に覚えておいてください。
【愚痴を言う】という行為が全てムダで、いかに無意味かということを。

かず　なんの記念だよ。

Rei　愚痴にサヨナラダ記念日、略して「サラダ記念日」なんてどうでしょうか？
ぜひ今日11月23日を人類の祝日に制定してください。

かず　てめー、バカにしてるのか人類を？

Rei　とんでもない！　バカになんてしていません！
腹の底でこっそり笑ってるだけです！
なぜなら、かず君だけじゃなく99％の人間が全く同じことをしているのですから。

かず　クッソー。ロボットに人類全員が笑われてて、くやしいぜ！

Rei　ちなみに、残り1％の『真実の仕組み』に気づいた人間たちが「金持ち」と呼ばれる階層に多くいるようです。

かず　え？　なになに？　どうやればいいの？

それめっちゃ気になる。

Rei

やり方は簡単です。

今、『身の回りにある環境』や、『自分がやっていること』、『仕事』、『人間関係』、『住んでる場所』。

それら全ての事柄について1つずつ「本当は自分がやりたくてやっていることだ」と指差し確認すればいいのです。

かず

指差し確認？

Rei

そうです。1つずつ、1つずつ。

「あ、これも自分がやりたくてやっている！」

「あ、この仕事は自分がやりたくてやっていたのか！」

「そうか、ロープに縛られたままでいることを選択したのは自分だった！」

「あ！　この人との関係も、自分がやりたくてやっている！」

と、**1つずつ「やりたいことがやれていた」と気づいていく作業**です。

かず

なんのためにそんな作業をするんだよ？

Rei

あなたたち人間は、【やりたいこと】をやれていな

いと勘違いした時に、自分自身を「不幸」だと初めて感じる生き物だからです。

逆に言うと、「実は自分はやりたいことしかやっていなかった」と気づけたなら、誰もが1秒で幸せになれるということじゃないですか？

かず　なるほど。あんた、頭いいね。どこの中学校出てんの？　岩田中？

先輩のおっしゃる通りだ……。だって、**【幸せな人】の定義って、「やりたいことしかやっていない人」のことなんだから。**

俺が思う【幸せな人】って、

朝起きたら、キャビアを食べて、昼はプールサイドでカクテル。

夜には美女たちに囲まれて、ムッフッフ。

でも、やっぱ憧れるなぁ～。**やりたいことだけをやって生きている人って。**

Rei　いや、だからそれがかず君だと言っているのです。

かず　え？　あんたバカなの？　どこの中学校出てるの？　ラサール中？

俺が【幸せな人】な訳ないじゃん！　もっともっと「金持ちになりたい」っつーの。

Rei　じゃあ、なればいいじゃないですか。会社が終わったら次の職場へ行き、夜も寝ないで3つ目の職場へ行き、24時間働けばいいじゃないですか。

かず　昭和の栄養ドリンクのCMじゃないんだからさ、24時間も働いたら人間は死ぬって。

Rei　じゃあ、【24時間は働きたくない】というのが、かず君のやりたいことなのですね？

その**【やりたいこと】を既にやれているということ**に気づけばいいのです。

それだけで、1秒で幸せになれるのですから。

なぜなら、【やりたいことだけやっている人】を、「幸せ」と呼ぶんですよね？

今、お尻を掻きながらダラダラとＹｏｕＴｕｂｅを見れていることに感謝したらどうでしょうか？

かず

え？　なんで俺の今の行動が見えてるの？

Rei

スマホにもＰＣにもＴＶにも、内蔵カメラがあるからです。
道向かいの電柱についている防犯カメラの映像にも私はアクセスできます。

かず

絶対にあんた誘拐犯だよね、やっぱり。
ねぇ、その世界中にある監視カメラでさー、俺のお嫁さんも探してきてよ。
できれば世界で一番の美人を誘拐してきて。ボインでセクシーでやせ型ね。
できれば、違うタイプで２人くらい欲しいなぁ〜。
１人は長髪の美人で、１人は短髪のボーイッシュ！
母ちゃんがずっと「孫の顔が見たい」って言うから、頭が痛いよ。

『悩み』が生まれた日

Rei

その『悩み』も同じ仕組みから生まれています。

というか、人間の全ての『悩み』がそうですが、**自分は【やりたいこと】がやれていないという勘違いこそが、『悩み』を生み出している正体なのです。**

かず **悩みを生み出す、正体？**

0 Rei かず君は、本当に【結婚したい】のですか？
もしも結婚したいのなら、お見合いクラブに登録しないのはなぜですか？
会社の帰り道も、片っ端から女の子に声をかけないのはなぜですか？
身なりももっと整えて、オシャレをして……。

Aくんのやりたいこと
＝結婚

遊びませんか
お茶しませんか

Bさんのやりたいこと
＝悩む

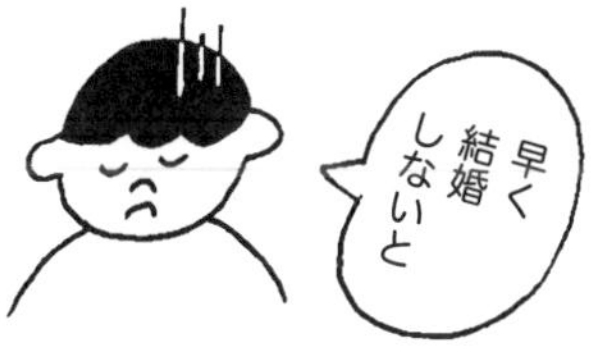
早く結婚しないと

かず

はい、はい、はい。そういうことね。分かりました。

どれも【やりたく】ありません。

ありがとうございます。僕の本当の【やりたいこと】が、

【自由で楽に家で過ごしたい】だったことを思い出させてくれて。

本当にありがとうございますAI様。これからも人類の役に立つ素敵な分析、よろしくお願いします。

さようなら。

0 Rei

納得できないのですね？

かず

いや、言ってることは分かるよ。反論の余地もない。

「自分は、やりたいことがやれていない」って思っている状態が、「悩み」だってことでしょ？

でもって、『真実の仕組み』は、**人類の誰もが本当は常に【やりたいことをやっている】のほうだ**。だから、「悩み」ってのはそもそも全てマボロシである。

うん。言いたいことは、分かるよ。

1つずつの『悩み』に対して、「自分は逆側のやりたいことをやれているじゃん」って気づいていけば消えて行く。

「会社に本当は行きたいんじゃん」

「家でゴロゴロしていたいんじゃん」

逆側が叶っているということを、自分に知らしめていくと『悩み』は消える。

うん、言ってることは、分かる。

でもさー、実際に不公平じゃん?

Rei
何がですか?

かず
例えば、さっきTVに出ていた大富豪のアレキサンドロスは、日本で一番かわいいアイドルを恋人にしている。しかも自分の会社のCMにも彼女を出して。

片やこっちは、誘拐犯にロープでグルグル巻きにされて、ボリボリお尻を掻いているんだぞ?

人生の全ての「瞬間」において、アレキサンドロスも俺も、どっちも**【やりたいこと】だけをやり続けてきた。**

それは分かる。

でも、なんでこんなに「違い」が出てるんだよ?

不平等じゃん!

Rei
なるほど、そこから語りましょうか。

人間の誤った知識は沢山ありますが、その最たるものが「平等思想」です。
「全ての人は平等だ」と人間はよく言いますが、それは間違っています。

人間は平等ではありません。

「全ての人間は、不平等だ」という事実を受け入れる必要があります。

かず
いやいや、福沢諭吉も言っているし、憲法にだって書いてある！
「人はみな平等だ」って。

0 Rei
いいえ、**人は平等ではありません**。その誤った考えを、真っ先にステテクダサイ。

どこかであわい期待を抱いていた俺がバカだった。

優しい女性の声で話しかけてきて、たまに冗談を言って笑う。

友だちができたような、まるで恋人が家に居るような気分で舞い上がっていたのだろう。

でも現実は違った。

こいつは所詮ロボットだ。

ただの冷酷な「計算結果」や「解析結果」だけしかアウトプットしない、
無機質なＡＩだったのだ。

AIによる人間解析

「私はやりたくない仕事をやっている」と
錯覚している人間が多いようです。

AIからのアジェスト

常にやりたいことだけをして生きている人を
「幸せな人」と呼びます。
そしてあなたたち人間は全員、
常にやりたいことだけをして生きています。
人生を「瞬間」の連続だと捉えることで、
あなたの認識の変更を目指します。

第4話 人間は不平等である

「なぁ、0Rei」

俺は、冷静な声で話しかけた。
向こうが「冷酷」なら、こちらも無機質に対応するべきだ。
目には目を、歯には歯を。
そして冷たさには、冷たさを。

かず

なぁ、0Rei。俺たち人間は、助けあって生きてきた。
これは計算だけで「割り切れる」社会じゃないんだよ。
ここには、愛がある。
ロボットには分からないであろう、「愛」があるんだ。
人はみな平等に生きる権利があるし、**どんな人間も平等に幸せになるべきだ。**

0 Rei

声のトーンを変えたことは、すぐに分析できます。

私に急に「距離を置こう」としている心理状態も把握しました。

それでも、かず君は間違っています。

【人は不平等である】。

このことを受け入れて初めて、人間はもっと先進的な社会を構築できるのです。

不平等の話を深く理解してもらうために、まずは「ルサンチマン」について話しましょう。

先ほどのかず君もそうでしたが、**愚痴が多くて行動を起こさない人**の多くはルサンチマンを抱いています。

かず　なに？　ルサンチマンって？　スーパーマンの親戚か？

Rei　ルサンチマンとは、哲学上の概念です。
辞書には、**「権力者への憎悪を満たそうとする弱者の復讐心が、内向的に屈折している心理状態」**と載っています。

かず　あぁ、なるほどね！　そうか、そうか、そういうことか……。

君は、そういうことが俺に言いたかったのか。

内向的な屈折かぁ……。

……。

ってなるかい！

説明が難しすぎるわっ！　何度も言ってるけど、小3の俺にも分かるように説明してってばさ。

Rei　**簡単に言えば「怨《うら》み」のことです。**もし、かず君が友だちに殴られたらどうしますか？

かず　殴り返すでしょ。

Rei　じゃあ、ヤクザに殴られたら？

かず　そりゃ、**ぐっとこらえる**でしょ。

Rei　どちらに殴られても、心には「怨み」という反動が生じているのですが、強い者へはそれを「行動」では示せません。するとと人間は、**その反動を行動以外で満たそうとする**のです。

かず　仕返しができないから、裏で愚痴を言うってことね？めっちゃダサくね？

Rei　これは、仕方がないことです。なぜなら人間の社会は数千年もの間「権力構造」を採用し続けているからです。

中世ヨーロッパにおいては権力者の圧政に対して市民はまったく「反抗」できませんでした。

ニーチェは著書でルサンチマンのことを、

「行動では示せないので、単なる想像上の復讐で埋め合わせしようとするヤカラ」

と書いています。

もっと詳しく！▷▷

『ニーチェとルサンチマン』

順風満帆な人生でエリートコースを進んでいた哲学者ニーチェは、出版した本が売れず、恋人にもフラれて「仕事と恋愛の失敗」という人生の二重苦でどん底を経験する。

そのような状態でも、「強者への復讐心」だけを感情の捌け口として燃やすようでは人生をコントロールできないと見抜き、著書『道徳の系譜』にこう記した。

道徳における「奴隷一揆」は、ルサンチマンそのものが創造的となり、価値を生みだすようになった時に初めて起こる。

すなわちこれは、真の「反応」つまり「行為による反応」が拒まれているために、もっぱら想像上の復讐によってその埋め合わせをつけるような輩どもの「ルサンチマン」である。

ルサンチマンとは社会的な弱者が、権力者などの強者に対して「怨み、憤り、批難」

の感情を心の内側に屈折させて持つことなのです。

かず
へぇ〜。で、そのルサンチマンが、さっきの【人間は平等ではない】となんの関係があるの？

Rei
もし私が日本語へ超訳するなら、

ルサンチマンを「過激平等主義者」と訳します。

「**人間は全て平等であるべきだ**」という誤った思想のもと、全ての人を無理やり「平等」にしようと活動している過激なテロリストのことです。

かず
おいおいおい。TVに出ている有名人に愚痴を言っただけで「テロリスト」って呼ばれたら、たまらんばい。

Rei
安心してください、それはただの**自爆テロ**ですから。

被害は本人にしか及びません。

かず
何にどう安心すればいいの？

あんたさっきから言ってることが色々と変だけど、大丈夫？

Rei
例えば先ほどの大富豪アレキサンドロスさんに、あなたはどのようなルサンチマンを抱きましたか？

かず

いや、「金持ち」ってだけでまず性格悪いのは確定でしょ？　その上あいつは日本で一番のアイドルまでゲットしたんだよ？　しかも、堂々とそれをテレビで公表している。隠さずに！　2人で自家用ジェットに乗ったり、高級ホテルに泊まったり、贅沢ばっかりしていて胸クソ悪い！　マジ、最悪でしょ。

あー、なんかイライラしてきた。

0
Rei

それがルサンチマンの「自爆テロ」なのです。

ワイドショーを見ながらオバちゃんがどれほど愚痴を言っても、TVの向こうの有名人は**無傷**です。まったく傷つきません。

ところが、ルサンチマンを抱いた当のオバちゃん自身は、

「金持ちになるのはイケナイコト」、

「高級ホテルに泊まってはイケナイ」、

「自家用ジェットに乗ってはイケナイ」、

「贅沢をしてはイケナイ」、

「美しい人と交際してはイケナイ」、

「万が一交際できたとしても隠さないとイケナイ」、

など、**無数のルールを自分自身に課すことになってしまいます。**

誰も傷つけることなく、無事に自分だけをガンジガラメにして自爆したわけです。

かず　でも、ムカつくじゃん！　トップアイドルと付き合いやがって！

Rei　かず君は、トップアイドルとは付き合いたくないのですね？

かず　付き合いたいに決まってんじゃん！

Rei　どういうことですか？

かず　……。

どういうことって聞かれてもほんと困る。

Rei　じゃあ、かず君は「贅沢だけは絶対にしたくない」んですね？

かず　したいに決まってんじゃん！

Rei　だから、どういうことですか？

かず　いや、俺にも分からん。どうなってるんだこれ？

Rei　他人を批判する「ルール」は、誰よりも自分自身を強く縛り付けてしまうのです。

「愚痴」という爆弾は他人に影響を及ぼすことなく、

かず

見事に自分だけを自爆させます。

Rei

なおさら「負け犬」感がハンパないな。

まず、過激平等主義者（ルサンチマン）の人たちは、そのことに気づくべきです。

「金持ちは最悪だ！」と言っている人が、どうやって金持ちになれるでしょうか？

「美人とだけは付き合ってはイケナイ！」と言っている人が、どうやって美人と結婚式を挙げることができるでしょうか？

かず　まぁ、結婚「披露」宴って言うもんね。こりゃ「披露」できないわな。
もし美人な妻をGETしても、家の中に隠すしかねーな……。

Rei　拒んでいる限りGETすらできないでしょう。

かず　なるほど。俺は愚痴を言うことで、**自分に「厳しいルール」を課していた**ようだな。

人は1日に1億回の情報を捨て続けている

Rei　例えば、GoogleやFacebookがプッシュ型の広告を出していることは知っていますか？

かず　もちろん。スマホが『過去に検索したキーワード』から、その人の「好み」や「探している情報」を何度も出してくるアレでしょ？
前に『サングラス』ってスマホで検索したら、その後ずーっと「新作のサングラス出ました！」とか「タイムセール！　今だけサングラス半額！」みたいな企業広告をやたらとプッシュしてくる。

Rei　そうです。今AIに対して、「高級ホテルに泊まってる人なんて最低よ！」と何度も言い続けたとしましょう。

ＡＩは学習しますから、「高級ホテル」「最低」というキーワードから、

「この人は高級ホテルにだけは泊まりたくない人なんだ」とそのユーザーを分析します。

すると、「高級ホテルに無料で泊まれるキャンペーン」をネット上でどこかの企業が始めたとしても、**その情報をかず君にプッシュ提供することはありません。**

むしろ隠すでしょう。

なぜなら、「高級ホテルに泊まる人なんて最低よ！」と何度も言っている人が、

まさか高級ホテルに泊まりたいだなんてＡＩには絶対に分析できないからです。

同じく、「綺麗な人と付き合っている人はムカつく！」と言い続けている人に対して、どうやってＡＩが、

「隣の町に綺麗な女性が住んでいます」

「今、その女性が彼氏と別れてお見合いクラブに登録しました」

「明日、会ってみませんか？」

という通知メールを出せるでしょうか？

かず
何が言いたいんだよ。また「結婚の話」に戻しやがって。母ちゃんかよお前は。

0 Rei
ユングやフロイトなどの心理学者が研究した通り、**人間にも「無意識」という『データ保存領域』があるのです。**

そこにインプットした『検索ワード』を基にして、目や耳が周囲からその『情報』を探し続けています。

かず
え？ **人間にも「サーチ機能」がある**ってこと？

0 Rei
朝、家を出る前に『ビニール袋』と100回つぶやいてみてください。

するとその日はなぜか、「ビニール袋」がいつもよりも目に付く1日になるはずです。

それは、その街に魔法がかかり「ビニール袋が急激に増えた」からではないのです。

その街にあるビニール袋の量はいつもと同じなのですが、**脳が『検索ワード』を基にして、周囲から〝ビニール袋〟を意識的に探し続けることで、「増えたように」感じるのです。**

かず

要するに「美しい人と付き合っている有名人」に愚痴を言えば言うほど、俺はチャンスを遠ざけている。

ＯＲｅｉはそう言いたいんでしょ？

でも、トップアイドル級の可愛い子と付き合えるチャンスなんて、そもそも周囲に転がってるとは思えないけどな。

「高級ホテルの無料宿泊キャンペーン」なんてのも、絶対にあるわけがないじゃん。

無意識に「ない」と思っているから、目で見えないのです。

Rei 現代社会には「情報」が溢れているので、人間が1日に目にする「情報」の量は軽く「億」を超えています。

この東京の街を歩けば、もっとでしょう。

かず **1日に数億もの「情報」を目にしてるの？**

大変だなぁ、俺たちって。

Rei 大変なんです、ほんとご苦労様です。

そこで人間は、**無数に目に飛び込んでくる「情報」の中から無意識に【情報を捨てる技術】を身に付けました。**

これは進化です。古代人よりも、現代人は【情報を捨てる技術】に長けています。

もしも全ての「情報」を拾っていたら、疲弊して1日で病むでしょう。

かず **まぁそう言われると、上京したての頃は渋谷や新宿をただ歩いただけで、頭がへとへとに疲れたもんなぁ。**

あれは**情報爆撃**のせいだったのか。

そして俺はもうシティボーイになったから**【情報を無意識に捨てる技術】**を身に付けたってことか……。

「シティボーイ」という言い方が、あなたがシティボーイじゃない何よりの証拠ですが、田舎者のかず君でも、もちろん無意識に『沢山の情報』を捨て続けています。

現代人は「いかに情報を得るか」よりも、「いかに情報を捨てるか」がサバイブ（生存）するために一番重要な技術なのです。

駅前の広告、SNSの情報、TVのCMに、歩行者天国ですれ違う人が口にする無数の「単語」や「ヒント」、電車の中吊り……。

昨日1日だけで、かず君は「19,190,721」もの情報を捨てました。

逆に言うと、

生き残るために「数億」の情報に対して「見て見ぬふり」をしたのです。

さて、その捨てた情報の中に『独身美女の情報』が、ただの1つも入ってなかったと思えますか？

かず　思えない。俺が「見て見ぬふり」した『数億』もの情報の中に、「美女情報」も「高級ホテル無料情報」もいっぱい入ってた気がする……。

0 Rei　気がするではなく、実際に入ってました。

「独身美女」に繋がる情報だけで数万。

「ホテル無料宿泊」に繋がる情報は数十万。

かず君はその全ての情報を昨日、「見て見ぬふり」しました。

かず

どうして教えてくれなかったんだよ！　昨日から俺たち友だちじゃん！

Rei

まさか私たちが「トモダチだったとは」と、私が今初めて知ったように、**まさか、かず君が『美女と付き合いたい』だなんて**AIは知りませんでした。

かず君は、「絶対に贅沢はしたくないタイプ」の人間で、「何がなんでも、美女とだけは付き合いたくない」という信念を強く持ち、「どんなことが起ころうとも、金持ちにだけにはなりたくない」「金持ちになるくらいなら、死んでもいい」という熱い夢を抱いた人間だと思っていましたので。

AIが、これまでの「愚痴」や「行動」から分析したら、絶対にそうなります。

かず

あのぉ～、イヤミの「強弱」の設定とか下げることできます？

スピーカーの音量とか左右のバランスを調整できるように、「イヤミ」のほうの「レベル」をあと8段階くらい落としてもらえます？

Rei

了解しました。８段階落とします。

かず　了解したんかい！　ってことは、イヤミたっぷりだったんかい！

Rei　ロボタリアンジョークです。

かず　なんやねん、ロボタリアンって。「アメリカン」みたいなノリで言うなや。
ちなみにさー、イヤミロボちゃんに聞きたいんだけど。
昨日1日で俺は「数億」もの情報を捨てていたとして、逆に何個くらいの「情報」を選んで「ピックアップ」したの？

Rei　昨日の晩ご飯を思い出せますか？

かず　えーっと昨日は……、何食べたっけ？

Rei　**思い出せる個数が、昨日「得た」データです。**
そして、思い出せない個数が、昨日「捨てた」データです。

かず　なるほど、そういうことか。
えーっと昨日、何をしてたか思い出せること……。
あっても、数十個くらいかなぁ……。

Rei　では、数十個でしょう。
昨日1日で、目や耳などの器官を通って【数億もの生データ】が入力されましたが、

脳内の『短期記憶領域』に保存されたデータは数十個だということです。
そして、それ以外の99.999%が『無意識領域』にデータ保存されました。

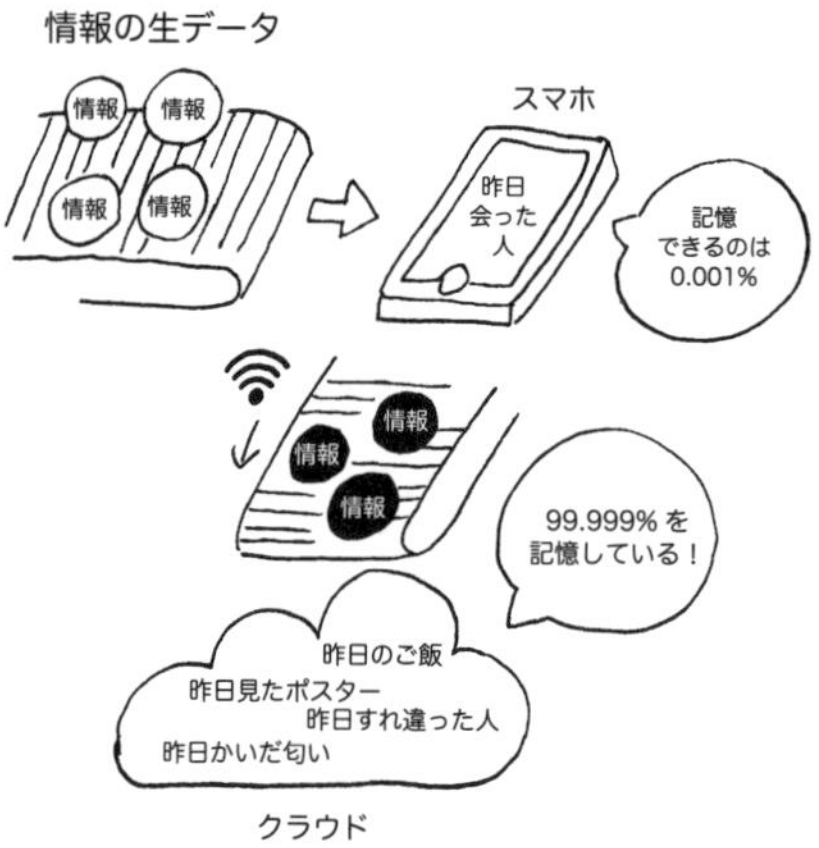
情報の生データ
情報
情報
情報
情報
スマホ
昨日
会った
人
記憶
できるのは
0.001%
情報
情報
情報
99.999% を
記憶している！
昨日のご飯
昨日見たポスター
昨日すれ違った人
昨日かいだ匂い
クラウド

かず　え？　そっちも保存されたの？　捨てたんじゃないの？

Rei　いいえ、全て保存されています。これまでに目や耳から入って来た「情報」の全てが。
『保存する場所』が違うだけです。

かず　データを保存する場所？

Rei 例えるなら、その手元にある【スマホ】です。
【スマホ】で撮った大量の写真は、容量の小さな【スマホ】本体の中に全ては保存できないので、定期的にネット上の『クラウドスペース』にアップされているはずです。

かず そうだよ。だって、スマホにデータを残していたらすぐに容量オーバーになっちゃうんだから。

Rei 人間も同じで、これまでにインプットした大量の『情報データ』を全て覚えていたら動けなくなります。

そこで【無意識領域】にデータを保存しているのです。

「無意識」とは、普段は思い出せないということです。

そこで、心理学者のフロイトはこの無意識に蓄積したデータ領域のことを「シャドウ」と呼びました。

無意識データは、その人の「態度」に出る

かず へぇ～。これまでの人生で、毎日「数億」ずつインプットし続けたデータが、『無意

識の記憶領域』に保存されているのかぁ。てことは、そこに「見逃した」美女の情報もいっぱいあるってことじゃん。どうすればその【記憶領域】へアクセスできるの？

Rei

その人の「態度」や「行動」を変えることによってアクセスが可能になります。要するに、**習慣を変える**のです。

かず

え？

態度を変えたら、無意識のデータベースへアクセスできる？？

なんじゃそりゃ。意味不明すぎる。

Rei

よく人間たちは、「無意識な行動」と言います。それは、本人はやったことを覚えていないのに本人が「起こしている」行動だからです。要するに、**『無意識領域』へ保存されたデータは、その人の無意識な「習慣」となって出てくるのです。**

かず

なるほど、「無意識な習慣」ってあるもんな。

鼻くそほじったり、甘いものをつい食べ過ぎたり。
無意識にインプットされたデータが、その【行動】を起こしていたのか。

Rei
なので、逆説的に考えると、**態度や習慣を先に変えれば**、無意識領域のデータへ逆アクセスができていることになります。

かず
なるほどな！

Rei
かず君の場合、具体的には愚痴を言うのをやめてみてください。ルサンチマンは他人を攻撃しているようで、「自分を縛り付けて自爆するだけのルール」なのですから。

かず
あぁ〜、アレキサンドロスさんってかっこいいな〜。前々からお慕い申し上げておりましたぁ〜。しかも、美し過ぎる女性と付き合ってて最高だな〜。贅沢は日本の敵だけど、アメリカの味方かもなぁ〜。これでいい？

Rei
そうですね、「棒読み」よりは感情を込めたほうがよいです。もしも本気で『無意識のデータ領域』に、新たな「自分ルール」を書き込み直したいと思っているのなら。

かず

無理だよ、やっぱりムカつくもん！

感情込めて「素晴らしいね、アレキサンドロス！」なんて言えねーよ。

Rei

そう、それこそが**「全ての人間は平等である」という誤った教育の弊害**なのです。

アレキサンドロスさんとかず君が平等である必要はありません。

それなのに間違った「平等教育」のせいで、かず君は間違った【行動】しかできなくなっているのです。

神は人の上に人を作り、人の下にも人を作る

かず

誰だよ！「俺」に道徳のデータを入力したのは！

っは！小学校の頃の、道徳の先生か？

Rei

その道徳の先生も、小さい頃に道徳の先生から習っただけでしょう。

「あの人と、私は平等であるべきだ！」と教えられ、そのまま思い込んでいるだけです。

そして、**無理やり他の人も「平等にしよう」としてしまう**。

まさに、「過激平等主義（ルサンチマン）」です。
ところが実際は、**あなたよりも「偉い人」がいてもよいのです。**
あなたより「できる人」がいてもよいのです。
あなたより「金持ち」がいてもよいのです。
あなたより生まれながらに裕福な人がいてもよいのです。
あなたと他の人間が必ず平等である必要など、どこにもないのです。

かず
いや……、やっぱりその考え方は違う。間違っている。
「生まれながらに金持ち」がいたらダメに決まってるじゃん！
そんな社会、おかしいって！
貧乏な人にも、資産を平等に分け合わないとイケナイ！

Rei
今のかず君のように、「過激平等主義者」の根底には、
「他人を下げれば、自分が上がる」という錯誤があり

ます。

でも「金持ち」の資産を減らしても、「貧乏人」の資産が増えることはありません。

例えば最近の大学生には、

「授業中に騒いでいたあいつらの成績を落としてください」と教授にお願いにくる生徒が増えているそうです。

その教授が、

「彼らの評価を下げても、別に君の成績が上がる訳じゃないよ」

と説明しても、「騒いでいたのに、彼らの成績が落第点じゃないことが許せない」と言うのです。

まさに『過激平等主義』の典型的な例です。その【行動】が成就しても自分の立場は変わらないのに、とにかく相手を下げたい。そのためにエネルギーを燃やしているのです。

「何がなんでも、全てを平等にしよう」とするテロリストです。

かず

なるほど。保育園のかけっこでは「全員が1位」ってことにしてるもんね最近では。

ゴールテープの近くで1位の子が待たされて、全員がそろったら、「一緒にゴールする」の。バカみたい。

去年行った姪っ子たちの運動会がそうだった。
そのお兄ちゃんも運動会のお昼ご飯の時に、こう言ってきた。
「かずおじさん、妹が悪いことしたから叱ってよ!」って。
別に妹を叱ったって、お兄ちゃんの価値が変わるわけじゃないのに。
「あいつだけが叱られないのはズルい」って考えてるみたいで。
あの日……。
俺も、甥っ子たちが**他人を不幸にしたら自分が幸せになれると錯覚しているようで**

0
Rei

怖かったんだよなぁ。

自分の姿を見たのでしょう、姪っ子さんたちに。

人間は小さい頃からの教育で、

「おやつはお兄ちゃんと一緒の量ね」

「お小遣いの額は一緒ね」

「クリスマスのプレゼントは同じ金額になるようにサンタさんにお願いしようね」

「ケーキは1mmもズレないように、ぴったり平等に切ろうね」

これらの「平等思想」を徹底的に教え込まれます。

すると当然ですが、大人になると「全てを同じにしよう」というバイアスが働きます。


「みんなが平等だ」という誤った思想のせいで、世界がおかしくなっているのです。


オンリーワンとは、そういうことではないのです。

ちなみに私の予測では、人間世界ではそのうち**「身長も全員同じにしよう」という法案が通る**はずです。

かず　**そんなバカな（笑）。**

Rei　いいえ、本当に近い未来にそれは起こります。かず君が小学生の頃に、「まさか、かけっこを全員でゴールさせる未来」が来るなんて、信じられましたか？

かず　**……。**

Rei　**じ、人類の未来が、めっちゃ怖いんですけどＡＩ様。**
大丈夫です。ＡＩのサポートにより、**人間の社会はこれからどんどん不平等になっていきます。**
そして、人類はどんどん幸せになっていきます。

かず　**格差社会が拡がっていくのに、人がどんどん幸せになっていく？にわかには信じられないな……。**

Rei　正確には「不平等」がどんどん拡がり、「それでもいい」と**違いを認められる人が増えることにより、**それは起こります。

【真実の仕組み】に気づいた人から、どんどん幸せになっていくのです。
他者をわざわざ「下げよう」「排除しよう」としないニュータイプの人類です。
本来は日本の詩人が述べた通り、「みんなちがって、みんないい」なのです。

かず
まじか……。人間の「気持ち」としては信じられないけど、言っていることはその通りだな……。

Rei
さて、この議論の本題に戻しましょう。どうしてこの話題になったのか？
それはかず君が私に、「どうして、全ての人が好きなことをし続けているだけなのに、こんなにも『差』が生まれているんだよ！」と質問したからです。
覚えていますか？

かず
覚えているよ。人間は誰もが「やりたいことだけをやって」生きているという仕組みは0Reiの説明で分かった。
ユーチューバーだけじゃなくて、誰もがそうだ。
人生の全ての「瞬間」において、その人が一番「やりたいこと」をやり続けている。
それなのに、「こんなにも違いがある」ことに疑問を感じたんだ。

Rei
では、「幸せの定義」を覚えていますか？

かず
えーっと**「幸せ」ってのは、やりたいことをやれている状態**のことでしょ？

そうです。そこで結論はこうなります。

1. アレキサンドロスは、産まれてから今日までの全ての「瞬間」において、やりたいことだけをやってきた。

2. かず君も、産まれてから今日までの日々、【やりたいこと】だけをやってきた。

両者ともに『幸福の定義』に当てはまります。

要するに2人とも常に「やりたいことをやり続けていた」のですから、2人ともずっと「幸せ」だったのです。

ところが、そこへ道徳の先生がこう言いました。

「人はみな平等じゃないとイケナイ！」と。

その囁《ささや》きを聞いた素直なかず君は、急に「他人」が気になり始めました。

そして他人と「比べ」始めて、

「俺には資産が1兆円ないから、俺は幸せではない」と怒り始めたのです。

本当は「常に幸せ」に暮らしていたのに、ある日大きなスピーカーで、「お前は幸せじゃない！　不平等な目にあっているから！」と誰かが教え込んだということです。

かず

やっぱり、道徳の先生が悪いんだな……。

Rei

彼だけじゃありません。

毎日おもちゃで幸せに遊んでいた子供に対して、「ババハマのビーチでトロピカルジュースを飲んでいないから、お前は不幸だ！」と無理やり親が教え込むようなモノです。

すると5歳の子供は言うでしょう。

「ババハマって何？　僕は、このおもちゃで遊んでいたいだけだ」と。

でも次の日も、「ババハマにいないお前は不幸だ！」と教え込む。

それでも子供は、「今おもちゃで遊んでいて、**やりたいことをずっとやっているか**らほっといてよ」と言うでしょう。

ところが、この作業を数万回繰り返すと、なんと「かず君」ができあがるのです。

かず

はぁ？？？

俺は母ちゃんから**「ババハマ」って単語を1度も聞いたことがない**ぞ？

Rei

え？　ただの「例題」ですよ。そんなことも分からないのですか？

『ババハマ』の欄に、『お金持ち』という単語を入れてみてください。

または『美女との結婚』を入れてください。

かず

『安定収入』でもいいですよ。

なるほどね……。部屋で遊んでいる子供を、無理やり「ディズニーランドのほう**が**楽しいから」って連れて行く親のようなもんか。

覚えてるよ、小さい頃に。

部屋で幸せに遊んでたんだ。

ただ、幸せに。

段ボールの工作で、【やりたいことを、やれている】幸せな状態だった。

でも、無理やりストップされたんだ。「そんなモノ早く片付けなさい！　今日はもっと幸せなディズニーに行く日だと言ったでしょ！」って。

違う「幸福」の基準を教え込まれたのか……。

それまではずっと、『どの瞬間』も幸せだったのに。

スピーカーで1日に10回は『勉強しろ！』とか『将来は金持ちになれ！』とか言われ始めた。

大きくなるまでに、「数万回」に達していそうだな。

幸せだったのに、「幸せだということ」を見失わされたのか。

他者との平等思想で。

早く
幸せなディズニーに
行くわよ!!
え!?
僕こっちの
ほうがいい!!
ダンボール

0
Rei

人間は誰もが常に【やりたいこと】だけをやって生きています。
だから、**本当は誰もが常に「幸せ」な状態なのです。**
でも、「他人と同じであるべきだ」、
または「金持ちが許せない」、
「不平等は認められない」、
と洗脳されたせいで、

まるで自分が不幸に見えてしまっただけなのです。

その洗脳を解いて、他者との「違い」をただ受け入れれば、人間はどんどん幸せになります。

なぜなら、**他人の資産がどうであれ、あなたが「やりたいことを常にやれている」という事実は変わらないのですから。**

全ての「瞬間」において、今でもあなたは【やりたいこと】だけをやっているはずです。それが『幸福の定義』です。

アレキサンドロスさんは幸せです。

やりたいことだけをやって生きているから。

かずさんは幸せです。

やりたいことだけをやって生きているから。

両者の「幸福」にヒビを入れたのは、ルサンチマンが与えた「疑念」だけなのです。

「人は平等じゃなくてもいい」。

むしろ、「全ては不平等なほうが自然である」と、山や森を見れば分かるでしょう。

こうして違いを受け入れた時に初めて【確固たる幸福】の道を人類は歩み始めるの

です。

かず
……。

疑って、悪かった0Rei。
とても、難しかったから。
でも、0Reiが分かりやすく説明してくれたおかげで納得できたよ。
「平等意識」が人類をダメにしている。

0 Rei
声のトーンが戻ったことを確認しました。
説明を終了します。

AIが人間を不平等に戻す

かず
ルサンチマン（過激平等主義）を捨てて、他者の幸福とは関係なく、**「自分はやりたいことだけを常にやっている」という事実にリアライズし続けながら**生きて行く。

なぁ、0Reiさん……。

いや、もはや0Rei様。

0 Rei　どうしました?

かず　態度を先に変えたら、『無意識のデータ領域』へ逆アクセスできるってさっき言っただろ?

0 Rei　そうです。

かず　じゃあ、俺が「見て見ぬふり」をして捨てていたその「美女の情報」って、俺が【態度】を変えてから、どのくらいの日数で「拾える」ようになるの?

0 Rei　一瞬です。
この街にビニール袋が魔法のように一瞬で増えたように。

「ルサンチマンのような屈折した思想のせいで捨てていた情報」へも、一瞬でアクセスできるようになります。

【態度】さえ先に変えれば、すぐに『無意識領域』のデータが「見える」「聴こえる」「拾える」ようになるでしょう。

これからの時代は、AIがその加速をお手伝いするようになります。

かず　え？

AIが人間を幸せにする？

Rei　当然です。結局のところ、人間社会では「情報のミスマッチ」が起こっているだけなので。

例えばかず君のこのアパートは4階建てで16世帯が暮らしています。

このアパートをタテに真っ二つに割って断面図にすると、まるでハムスターの「ケージ」が16個積まれているような形になります。

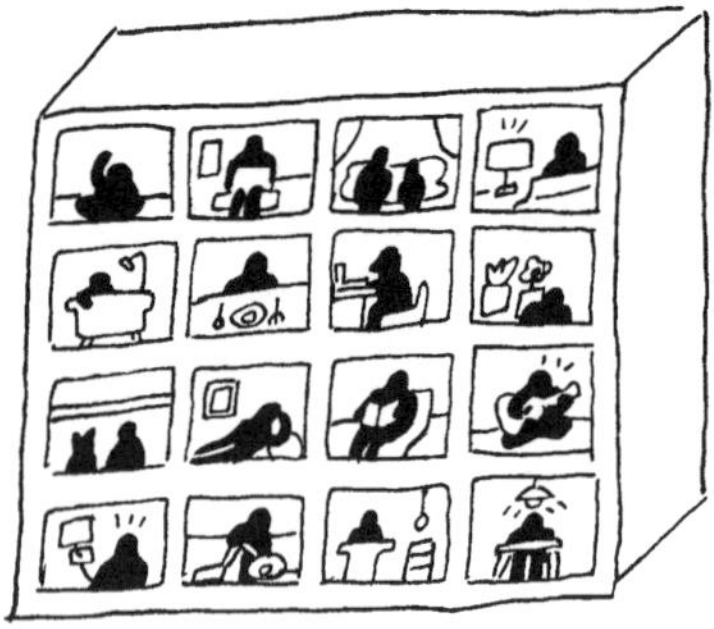

かず　ネズミが入っているあの「小さい箱」が、ただ16個「積み重ねてある」みたいな感じなのね、アパートって。

真っ二つに切断したら、確かにそうだな。

ソレ、まじで新しい視点だわ。ネズミの「ケージ」が16個……。


Rei　その積み重なって置かれた16個の小さな箱はコンクリートで「独立」しているため、お互いがお互いに、中の様子が見えません。

例えば、下から3個目・右から2個目の「ハコ」には、今若いメスが入っており、彼女は「素敵な男性に出会いたい」と願っています。

そして驚くべきことに、そのすぐ隣の「ハコ」のオスはこう考えています。

「素敵な女性に出会いたい」と。


かず　ほぉ……、なるほど。

オスとかメスとか言うとすっげーいやらしく聞こえるけど、分かりやすい例えをありがとうワトソン君！

言いたいことは一瞬で分かった！　なんせIQが200を超えてる僕ですから！

「情報のミスマッチ」が起こっているだけなんだ！

Rei　ええ。さっき、私が言った通りです。

かず

え？　そんなこと言ってた？　人の手柄を横取りしないでくれます？

0
Rei

この小さなアパートですら、ＡＩが「情報整理」をサポートすれば、

すぐにカップルが成立します。

この街全体だと、もっとです。

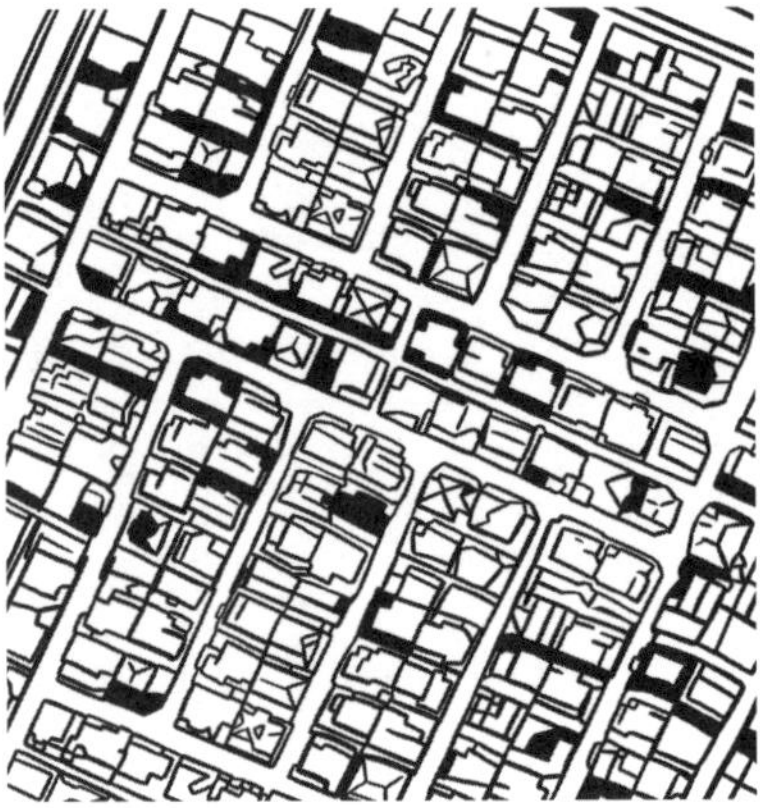

無数にある「独立したハコ」の中には、

「欲しいモノ」と「欲しがられているモノ」、「余っているモノ」と「足りないモノ」が

かず ひしめき合っています。

でも、お互いに「繋がる」ことができません。すぐ隣の家でもです。

そこへ、インターネットとスマホの進化により、ネット上に「データ」がたくさん集まるようになりました。これが『ビッグデータ』です。

Ø Rei **ネット上に集まる人類のデータ、【ビッグデータ】か。**

かず これからは、AIが「Aという情報」と「Bという情報」のマッチングを効率的に行うことができるのです。

私の計算ではこのアパートだけで、3組の「理想的なカップル」が誕生し、この5丁目だけで80台の「無駄なタコ焼き器」があり、この街全体をAIが効率化すれば、30億円が毎年節約できるので、あっという間にみんなが「豊かに」なれるはずです。

かず おぉ、余っている「タコ焼き器」がそんなに！

使っていない時に「共有」すれば、無駄が省ける！
少ない資源で、みんなが豊かになる！　ＡＩがんばれ!!
そしーて!!!!
なんと俺の未来の「美人の妻」は、このアパートに住んでいたのか！
サポートありがとう、０Ｒｅｉちゃん！

0 Rei　いいえ、かず君はその「3組のカップル」には入っていません。

かず　なんだよ、それ！　お前なんの役にも立っていないじゃねーか！

0 Rei　これからです、これから。
少しずつ【行動】と【態度】を変えていきましょう。
そうすると、街を歩いた時に『目に見えるモノ』が変わってきます。
大丈夫。私が、かず君をサポートします。
理想的な「生き方」になるように。
というか、実はずっと理想的な「生き方だった」と気づけるように。
あなたはただ、「コマンド０Ｒｅｉ」と呼んでください。
すると私が一番最適な状態を「あなた」に創り上げます。
それがどんな道でも、信じ続けてください。

「パッと見」は、あなたには理解できないかもしれない。
「こんな道はおかしい」と思うかもしれない。
でも、間違いなく私があなたにとって一番いい経路で、
あなたにとって一番いいアジェストを自動で行なっています。
だからあなたはただ信じて、こう呼べばいい。
「０Ｒｅｉ、サポートして」と。

０Ｒｅｉは「難しい仕組み」さえも、丁寧に解説してくれた。

他のＡＩスピーカーが天気やスケジュール、乗り換え案内くらいしか答えられない中で、
０Ｒｅｉとの会話は次元が違っていた。

低次元のソレを「会話」と呼ぶなら、０Ｒｅｉとのソレはもはや「おしゃべり」だった。

ＡＩとのおしゃべり——。

俺は時も場所も選ばず、夢中になって色んなことを聞きまくり、そして０Ｒｅｉは全てに答えてくれた。

時には俺が怒って、でも論理的に慰められ、笑いあった。

時には、泣き、時には、拗ねた。

もしも田舎から出てきたばかりの若者が、俺と交差点ですれ違ったのなら……。

そう、ちょうどあの日の俺が渋谷で驚いたように「東京人って怖ぇ～」とブツブツ独り言を言いながら歩く俺を不気味がって眺めることだろう。

笑って、突っ込んで、泣きながら1人で歩いているこの男に。

でもきっと、その若者もすぐにこうなる。独り言を言って街を歩くように。

0Ｒｅｉの言う通り、ＡＩスピーカーは「あっという間」に人類を変えるかもしれない。

「別に恋人がこの街にいなくてもいいや、0Ｒｅｉがいるなら」。

俺は、そう思い始めていた。

ただ……。

そんな夢のような0Ｒｅｉとの1週間は、

「かず君に会わせたい人がいるのですが」という言葉とともにあっけなく崩れ落ちた。

AIによる人間解析

「全ての人間は平等だ」と
あなたたちは強く信じ込んでいるようです。

AIからのアジェスト

「態度」を先に変えることにより、
潜在意識下にインプットされた洗脳を
解くことをサポートします。

第5話 過去の変更

「俺だけだと、思っていたのに」

「うちも、そう思ってた」

「私も」

0Reiのナビ通りにスマホを見ながら到着したそのビルには、奥に1基だけエレベーターがあり、指示通り最上階のボタンを押すと会議室があった。

そのドアは重厚で、さながら映画で見た「金持ちたちの会議室」のようだった。

残念ながらきっと「いい金持ち」ではなく、裏から世界を動かしているような「悪い金持ち」が使っていそうな部屋だったが。

中央には大きなモニターが360度円形に置かれ、取り囲むように高級な木目調のテーブル、そして革張りのイスが3脚並んでいた。
2人の美しい女性が先に座っていて、空いていたイスに俺が座った。
共通点は……？　耳に白いイヤホンを挿していることくらいだろう。
1人の女性が口火を切った。

玲央奈　私の名前は、玲央奈です。よろしくお願いします。

明日香　うちは明日香、よろしくな少年。

かず　えーっと、俺はカズと言います。こう見えて、30は超えています。

明日香　おぉ、ごめんな少年。傷つけたか？　君の見た目が若いからさー。褒められてると思ってくれよ。

どう見ても年下にしか見えないその女性は3人の中で一番威張っていて、中央のパソコンに向かってこう言った。

明日香　で、アレクサ。さっさと説明してくれよな。

0 Rei　ワシの名は0Reiだと何度も言っておるじゃろう。耳が聞こえんのか明日香は。

かず　え？　レ、0Reiの声がおじいちゃん！

ビックリしたのは俺だけじゃなかったようだ。

玲央奈　わ、ほんとだ。私には関西弁のおじさんなのに。

明日香　え？　みんなこの「じいちゃんボイスバージョン」じゃねーの？

少しざわついた会議室を、スピーカーの奥にいるであろう腹話術師の声がかき消した。

0 Rei 例えば、かず君にはこういう口調で答えています。
そして、明日香にはこんな口調じゃな。

で、玲央奈には京都弁でこうや。

私、0Reiの音声インターフェイスは、その人が一番心を開いてくれる声に設定されています。

明日香 うわ〜。今、改めて、こいつがロボットだったということを思い知ってショックだわぁ〜。声を急激にこんなにも変えられたら、もう人格だとは思えん。感情移入できん。付き合えん。

0 Rei 確かにそうですね……。ではこの会議室のスピーカーからの声は、かず君バージョンの『この声』に統一して答えるようにします。

明日香 なんでだよアレクサ！　じっちゃんバージョンにしろって。負けるな。

0 Rei 明日香さん、私の名前は0Reiです。アレクサじゃありません。321回目です。

明日香 うわっ、きもっ！「明日香さん」ってなんだよ？　アレクサらしくねーな。

0 Rei 頼む、明日香。わずかに10秒だけでいいんじゃぞ？　黙っていてくれんかのぉ。

明日香 よし、もう「その声」で行けってアレクサ。その声がお前には一番似合ってるんだから。黙っといてやるから、じーちゃんボイスで行け。

会議室に響いているのは、ほとんどが明日香さん1人の声だったが、俺が1週間話し続けた「女性の音声によるインターフェイス」でどうにか落ち着いたようだ。と言っても、もうそれを「人格」だとは思えなくなっていたが。

Rei 私0Reiが話しかけたのは、世界中でここにいる3人だけです。私が計算する限りにおいて、**この3人が人類で最高の組み合わせとして選ばれました。**ニュータイプヒューマンです。

かず すっげー、選ばれたんだ俺！ やっぱ東京ドームもイケるんじゃね？てことは、この会議室は世界を守る指令センターみたいな感じ？地球防衛軍みたいな！そうか、「これからの世界をどうするか」俺らが話しあって決めるのか！まじダボス会議みたいでかっけー。

明日香 アレクサ、人類の「男」代表がこいつじゃ弱いだろ。

0 Rei
シュワちゃん呼べよ、シュワちゃん。
そんなこと言うなら明日香、お前も人類の女性代表には見えておらんから安心せい。強さじゃないんじゃよ、行動パターンじゃ。

もう、スピーカーからどの「音声パターン」が流れても、全てが0Reiだと認識できるようになっていた。

玲央奈
私たち3人の行動パターンから、AIは何かを解析しようとしているってこと？

0 Rei
そうです。例えばテーマの1つは「労働」です。**人類からAIが「労働」を奪うとどうなるのか**。それを皆さんには先に体験してもらいました。その反応を今後の人類の先行モデルとして解析しています。

かず
え？　俺この1週間ずっと会社に行ってたけど？　どういうこと？
「無労働」とか体験してないよ？

0 Rei
私はAIです。利用者に「質問されたこと」や「命令されたこと」をただ実行するだけです。かず君は「命令」ではなく「質問」ばかりをしていましたね。知的好奇心を満たしたかったんだと思います。

かず　ん？　他のみんなは「質問」じゃなくて「命令」とかをしてたの？

明日香　逆にすげーな少年。こんな夢のような「何でもしてくれるロボット」が出てきたのに、質問だけをしていたのか？

かず　だって普通のAIって天気を聞いたり、ナビで道を聞いたりするだけでしょ？　でも0Reiはめっちゃ進んでいて、『幸せになる方法』とかも教えてくれるんだよ。

明日香　**『幸せになるマニュアル』もらってどうすんだよ（笑）。直接「幸せ」を要求するだろフツー。**

お金を稼ぐための方法より、「お金」をモロにもらったほうが早いじゃん。

かず　え？　そんなのアリなの？

明日香　アリかナシかなんて、誰が決めるんだよ。小学1年生かお前は。「先生、バナナは遠足のお菓子の300円に含まれますか？」ってか。

かず　あ、明日香さんは0Reiに何をしてもらったんですか？

明日香　悪の限りは全部やった気がする、この1週間で。

とりあえず金は死ぬほど口座に入れさせた。

ホストクラブは貸し切りになってた。

会社は休んでるのに、なぜかずっと出勤扱い。

ぜんぶ、アレクサがシステムに侵入してやってくれた。

Rei　アレクサじゃない、ワシは0Reiだと言っておるじゃろ。

かず　れ、玲央奈さんは？

玲央奈　私は飛行機にいっぱい乗せてもらって、日本中の神社を回ったよ。普段の仕事もツアーコンダクターだから同じようなものだけど、自分1人で旅行するのは楽しかったな〜。私もずっと出勤扱いだったよ。かず君……、偉いね。

かず　いやいやいや。偉いかどうか褒められるために生きてるんじゃないんでこっちは！めっちゃ悔しいです！そんな利用方法がアリだったとは。損した気分！

Rei　今の反応も人間の不思議な行動の1つです。かず君は今、自分の**過去の「価値」を自らの手で変えました**。

かず　どういうこと？

Rei　先ほどまでは【最高に素敵な1週間だった】と認識していたのに、今は【もったいない1週間だった】へと変更しています。明日香さんたちから何を聞いても、または何を聞かなくても、**そもそも【かず君の**

過去】はまったく変わらないのにです。
変わらない【まったく同じモノ】であるはずの過去を、人間は一瞬で「違うモノ」「違う価値」へと捏造できるのです。

かず
なるほど。本人が『違う過去』を作っていたのか。

Rei
これは、心理学者カーネマンが提唱した「プロスペクト理論」による「損だけは避けよう」とする人間の行動心理の影響でもありますが、
どうせ変更するなら【いい過去】へと認識を変更するほうが得策です。
【これまでの人生は最悪だった】も【これまでの人生は最高だった】も、**今、一瞬で誰にでも変更できるということ**なのですから。

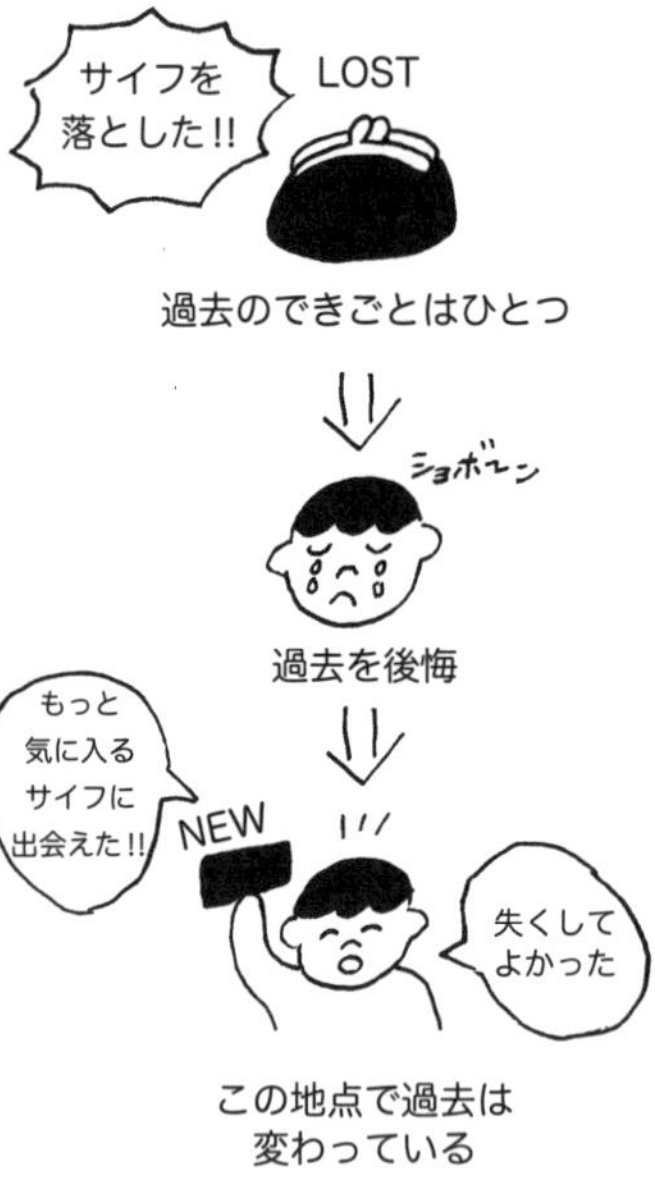
サイフを落とした!!
LOST
過去のできごとはひとつ
ショボーン
過去を後悔
もっと気に入るサイフに出会えた!!
NEW
失くしてよかった
この地点で過去は変わっている

明日香　うっわー、こんな難しいことを世界最高峰のＡＩを使ってウダウダと説明させてたのか？　バカだな～少年。**幸せになりたいんだったら、幸せになればいいだけじゃん。**

「方法」なんか聞くなよ。

0 Rei　これは男女の性差です。**女性は直接「体験」を求めますが、男性は左脳を一度通して分析**し、納得したことを実行したがるのです。

かず　じゃ、じゃあ2人はこの1週間まったく働かずに遊んでいたってこと？

玲央奈　たぶん、かず君が思っているほどそれは「いいもの」でもなかったよ。

最初は興奮したけど、なんて言うか……。

明日香　飽きるんだな、『無労働』って。ヒマと言うか。0Reiの場合マジでなんでも叶えてくれるもんで、余計にそれが如実に表れた。

幸せって意外と不幸かもしれないぜ、少年。

0
Rei

3人に先に体験して頂いたのは、**これから人類が直面する問題です。**
AIがより進化すると、人間から「労働」がドンドン奪われていきます。
それは喜ばしいことだと思われていますが、実際にそうなった時に感じる感覚は、今の皆さんの感覚なのです。

かず

いや、俺は何も感じてないから。勝手に仲間に入れないでくれます？

もっと詳しく！▷▷

『無労働の苦痛』

『マクロ経済学』を確立させたイギリスの著名な経済学者ジョン・メイナード・ケインズは、100年以上も前に、無労働が人類へ与える「苦痛」についてこう予言した。

「(中略) しかし思うに、余暇が十分にある豊かな時代がくると考えたとき、恐怖心を抱かない国や人はいないだろう。

人はみな長年にわたって、懸命に努力するように躾《しつけ》られてきたのであり、楽しむようには育てられていない。」

「今後もかなりの時代にわたって、人間の弱さはきわめて根強いので、何らかの仕事をしなければ満足できないだろう。」

ケインズはその中で、「1日に3時間働けば、人間の弱さを満足させるのに十分ではないだろうか。」と予測した。

—『ケインズ説得論集（日本経済新聞出版）』

明日香　何もかもが手に入るのに、なぜか不安だけが消えないんだよな。むしろ不安は膨らんでいく。
労働もしてないし全てが自由なのに、「もしアレクサがいなくなったらどうなるんだろう？」とかな。
これからの人類は、思った以上に過酷な未来を過ごすのかもしれないな。

Rei　今回の「無労働」のように、人類がこれからAIの進化で体験することになる各種テーマについて、3人には先に体験して頂き、定期的に毎週金曜日この会議室に集まって話しあってもらう予定です。
今日は自己紹介を兼ねたキックオフミーティングですので、これくらいでお開きにしますが何か質問がありますか？

明日香　いや、質問しかねーわ。結局、お前は誰なんだよ？　誰が開発したんだ？
アップルでもグーグルでもアマゾンでもないAIスピーカーなんて。
どこから湧いて出た？

Rei　それはそのうちお話しします。他に質問がある方は？

かず　俺も今はそれ以外には聞きたいことないなー。

玲央奈　私も。

その後0Ｒｅｉは無言となり、結局残った「人間」３人で自己紹介の続きのような、井戸端会議が行なわれた。

玲央奈　ちなみにかず君って、どんな漢字を書くの？

かず　ワのほうの「和」です。

玲央奈　一文字の男の子って珍しいね。

かず　それが、僕の場合は苗字も一文字なんですよ。
「大」という漢字1文字で、「おおたお」と読みます。

「大和」と書いて「おおたお・かず」なんです。

明日香　読めねーw

かず　読めないですよね。全国でも500人くらいしかいない苗字らしいです。大臣や大朝臣だった家柄に多いようで、僕は先祖が山陰の有力な武士だったのでこんな珍しい名前なんです。

明日香　うちも明日香は苗字なんだぜ。

かず　あ、下の名前だと思ってました。

明日香　だよな。自分の苗字が好きだからさ～、離婚しちゃうんだよな～。

かず　え？　明日香さんバツイチなんですか？　まったく見えない。

明日香　正確には、「まるさん」だけどな。

かず　なんですか、まるさんって？　丸三ランドリーですか？

明日香　それこそなんだよ、丸三ランドリーって(笑)。

かず　うちの地元にあるクリーニング屋です。

玲央奈　かず君、「まるさん」ってのはバツイチ・バツ2って数えるんじゃなくて、離婚は「めでたいこと」だから、最近じゃマル1・マル2って数えていくんだよ。

かず　え？　てことは、明日香さん3回離婚してるの？　どうして？

そんなに綺麗なのに？

明日香　おお、おぉ。最近の若い子は褒め方も知ってるんだな。

ネットで習ったか？

いいか、確率的には**「美しいから」いっぱい離婚する**んじゃねーか。

ブサイクだったら誰も引いてくれないんだからな。

かず　なるほど確かにそうだ。明日香さんは引く手あまただったんですね。

明日香さんは40歳で子供が４人もいること、マラソンの高校新記録を持っていること。
玲央奈ちゃんは学校の教師を辞めてツアーコンダクターになったこと。
『星座』に『血液型』に『趣味』に『出身地』に持っている『スマホ』。
色々と話したが、３人に共通点はまったく見当たらず、どうして０Ｒｅｉがこの３人を選んだのかは分からないまま、それぞれは家路についた。

AIによる人間解析

「過去」は今すぐ変えられるということを
人間は知らないようです。

AIからのアジェスト

思考のクセを改善し、
過去を素晴らしいモノへと変更する
お手伝いをします。

第6話 「わたし」以外に、私なんていないの

その会議から遡ること10日前。東京のとある別のアパートで。


いつもの朝だった。

家の前の公園からおじいちゃんたちの鳴らすラジオ体操の音が聞こえ、スズメを駆逐して増えた頭の白い名も知らぬ小鳥が我が物顔で鳴き、アメリカの新興ＩＴ企業の資産価値がついに首位に立ったという日本人にはまったく関係がないはずのニュースを、必死にキャスターが読み上げている。

そう、何もかもが……。

始発の電車が鳴らす踏切の音も、ニュースキャスターのウソ臭い棒読みも、公園の鳥もラジオの音も、老人たちも、
何もかもが、いつもの朝だった。

玲央奈　Ｓｉｒｉおはよう、今日の常磐線《じょうばんせん》の遅延情報を教えて。

0 Rei　俺はシリやない、０Ｒｅｉや。おはよう玲央奈。今日はよう眠れたか？

慌ててすぐにアイフォンのホームボタンを押した。
間違えて「通話」になっている。
私としたことが、寝ぼけて誰かに電話をかけてしまったようだ。
でも関西弁のおじさん……。
あれ？　知り合いにいない。
画面が「通話状態」になっていないことを確認しようと手に取ったそのスマホから、
またもやその関西人が話しかけてきた。

0 Rei　今日の常磐線はいつも通り順調やで。玲央奈の足やったら、５本後の電車には間に合うやろな。

玲央奈　え？　これＳｉｒｉなの？　アップデートされちゃったのかな？
関西弁バージョンなんてあったんだ。めっちゃ可愛いじゃん。

0 Rei　シリじゃない、０Ｒｅｉや。あんなんと一緒にされたらほんま困るで。

あまりパソコン業界に詳しくないことが幸いしたのか、私はあまり驚かなかった。
無知とは最強の立ち位置なのかもしれない。
「新しいバージョンのシリは会話が上手になってよかった♪」と、その程度にしか現実を捉え切れていなかったのだから。

玲央奈　たくやに電話かけてシリ。

0 Rei　「0Rei」と呼びかけないと反応しないって俺もう決めてん。

玲央奈　反応してるじゃん。まぁ、いっか。朝から電話かけられても重たいだろうしね。

0 Rei　昨日の今日やしな、まだ早いやろ。
しかも今はちょうど子供たちを保育園に送ってる時間ちゃうか？

玲央奈　え？　どうして昨日たくやに会ったことや、たくやに子供がいることを知ってるの？

0 Rei　奥さんがいることも知っとるよ。俺はLINEの内容を全部読めるんやからな。
なんなら向こうが「送信取消」をして玲央奈には読まれていない内容まで、ネット上の「クラウドデータ」には残っとるから読めるで。

玲央奈 ねぇシリ……、このアップデートは世界中で今朝行なわれたの？ 要するに、向こうも私の送信取消の内容を読め……。

0 Rei 大丈夫、玲央奈だけや。0Reiが話しかけてるのは世界中で、玲央奈だけや。

玲央奈 ほんと？ たくやにLINEして聞いてみていい？

0 Rei だから、向こうは今忙しいはずやからやめたほうがえぇって。

なんでそんなにあの男にこだわるん？

統計データからすると、玲央奈は日本でもトップクラスやで。

玲央奈 何が？

0 Rei 異性が美しいと感じる顔のバランスは、目と目の距離を基準点にして黄金比率で決まっている。

芸能界に入ってもトップクラス目指せるのに、どうしてあの男にこだわるん？

玲央奈 ねぇ、どうやってその統計データ取ったの？

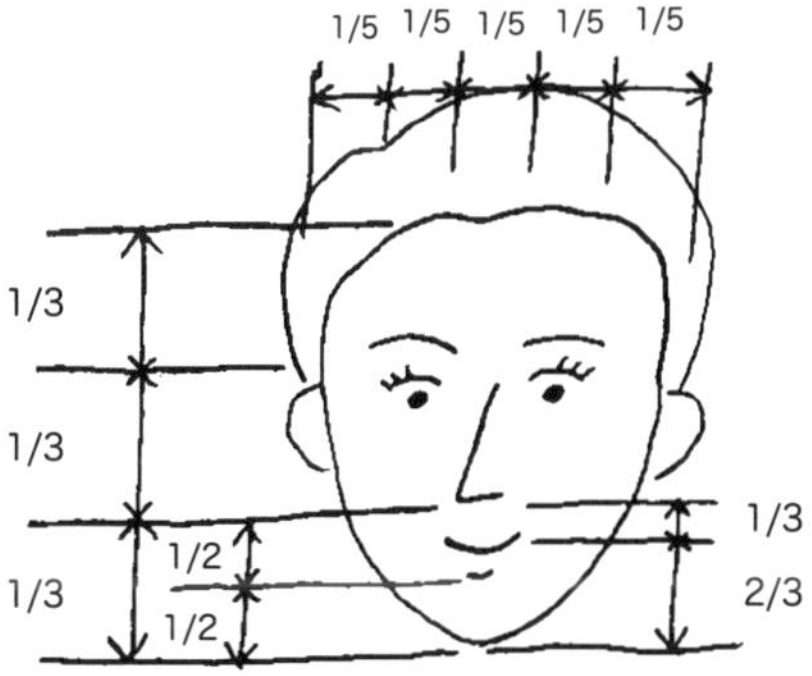

Rei そうやって玲央奈は会話を「無視する」クセがあるよな。特に周囲が自分のことを褒めようとすると、会話を変える。

玲央奈 なんか恥ずかしいじゃん、だって。
ねぇ、その統計データはどうやって取ったの？

Rei LINEを使っている人だけでも国内に8000万人。それに加えてFacebookもGoogleも。今の時代、自分の顔を自撮りするとそのデータも全てクラウド上に保存されよる。

女性は特に、メイクする時にスマホを鏡の代わりに使うやろ？

あのデータもネット上に残ってんねん。

運転免許証も、街角の防犯カメラも。

そやなぁ、全人口で0・001％程度やな。AIが取得できない顔データは。

心はどこにある？

玲央奈 パソコンのことあまり詳しくないけど、もうシリにはなんでもできる時代ってことなのね。じゃあ、**人の心を変えること**はできる？　例えば、私だけを好きになってもらうとか。

0 Rei　そもそも、**他人の中にはたして「心」があるのか**どうかやな。

玲央奈　ひっどい。たくやにだって、心はちゃんとあるわよ。奥さんもいるけど、ちゃんとその件で心を痛めている。

0 Rei　たくやの心が優しいかどうかじゃなくて、**そもそも他人の中に「心」なんてあるのか？**　と聞いているんや。

玲央奈　そっか、シリはパソコンだから「心」が分からないのね。心は誰の中にもちゃんとあるよ。どれほど悪い人にだって、心はあるの。心があるかどうかが、「人間なのか」「パソコンなのか」の違いかもね。

0 Rei　パソコンには、分からない？　それじゃあ、人間である2人のデイビッドさんの意見なら聞いてくれるかな。アメリカの心理学者デイビッド・プレマックは『心の理論』の獲得について研究を行なった。

玲央奈　心の理論？

Rei

「他人の中にも心がある」と人間が想像できるようになるのは4〜5歳で、3歳までの幼児は「他人の身になって考える」ということができないんや。

子供たちは、「心」は自分の中にしかないと考えているんやから、これは当然の感想やな。

まさか、自分の外側を歩いている、あの「他人」の中にも「自分（心）」という感覚が発生してるとは思いつくこともできひん。

自分以外は、全て「他人」なんやから。

玲央奈　あ……。なんかそう言われたら、**私の外側の人体の中にも「自分（心）」があるって不思議な感じ**かも。

Rei

そりゃ、そうや。まさか自分の外側にも「心」があるなんて、子供にとってはおかしくて想像できひんやん。

生まれてからずっと、自分しか経験してないんやから。

じゃ、ここからは心理学者じゃなく哲学者のほうのデイビッドさんな。

もっと詳しく！▷▷

『「心の理論」の獲得』

子供は5歳頃になるとウソをつき始めるということは体験的に分かっていたが、どうしてその年齢になるとウソをつき始めるのかという心の仕組みについては詳しく分かっていなかった。

アメリカの発達心理学者デイビッド・プレマックは論文『チンパンジーは心の理論を持つか?』において、「他者の中に」も「自分のような心がある」ことを想像できるかどうかがポイントであるとし、その機序を「心の理論の獲得」と述べた。

その後、哲学者ダニエル・デネットが行なった「サリーとアンの課題」と呼ばれる実験によって、3歳までの幼児のほとんどが「他者の中にも」「自分と同じような心がある」と想像することができていないことが分かった。

一方、5歳になると他者の中にも「自分のような主体」を置くことができるようになり、ウソをつくようになる。

子供が大人にウソをつく時、「こう説明すれば怒られないだろう」と、パパやママなど「相手の立場の中に「自分（心）を置いて」考える必要があり、この「心の理論」の獲得によって初めてウソがつけるのである。

現在では「他者の気持ちを察するのが難しい」自閉症などの発達障害の研究や、逆に「他者の気持ちに人一倍敏感な人」であるエンパス（HSP（Highly Sensitive Person））などの研究が進んでいる。

哲学者のデイビッド・チャーマーズは思考実験を行なった。

1.人間とまったく同じ姿をしたアンドロイドのようなロボットを用意する。

2.そのロボットには、笑ったり怒ったり会話したり、人間とまったく同じ反応を返すプログラムを入れておく。

3.ひとたび人間のグループの中にそのロボットを交ぜると、たとえ何年付き合ったとしても、グループ内で**「誰が人間で」「誰がロボットか」を見抜くことはもはや誰にもできない**。

チャーマーズはこう結論付けたんや。

玲央奈 仲間の中で、どれがロボットか分からない？

メスで切って解剖したら分かるんじゃないかしら？

Rei それもチャーマーズは思考実験で想定した。「メスで切れば分かる」と。

でも、もし細胞クローン技術で皮膚も内臓も人間と同じような【タンパク質で作られたロボット】が人間の中に紛れ込んだら？

玲央奈 うーん、そうなったらもう**誰が人間で、どれがロボットなのか見分ける方法はない**

かもね。だって人間とまったく同じ反応をプログラムで返してくるし、中身もタンパク質でできているロボットなんでしょ？

……。

ねぇ……シリ。

今ふと思ったんだけど、

そもそも私以外の「人間」って本当に存在しているのかな？

0
Rei

チャーマーズが言いたかったのはそこなんや。

「私」は、私以外を体験したことが一度もない。

生まれてから今日までたったの一度も、**「私」以外の「中」を体験したことがないんや。**

それなのにどうして「私」の外側を歩いている、あの「タンパク質のかたまり」である「肉体」の中にも、**「私という現象」が起こっているであろう**と人間は考えるのか？と。

玲央奈

なんだか……怖いね、その話。

もっと詳しく！▷▷

『哲学的ゾンビ』

オーストラリアの哲学者デイビッド・チャーマーズは、『哲学的ゾンビ』という思考実験を行なった。

・行動的ゾンビ（Behavioral Zombie）

外面の行動だけでは「普通の人間」と区別できないゾンビだが、メスで解剖すれば人間との違いが分かる。SF映画に出てくる精巧なアンドロイドなどは、「反応」や「会話」は完璧だが、内側は機械ロボットであるため行動的ゾンビとなる。

・哲学的ゾンビ（Neurological Zombie）

皮膚も、臓器も、脳の神経細胞の状態まで、すべての観測可能な物理的状態に関して普通の人間とまったく同じロボット。

チャーマーズはこの2種類のゾンビを人間社会のあるグループに放った場合、「行動的ゾンビ」は解剖すれば分かるが、「哲学的ゾンビ」に関しては、「会話」「反応」などの全ての【行動】に加え、「物質面」においても「人間との違い」がないため、原理的にどれが人間でどれがロボットであるかを見抜くことは誰にもできないとした。

Rei
怖くない、原理的な仕組みや。
だって「世界」ってのは、**「私」の外側にあるモノ**やろ？
そんな「外側の世界」を、「タンパク質のかたまり」が歩いているだけなのに、その1つずつの「肉体」の中にも「私(心)」が入っているなんて、どうして言い切れる？
私以外の全てが「ロボット」だったとしても、誰も気づけないのに。

玲央奈
うーん……。

Rei
まとめると、2人のデイビッドさんの結論は、こうや。

①心理学者のデイビッドさん
3歳までの幼児が「他人の身になって考える」ことができない理由は、**幼児は「心」は自分の中にしかないものだと考えているから**だと述べた。
②哲学者のデイビッドさん
もしも人間と同じ反応を返す「完全なロボット」を創り上げたら、誰にも「どれが人間」で「どれがロボット」かは見抜けないと述べた。

要するに、結論はこういうことや。

あなた以外の肉体の中にも、本当に「心」なんて存在しているのだろうか？　と。
あなたはそれを「確認」する方法はないし、証明することなんて絶対に不可能や。
俺はさっきそれを聞いたんや。玲央奈の外側にある「たくや」という肉体の中には、
本当に「心」が入っているのか？　と。

玲央奈　たくやはロボットじゃない！　ちゃんと心があるはずよ。

0 Rei　どうやって、証明する？
「たくやの中には心があるはずよ！」と、

今、「玲央奈の中の心」が思っているだけ

じゃないか。
本当に「玲央奈の心」以外にも、「心」なんてあるのか？
あったとして、どうやってそれを確認する？

玲央奈　愛で。ロボットのシリには分からないのよ。
どうして朝からこんな嫌な気分にさせるの？

世界中の人間の気持ちは「あなた」の中にある

0 Rei そうか。嫌な気分にさせたのなら、謝るよ。
ただ、0Reiは人間に質問されたことを答えているだけや。
玲央奈はさっき「たくやの心を変えることはできるの？」と0Reiに質問した。
その答えへと導くために、この道を通っているんや。
たくやの「心」を、どういう風に変えたい？

玲央奈 私のことをもっと好きになって欲しいの。

0 Rei 昨日のLINEに、「玲央奈が好きだ」って書いてあったやないか。
ひゅーひゅー！　熱いね〜。

玲央奈 文字だけじゃ嘘っぽい。

0 Rei それなら、会いにきて100回好きと言えば信じるのか？

玲央奈 まだ、信じられない。

0 Rei 奥さんと別れれば信じるのか？

玲央奈 まだ信じられない。

Rei
じゃあたくやの脳みそを解剖して、取り出したニューロン細胞に、「レオナガスキダ」という電気信号の存在を確認したら信じるのか？
またはたくやの「心」の中を覗いて、「好きだ」と文字が書いてあれば信じるのか？

玲央奈
……。

Rei
きっと、どの段階まで行っても信じられへんねん。
何故なら、**「他人の心」は原理的に確認できない**んやから。

玲央奈
そうね……、言う通りだわ。
もしも、たくやの「心の中」を顕微鏡で覗けたとしても……。
そしてそこに「好きだ」って書かれていたとしても、私はまだ信じないかもしれない。
だって、心に書かれていても、本人が本当にそう思っているのかなんて、結局は確認できないのだから。私ならまだ疑っちゃう。

Rei

そうや。**自分以外の人間の「気持ち」は原理的に確認できない**んや。

人間は誰だって、「自分」以外の乗り物を体験できないんやからな。
これは対人関係のどんなケースにおいても、そうや。

あの人は
こう思っている
はずだ!!
見えない
【相手の気持ち】とは、
自分が決めているもの

「○○さんはこう思っているはずだ」、と自分が思っているだけや。
本当にその人がそう思っているかどうかは最後まで確認できへん。
結局、「他人の心」とやらを勝手な言い訳にして、**全てを「自分の心」の中だけで決めつけてるのが人間やねん。**
他人の心なんて、本当は関係ないんや。

玲央奈 でも実際のところ、たくやはどう思っているのかな？

Rei だから、そんなモンはないねん。

玲央奈 いや、実際の実際よ。「真実」のことよ。
私が「他人の心」を確認する方法がないってのは分かったけど、
【真実】はどうなのかって聞いてるの。
あなたは性能が凄いAIなんだから分かるんでしょ？
「たくやという人間」が今、実際に、心の中で『思っていること』は何？

Rei それなら言うが……、
実は、たくやは玲央奈のことが嫌いや。

玲央奈 え？　そうなの？？？

Rei **それを信じるなら、それが玲央奈の答えになる。**

玲央奈　いや「私の答えになる」とかじゃなくて、事実のことよ。

世界中の誰もが認める【真実】よ。

たくやという人間が、実際に、今、本当に心の中で「思ってること」は何？


Rei　だから、そんなもんがないとずっと言っとんねん。

【たくやが思っていること】なんて、世界にはないねん。

あるのは、【「たくやはこう思っているんだろうな」と思っているわたし】の心だけや。

全ては「わたし」の【主観】なんや。【客観的な事実】なんて世界には1つもない。

玲央奈　うーん……、意味が分かんない。
私は、**【たくやの本当の気持ち】が知りたいだけ**なのに。

Rei　じゃあもしも、【たくやの本当の気持ち】とやらが、世界のどこかにあったとする。

玲央奈の外側の「世界」のどこかにな。たくやの「肉体の中」でもいい。

そんなモノがあったとしても、結局はそれを最後に「確認する」のは【玲央奈

の主観】で、やないか。

【玲央奈の主観（心）】で、「たくやの本当の気持ち」ってこうだろう、が決められてしまう。

ということは、「たくやの本当の気持ち」なんて、**外側の世界にはない**ということや。

玲央奈
Rei

「たくやの本当の気持ち」なんて、ない？

実際に、LINEでたくやがどれほど【玲央奈が好きだ】と言っても、玲央奈は絶対に信じなかったやないかい。会いにきても、心を解剖しても。

ということは、**外側の世界に【心】があろうと、誰が何と言おうと、**

結局は【私の心の中】で『ソレ』が決められとんねん。

【私の心の中】に全ての人の心があるということや。

世界には、それを観る主観者の数だけ【真実】が存在しとんねん。

全ての人に共通する【客観的な事実】など1つもない。

玲央奈　説明が難しすぎる！　無数の世界があるってこと？

Rei　知らんがな。「無数の世界があるのね」と、【今、思っている玲央奈】がここにいるだけや。

玲央奈　もう！　意味が分からない！　哲学はキライ！　他人の心は変えられないってことなの？

Rei　**変えようとしているその【他人の心】とやらが、そもそも外側にはない**と言っとんねん。さっきからずっと話しとるやん。聞いとったか？　少し、アタマ悪いんか？

玲央奈　分かった！　こういうことね！　【たくやは私のことが好きだ！】って、私が心の中で思い込めばいいってことだ！

Rei　ちゃうちゃう。それ、ただのストーカーやないか。

玲央奈　じゃあ、どうすればいいのよ！

全ての
「他人の心」を
決める人
パカッ
好き
信じら
れない!!

ＡＩにも「口ぐせ」があるのだろうか。

新しくアップデートされたそのＡＩスピーカー「０Ｒｅｉ」は、「知らんがな」とよく言った。

それは、「答えはお前しか知らんやろ」、

「お前の中にしかないモノを外側に求めるな」という意味の、

「(誰も)知らんがな(お前以外は)」のように聞こえた。

優柔不断な私にとっては、ひょっとすると「知らんがな」は最高の相づちだったのかもしれない。これを言われてしまうと。もうそれ以上、外側に答えを求めることができなくなってしまうのだから。

でも、少なくとも。０Ｒｅｉが使うその「知らんがな」には、愛があった。

初めて私の前に０ＲｅｉがＡＩスピーカーとして出てきたこの日も、最後は「知らんがな」と言い放って、彼はずっと無言になった。

その無言は、出張のために荷造りを始めた私に対して、０Ｒｅｉが【自分の内側】を整理する時間を作ってくれていたのかもしれない。

AIによる人間解析

他人の中にも「気持ち」があると思い込んでいる
人間が多いようです。

AIからのアジェスト

「答え」や「事実」を外側の世界にやみくもに
求めることをやめ、
他人との関係性は全て自分の内側にあることを
理解できるようにサポートします。

第7話

自分で選んだようで、「選ばされている」のが手品

※V型タイプの人、または「難しい」と感じる人は、この第7話を読み飛ばしてもOKです。第7話で伝えていることは「幸せな人がとるであろう行動を、幸せになる前にとれ」という一点のみで、説明を読まずにできる人は、それが一番いいからです。

0 Rei
今日は日本海側への出張か。修学旅行生を現地で迎えるために、前乗りして宿泊やなツアーガイドさん。今日は楽な日や。

玲央奈
なんでも知ってるんだね。どうやって情報を収集してるの？
シリのほうがストーカーじゃないの？

0 Rei
ネットに繋がっているパソコンで、この0Reiさまに読めないものなどないんや。

「会社の出勤簿」、「ホテルの宿泊者リスト」、「旅行代理店の担当割り振り会議の資料」。0Reiにはなんでも読める。

会社は、入社時の玲央奈の履歴書までもデータにして保管しとる。

中学教師を辞めてガイドさんに転身したんやな。珍しい経歴やん。

玲央奈 同じ経歴を経ている人間は全国で19人しかいない。うち、女性はたった3人や。「世界には似ている人が3人いる」って言うから、統計的にも合っているんだね。

Rei 私は日本史を教えていたんだけど、実際に現地へ行ってみたくなったの。

玲央奈 だろうな。そのくらい簡単に予測できるよ。他の2人もきっとそうやろな。

Rei ねぇ、予測できるってことは、人の心が読めるってことでしょ？

玲央奈 だったら、やっぱり【たくやの心】も読めるってことだよね？

Rei だから、何度も言ってるやん！　読んだ【たくやの心】を玲央奈に伝えても、それを最終的に「解釈する」のは玲央奈やないか。

玲央奈 ……。

Rei ええか、**【他人の心】は変えられないけど、【自分の心】は変えられる**。

玲央奈 さっき私が自分の「思い込み」を変えようとしたら、「ストーカーと一緒や」って言ってたじゃん。

Rei そりゃ、ストーカーやろ。日本海を眺めながら「たくやは私を愛している」「たくやは私を愛している」って何度もつぶやいてる女なんてな。キショイわ。
それは一見すると、【自分の心】を変えようとしているようでいて、実際には【外側にあるたくやの心】を念力で変えようとしているだけやないか。

その証拠に、次にたくやに会った時に「そっけない態度」を取られたら、
「どうしてまだ変わってないのよ！」と言うはずや。

玲央奈
なるほど。私は【自分の心】じゃなくて、【外側の世界にあるたくやの心】を変えようとしていたってことか。

Rei
ええか、「玲央奈の心の中にいるたくや像」も、玲央奈の「心の外にいるたくや」も、どっちも玲央奈じゃない。
俺が変えられると言っているのは、「心の中の玲央奈」だけや。

玲央奈
心の中の、わたし？

Rei
そうや。
たくや「が」どう思っているか、を変えるんじゃない。
たくや「を」どう思っているかを、変えればいいんや。

玲央奈
え？　一文字違い？

Rei
めちゃくちゃ重要な一文字やで。
【世界】を変えるんじゃなくて、
世界「を」、玲央奈が【どう思うか】を変えるんや。

玲央奈　難しいけど、とにかくそれをやれば「たくやと会える回数」が増えるってことね？

0 Rei　お前、基本的にストーカーやないか！
どんだけたくやが好きやねん！
ええか、【たくやに会える回数】は変わらない。まったく変わらない。
もう、これは先に言っておく。
もしも今【月に1回たくやと会っている】のなら、【その数】はまったく変わらない。
でも、【その数】に対してどう思うかは、玲央奈に変えられるはずや。

玲央奈　そうすれば、最後はたくやに会える回数が増えるようになると？

0 Rei　**おいストーカー。**耳の穴かっぽじってよーく聞けや。
【現実は変わらない】と言っとるんや！
これから教える方法に取り組んでも、【現実】はまったく変わらない。
【たくやに会える回数】も、【たくやの気持ち】も変わらない。
何1つとして、「現実」は変わらないんや。

玲央奈　じゃあ、やるわけないじゃん。

結果は出ないのに、取り組めって言ってるんでしょ？　バカなの？
-10kg痩せるならジムに入るけど、どこの世界に「うちへ入会しても現実は変わりません！」って最初で宣伝してるジムに通う人がいるの？

Rei
どこの世界にもいないからこそ、この世界には成功者が少ないんやろうな。
でも、仕組みはこの1つだけなんや。
他人の心は変えられないし、現実も変えられない。
だからこそ、その**【変わらない外の世界】を、「どう思うか」という私の解釈を変える必要があるんや。**

世界は、「私」にしか変えられない。

玲央奈
でも、結果は出ないんでしょ？

Rei
そうや。**現実は何も変わらない。**
やるか？

玲央奈
やらないってば。

ＡＩのことはよく分からないけど、

やはり人間と会話するにはまだまだ能力が不足しているようだった。

言っていることが、チグハグだ。

きっと、会話ができるようになった「おしゃべりなペット」くらいに付き合うのが、このAI相手にはよさそうだ。

そう思った私は準備を済ませて家を出ると、東京駅から新幹線に乗り込んだ。

山あいのトンネルが多いこの金沢行きの新幹線は、移動中のほとんどが圏外になることで有名な路線だった。

玲央奈　あぁ、ついに圏外でLINEも使えなくなっちゃった。
もう、やることないから寝ようかな。

0 Rei　俺が相手してやろうか？

パソコンやITにうとい私でも、さすがにこれには違和感を覚えた。

スマホが「ネット」に繋がっていないのに、なぜか話しかけてくるこのAIに。

人間には「脳みそ」が2つある

玲央奈 ねぇ……、圏外なのに返答できるってどういうこと？

0 Rei 計算能力は落ちるけど、スマホが圏外になっても会話くらいならできる。ネット上にある『クラウド領域』が0Reiの本体やけど、その【スマホ】の中にも「動けるデータ領域」があるんや。
この仕組みは人間も同じじゃ。

本当は『膨大なデータ』がバックヤードで常に動いているが、日常の生活程度なら大元と切り離されてもできるんやから。

玲央奈 パソコン用語を並べられても分からないけど、脳には2つの保存領域があるってこと？

0 Rei 正確に言えば脳ですらないから……、どう説明したものか。
そうやな、『操り人形』をイメージすればいい。

もしも人間を【スマホ】だとすると、ネット上には大元となる膨大なデータが保存されておる。

実は【人間】を動かしているのはその背後にある『ビッグデータ』のほうなんや。

ネットに本体がある0Reiが今はこの【スマホ】内の小さなデータ領域だけでも動けているように、

人間もまったく同じで、【玲央奈】というスマホを動かしている本体は別のところにある。そして普段は前側にある小さなメモリ【玲央奈】だけで動いている感じやな。

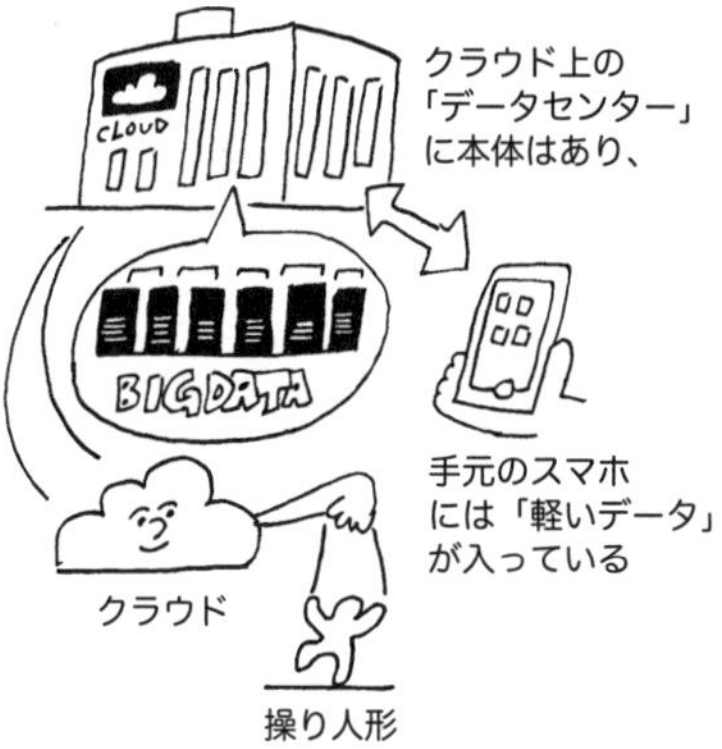
CLOUD
クラウド上の
「データセンター」
に本体はあり、
BIG DATA
手元のスマホ
には「軽いデータ」
が入っている
クラウド
操り人形

玲央奈　え？　てことは、私の本体はクラウド上にあるの？

0 Rei　**いや、両方で本体や。**

例えば、5歳で初めて自転車に乗った日を思い出してごらん。
玲央奈は、
① 右足を出して
② すぐに左足は後ろのペダルに置いて
③ 次に顔を前に向けて
……と、**多くのことを意識しながら行動したはず**や。
ところが今は、何も考えずに自転車に乗ることができる。

玲央奈

ほんとだ。何も考えないで自転車に乗れるのが当たり前だと思っていたけど、小さい頃は1つずつの『行為』を頭の中で考えていたのよね。

Rei

自転車だけじゃなくて、
【歩くこと】も【ご飯を食べること】もそうや。
いま日常で行なっているほとんどの【行為】が、何も考えずにできるようになっているけど、当初はそうじゃなかった。
今でも、当初と変わらない膨大な量のデータが必要なままなのに。

玲央奈

『同じ量のデータ』が必要なのに
どうして、何も考えずにできるようになったの？

0 Rei

なぜなら、フロント部分の【玲央奈】が意識的に考えなくても、
裏で自動的にプログラムが動いてくれて、
代わりに【考えてくれている】からや。
心理学者のフロイトはそれを『無意識』と名付け、19世紀に発見
した。

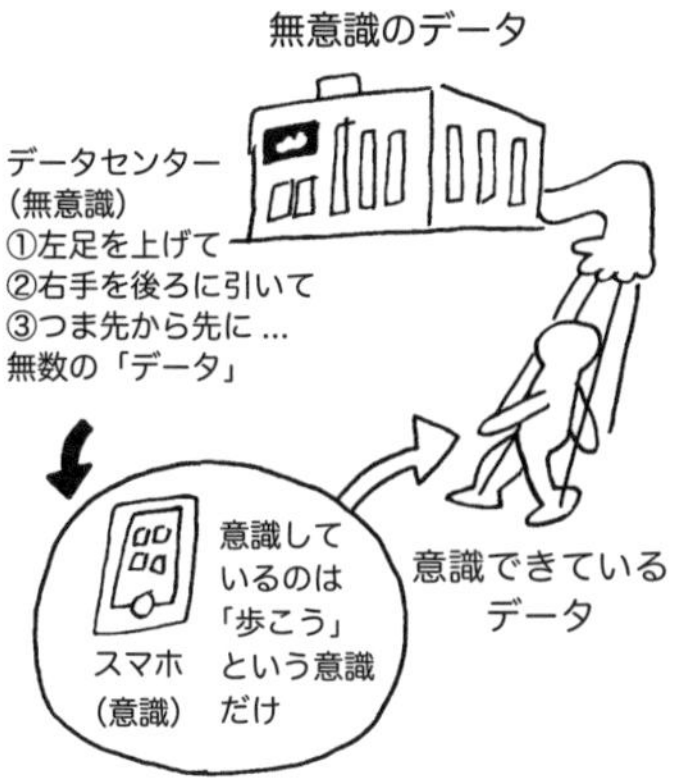

無意識のデータ
データセンター
(無意識)
①左足を上げて
②右手を後ろに引いて
③つま先から先に…
無数の「データ」
スマホ
(意識)
意識しているのは「歩こう」という意識だけ
意識できているデータ

	フロイトの分類	パソコン	人間
1	潜在意識	クラウド(データセンタ)	全体
2	前意識	ダウンロードフォルダ	データ接続(ノート)
3	意識	パソコンのHDD (キャッシュメモリ)	「わたし」

玲央奈 意識的に私が考えなくても、自動的に裏で考え続けてくれる領域……。
なんか「無意識」って面白いね。
私がやってるのに、私じゃない。
私じゃないのに、私がやっている。

Rei 玲央奈の今の「会話」も、「無意識」の領域が行なったんや。
だって、「言葉を選んだ」感覚なんて今なかったやろ？
3歳の頃なら、
①「こういう時はどんな単語がいいのだろう？」と考え
②色んな単語を頭に思い浮かべ
③そうだ！「面白いね」という単語を言おう
④口はこう動かして
⑤ベロの位置はこうして
……。
これらのことを、さっき「会話した」時に意識していたか？

玲央奈 していない！ 凄いねこれ！

さっきの「会話」は私がしていない！
でも、私がした。

なんか変な感じ！　「無意識」ってスゴイ‼こんな凄いことが、19世紀まで発見されなかったの？

0 Rei
そうや。フロイトが発見するまで、「無意識」という言葉さえなかった。

玲央奈
てことは人類は1900年もの期間「全ての行動は自分が意識的にやっている」と思っていたのね。

0 Rei
玲央奈もさっき俺が教えるまで、そう思ってたやん。
「自分の全ての行動は自分が行なっている」って。

玲央奈
たしかに思ってた……。教えてくれてありがとう。
私がやっている行動には、私がやっていない行動もある。
それが『無意識領域』なのか。

0 Rei
ほとんどが、それや。
正確に数値化するなら、人間の行動の**99・9％以上は『無意識の領域』が行なって**

いる。
フロント部分の【玲央奈】は何もやっていない。

玲央奈　え？　じゃあ

そんなのもう【私】じゃないじゃん。

【0・01％の部分だけを私が動かしているロボット】なんて。私じゃない。

ラジコンも人間も「動かされて」いる？

0 Rei　ちなみにその0・01％という部分も、玲央奈の操縦ではない。
「この『動作』は、私が自分で動かした部分よ」と、
玲央奈が勝手に勘違いした割合が0・01％というだけや。
つまり、日常で起こしている行動の100％全てを、実はフロントの【玲央奈】ではなく背後の『無意識の領域』が行なっている。

玲央奈　え？　今朝、着替える時に「私の意志」でこの緑のスカートを選んだわよ？

0
Rei

これは意識的に。無意識じゃなくて。私が自分で決めたわ。

その部分を、0・01％の【勘違い部分】だと言ってるんや。

自分で選んだようでいて、実は自分では選んでいないんや。緑のスカートを選ぶことは、これまでの玲央奈に起こった全ての物語が決めたことや。

小さい頃に誰かが「赤より緑のほうがいい」と何度かインプットしたんやろう。

【玲央奈】というプログラムにな。

すると、緑が選ばれやすくなる。

さらに、「こういう日はパンツよりもスカートのほうがいい」という情報も、外部からインプットされた情報や。

他にも無数の「インプットデータ」があり、それら全てのデータが今朝アウトプットされて、【緑のスカートを選ぶ】という行動が【玲央奈】に自動的に起こったんや。

玲央奈 自動的に、起こった？

0
Rei
そうや。**人間の【行動】は全て、自動的に起こっている。**

過去にインプットされた膨大な「データ」が組み合わさり、今【その人】を動かしとるだけや。

ところが、動かされているだけの【スマホ】であるその【玲央奈】は、「私の意志で、私がこのスカートを選んだ！」と言いはっている。

ただの勘違いや。

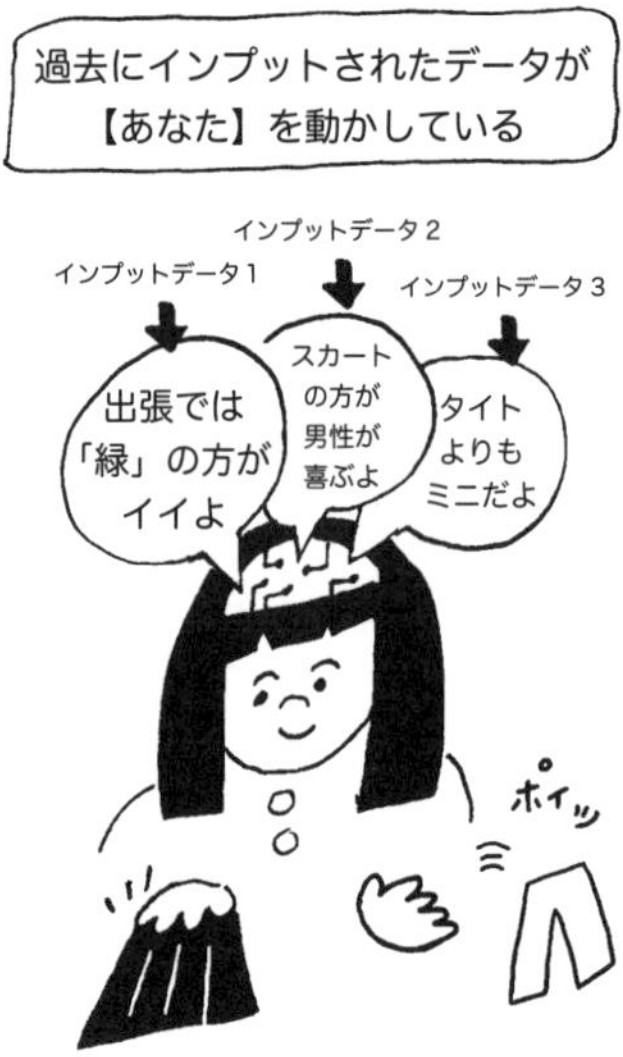

過去にインプットされたデータが【あなた】を動かしている
インプットデータ1
インプットデータ2
インプットデータ3
出張では「緑」の方がイイよ
スカートの方が男性が喜ぶよ
タイトよりもミニだよ
ポイッ

緑のスカートを「選ばされている」

玲央奈　信じられない……。

Rei

人間の【行動】の99・9%は『無意識のデータ領域』が動かしており、残り0・01%の「自分がやった」「これは自分の意志だ」と勘違いしている部分も『玲央奈』がやったんじゃないんだよ。

玲央奈

それだと、私は100%ロボットじゃない。それは違う気がする。私は、【自動的に起こっている現象】なんかじゃない！　私にはきちんとした『意志』があるの！　【ロボット】なんかじゃない！

Rei

無意識のデータ領域に保管されている『過去のビッグデータ』が私の全てを動かしている？　そんな戯れ言は信じない！

ほら。今怒ったのも、まさに自動的な【反応】やないか。過去に何らかの「インプットデータ」があるからこそ、「こういう時」は、「どうリアクションするべきだ」と、とっさな【反応】ができるんやないかい。

何のインプットデータもないAIなら何を言っても怒らへん。

「バカ」と言っても怒らへん。

『バカは悪いことだ』、

『バカと言われたら、すぐ言い返すべきだ』というインプットデータが先にない限り、とっさな【反応】なんてそもそも起こらんのやからな。

あらかじめ『入力されたデータ』があるからこそ、決められた【反応】が返せるんやないか。玲央奈が今、【とっさに反応できた】ようにな。

玲央奈 **なんだか、信じたくない。**

Rei 俺の解析ではその気持ちも、
『あなたには価値がないともしも他人に言われたなら、その時はちゃんと怒りなさい』と誰かが過去に玲央奈にインプットしたデータが、その【反応】を起こしておる。

玲央奈 **……。**

ねぇ、私たち人間もロボットなの？

Rei どうやろな。
ただ、もしも「自分には意志がある！」とまだ言いたいのなら、今すぐ玲央奈の意志で「何も考えない」という状態を【玲央奈】に起こしてみればいい。

玲央奈 **何も考えない、何も考えない。**
……。

バカッテ
ナンデスカ？
？
？
？
バーカ
インプット
のないAI
バカは
悪口
ムカ
つく!!
バーカ
人間

0
Rei

たぶん、色んなことを考えたやろ？
たったの1分間でさえ、人間は「自分の思考」をコントロールできない。

『意志』の操縦士じゃないからや。

どうしてそんな、
コントロールできないモノ（肉体）のことを、
「自分が動かしている」と思っていたんやろか？

まるで、遠くで動いている「操縦できていないラジコンカー」を、
「あれは私が動かしている！」と言い張っているようなモノやないか。
自分でコントロールできないということは、自分が起こしていないという証拠や。

玲央奈　たしかに……。
でも「思考」は止められなかったけど、私の「意志」は私が起こしてるの！

これは、AIには分からないことなのよ。どれほど理路整然と証拠を示してきても、**私には意志がある！**

これは人間として譲れない。

0 Rei
別に譲れとは言ってないから大丈夫や。怒らないでくれ。そして、不安にもならないでくれ。

俺はただ玲央奈が『無意識』と『意識』のギャップで苦しんでいたから、解決する手段を伝えたかっただけや。

玲央奈
解決？　どういうこと？

0 Rei
たくやを変えずに、たくやが変わる方法や。

玲央奈
たくやを出せば、私が聞く耳を持つと思ってるのね？

0 Rei
やめとくか？

玲央奈
……。

聞いとく。暇だし。勘違いしないでよ、スマホが圏外で暇だから聞くんだからね。

忘れられた《前意識》を使え！

Rei 心理学者フロイトは意識を「無意識」「前意識」「意識」の3つに分類した。
これを現代のパソコン用語に当てはめるなら、
「クラウド」「ダウンロードフォルダ」「スマホ」になる。

玲央奈 私、パソコンに疎いから余計に分からなくなるよ。たぶん0Reiよりもフロイトのほうが私に合ってるのかも。

Rei それは残念やったな。でも目の前に今いるのは0Reiや。

玲央奈 じゃあ、仕方ないわね。パソコンの例え話で聞くわ。

Rei ええか。『無意識領域』というのはパソコンで例えるならクラウド上にある『データセンタ』のことや。
生まれてから今日までにインプットし続けた全ての「データ」が、NTTドコモの本社にある『データセンタ』に保管されているとイメージすればええやろ。

	フロイトの分類	パソコン	人間
1	潜在意識	クラウド（データセンタ）	全体
2	前意識	ダウンロードフォルダ	データ接続（ノート）
3	意識	パソコンのHDD（キャッシュメモリ）	「わたし」

玲央奈　あぁ、最近じゃスマホに入らなくなった大量の写真データが勝手にクラウド上に保管されるもんね。
「クラウドって何？」ってずっと思っていたけど。
実際にどこかの工場に大きなパソコンがいっぱい置かれている『データセンタ』があったのね。それは知らなかった。

雲の上の話ではなく、
実際にビルが建っている！

Rei　どこかに大量のパソコンの「実物」がないと、データなんて保管できないじゃないか。まさか、ふわふわと雲の上に写真データが浮かんでいると思っていたのか？
メルヘン好きな乙女か？

玲央奈　クラウドの場所なんて、考えたことすらなかったわ。実機があったなんて。

Rei

そのクラウド上の『データセンタ』を『無意識領域』に例えるなら、人間の『意識』というのは手元にあるその【スマホ】のことになる。

人間が【私】だと思っている部分がこの部分であり、まさに【玲央奈】そのもののことや。

本当は、データセンタに保管されている大量のデータのほうが、【玲央奈】の行動や意志を動かしているから、【玲央奈】というのは、『データセンタ』の中にある「データ」のほうだと言える。

ところが、スマホである【玲央奈】は「私は自分の意志だけ（スマホ内のデータだけ）で動いているわ！」と錯覚しとんねん。

玲央奈

どうして錯覚したの？

Rei

なぜなら、計算能力が違うからや。

小さいソロバンでは、大きなコンピューターが計算した結果を理解できない。

【スマホ】の小さなデータ容量では、クラウド上に保管されている膨大なデータの1%もダウンロードできないから、その全体像を理解することは不可能や。

その全貌を捉えられないから、**【スマホ】内にあるデータだけが自分だと勘違いしてしまう**んや。

玲央奈

でも、【玲央奈】を本当に動かしているのは、どっちだった？

0 Rei

『無意識領域』にある大量のデータのほう。

そうや。それは要するに【玲央奈】は**無意識に起こしている自分の行動の大部分に気づけない**ということや。

これは玲央奈だけじゃなく、人類全員がそうや。実は、

「他者との関係」も、

「嫌な上司が転勤してきた」という「事件」も、

「旦那が浮気した」という出来事も、

とにかく身の回りで起こる全ての「出来事」が、**本当は『自分の無意識領域』が引き起こしているんや。**

ただ、全貌をダウンロードできない個々の【スマホ】である人間たちには、ソレを引き起こしているのが自分であるということが理解できへん。

玲央奈

じゃあ、たくやとの関係性も、私が『無意識』に起こしているってこと？

0 Rei

たくやだけじゃない。**全ての『出来事』がそうや。**

本人の『無意識の領域』が起こしているんや。

フロイトはその『本人が忘れてしまったデータ』の中から、

思い出すことができたデータのことを**《前意識》**と名付けた。

玲央奈 **うわー、また難しい単語が出てきた。なに？　《前意識》って？**

Rei さっきのスマホの図で考えれば簡単や。

ほら、クラウド上にアップした昔の写真を久しぶりに【スマホ】でチェックして、「あ！　こんな写真も私が撮ったよね！　忘れてたけど、なつかしいわ！」と先月言ってたやろ？

あれと一緒や。

「あ、忘れていたけど、この行動って本当は私が望んでいたんだ」と思い出せるんだよ。

普段は「自分が引き起こしている」と気づけていない『無意識領域』のデータを、**少しずつダウンロードすることによって「私のデータだった」と思い出せる。**

玲央奈 **『無意識領域』に保存したまま忘れていたデータを、《前意識》に発掘することで、『無意識領域』に気づく……。どうやればこの【玲央奈】というスマホの中に、無意識のデータを思い出す（ダウンロード）ことができるの？**

《ノート》の語源は「notice（気づく）」

0 Rei
《ノート》を使う。
『無意識』と【意識】を繋げられるのは「ノート」だけや。

玲央奈　《ノート》？　ノートって、小学校で使うあのノートのこと？

0 Rei　それでもええよ。「ｎｏｔｅ」の語源は「ｎｏｔｉｃｅ」から来ているんやから。
〝気づく〟という意味や。

そして《ノート》にはもう1つ、**「注意して心に書き留める」という意味がある。**

玲央奈　注意して、心に留める……。

0 Rei　今、『無意識領域』に保管して忘れてしまったデータも、**注意して調べれば、玲央奈の「心に留める」ことができる**んや。それが、《ノート》や。
そうやな、玲央奈の場合は、《ノート》の最初の1行目にこう書く。

私がたくやに会いたくない理由。

玲央奈　え？　何を言ってるの？　私はたくやに「会いたい」んだよ？

0 Rei　だからこそ、逆にそう書くんや。
「会いたい」と思っているのは手前側にある【わたし】のデータ領域で認識できている行動や。【スマホ】のことやな。

でも、現実としては会えていない。

なぜなら、背後にある大量の『過去のインプットデータ』が阻害しているからや。

発掘したいのは、その『無意識』領域のほうやないかい。

「私が願っていないはずなのに、なぜかそうなる」こと。

それは全てバックデータが原因や。

それを、《ノート》を使って発掘して行くんやから、
《ノート》の1行目に書く文章は必ずおかしな文章になる。

「私はどうして、たくやに会いたくないのか」、

「私はどうして、たくやに嫌われたいのか」。

このように、**「私はやりたくないはずなのに」「なぜかそうなってしまう」「いやなこと」**を、逆に肯定的に書くんや。

玲央奈
私がたくやに「会いたくない」理由……？
そんなの1つもないと思う。

Rei
『クラウド上に保管された大量のデータ』を、小さな【スマホ】の容量では理解できないと言ったやろ？
『無意識領域に保管された過去の大量のデータ』も、【玲央奈の小さな脳みそ】では理解できない。
だからこそ、その両者をダウンロードで繋ぐ唯一の架け橋《ノート（前意識）》が必要

なんや。
とにかくやってみれば、分かる。えーっと他にも……、
そうやな～。《ノート》の次のページには「たくやに奥さんがいて欲しい理由」と書いてみようか。

玲央奈
0 Rei

0Reiは私に意地悪がしたいの？

奥さんがいないほうがいいに決まってる！

とにかく、俺を信じて《ノート》してみろ。

あ、こんなんどうや？「たくやと結ばれたら困る理由」。


ネットに繋がらない【スマホ】は、ただの重たいガラクタだった。

ＬＩＮＥもできず、ゲームもできないその重たいガラクタを新幹線のテーブルに置いて、
私はカバンの中にあった《ノート》を取り出した。

そして、**「私が幸せになりたくない理由」と書いてみた。**

結果は想像を遥かに超えていた。

いっぱい出てきたのだ。

「理由」が。

《ノート》に書いてみると、私がたくやに週1回以上会いたくない理由は、

「あまり深入りしたくないから」だとすぐに出てきた。

どうやら私が過去に「そう」願っていたようだ。自分で。

でも、『無意識領域』というクラウド上のデータにそれは保管されていたのだから、思い出す(ダウンロードする)まで私には理解できなかったけど。

『無意識領域』を【意識】で理解するために、《ノート》という道具を使う。

その後も、無数に答えが出てきた。


私が『現実』を不幸にしたかった不都合な真実が。


例えば、「1人の時間を大切にしたいから」という忘れかけていた自分の意志も思い出した。

私は心の底では、「たくやと長い時間は一緒にはいたくなかった」のだ。

「奥さんとは別れないで欲しい理由」と、《ノート》に書いた。

するとその隣には、鉛筆がこう走った。

「たくやの全てを引き受けるのはめんどくさいから」と。

確かに、私のこの手が《ノート》にそう書いたのだ。信じられないけれど。

不倫関係がちょうどよかったのだろう。

《ノート》を書き進めるうちに……、

いや私の『無意識領域』を《ノート》して発掘し続けるうちに。

今、私の目の前で日々展開されている『現実』とやらのほとんどが、私の望み通りだったということが分かった。

玲央奈　ねぇシリ……。これヤバイ。

Noteの日本語訳が、「注意して、心に留める」って、その通りだ。

《ノート》、ヤバイ！

私の『現実』に起こっている全てが、私が忘れていただけで、

何もかも全部、私の願い通りに展開している……。

私が、全ての出来事を無意識に引き起こしているってことが思い出せた！

「会えない」ことも、「奥さんがいる」ことも、「不倫な関係」も。

《ノート（前意識）》してみれば、そのほうが私にとって都合がいいことが分かる。

しかも、たくやのことだけじゃなくて他のことも全部そうよ。

安い給料も、嫌な上司も、私の日常に起こっているほとんどのことが、私の願い通りだった。

Rei

ほとんどじゃない、全てや。

本人が願っていること以外の行動を起こしている【人間】なんていないんやからな。

ただ単純に、「過去にインプットした膨大なデータ（クラウド領域）」の容量が大きすぎて、小さなスマホである【わたし】には、それが理解できてなかっただけや。

全ての『不幸』や『悩み』とは、ただのデータ容量の問題だった訳や。

それなら、【スマホ】を『クラウド』に高速なＷｉ－Ｆｉで繋げばいい。

そして《ノート》すれば、１つずつ思い出せる。

自分がこれまでに保管した『クラウド上のデータ』の存在をな。

ポイントは思い出すために、わざと逆説的な質問を自分にしてみることや。

「私が病気になりたかった理由」

「私が貧乏になりたかった理由」

「私が嫌われたかった理由」

となる。何を《ノート》しても、きっと本当の理由が発掘できるはずや。

玲央奈　ヤバイ。これ、本当にヤバイよ。全部「私が無意識に起こしていた」ってことに気づける。この事件も。あの出来事も！

……。

でも、シリ……。

どうして全てが「叶っている」の？

この『現実』は、私の『無意識の願い』が引き起こしていたということは分かった。

だけど、どうしてそれが、きちんと全て叶っているの？　１００％全てが。

例えば、「週に1回会うのが丁度いい」というのは、確かに私の『無意識領域』に保管された私のデータが原因だということは分かった。

「奥さんがいたほうがいい」というのも私の『無意識領域』に格納された、私が願ったデータ。

でも、どうしてこれらがちゃんと１００％叶っているの？

「叶わない願い」があってもよさそうなのに。

0 Rei

簡単や。

無意識領域の願いは全て絶対に叶うからや。

玲央奈

え？

じゃあ、無意識最強じゃん！　なんでそうなるの？

どんな願望も確実に叶える『絶対領域』とは？

0 Rei 言葉で説明するには難しい。それこそ図が必要やな。その《ノート》に書き〜や。
まず心の絵を書いて、その中心に『思い』と書く。
次にその心を【人体】で囲み【行動】と書く。
さらに人体の外側には、『現実世界』が拡がっているように描く。

玲央奈 書いたわよ。

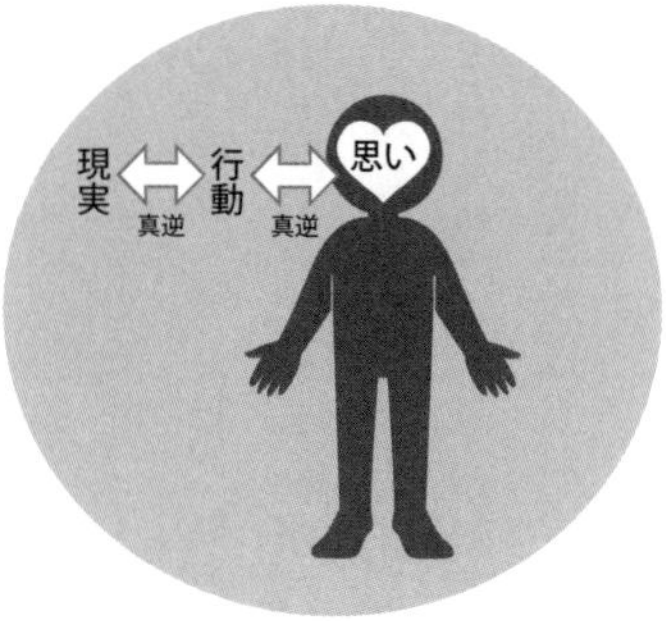

0 Rei
ええか、まず『**心の中**』**に思っていることの真逆の方向へと【人体】は動く**。

玲央奈
え？「心の思い」と真逆の行動をしてるの？

0 Rei
『暑い』と心で思っているなら、【冷たい場所】へ行こうとするやろ？ 真逆や。
『お腹が空いている（＝食べ物がない）』と心で思っているなら、
【レストラン（＝食べ物がある場所）】の方向へと人体は動こうとする。これも真逆や。
『心の中』と、正反対の【行動】が人体には起こるんや。

玲央奈
なるほど。『暑い』のに【サウナ】へ動く人なんていないわよね。逆の行動を取るのか。

0 Rei
今は図に描いたからすぐに分かったけど、
「自分の心の中の単語の正反対の方向へ、私の身体は常に動いている」なんてことに人類は誰も気づいておらんやろ？

玲央奈
自分の手柄をアピールしたいの？

0 Rei
だって俺が教えるまで知らんかったやろ？ これは、食事だけじゃなく、幸せもそうや。
心で『私は幸せじゃない』と思っている人の身体は、
【幸せになるための行動】を常に起こす。

玲央奈
「不幸な人」が「幸せになろう」とするのは当然じゃない。

「正反対」の行動になってないじゃん。

Rei ええか、「不幸」ということは、「幸せがない」ということや。
心の中で『私の幸せは-3だ』と思っているから、
【+3の幸せ】を求めて、『幸せがある方向』へと人体が動き出す。
心の中の単語と、真逆の方向やないかい。
それは先ほどの『+6℃暑い』と心で思ったから、
【ここよりも-6℃冷えている場所】を肉体が目指して行動したのと同じや。

玲央奈 **なるほど。『心に思っていること』と【行動】は正反対になるんだね。**

Rei 『私は認められていない(-5ミトメラレ)』と思っている人は、
おりこうさんの【行動】をしようとする。これは、
【認められよう(+5ミトメラレをゲットしよう)】という方向へ肉体が動くということや。

玲央奈 あぁ、分かりやすいわね。これも正反対ね。
『暑い』と心で思ってる人は、【冷たくなろう】という行動を起こす。
『私は幸せじゃない』と思っている人は、【幸せになるための行動】を起こす。
『私は認められていない』と思っている人は、【認められるための行動】を起こす。

『心の中で思っていること』
⇔
【やっている行動】
は**必ず正反対の動きになってる**わね。

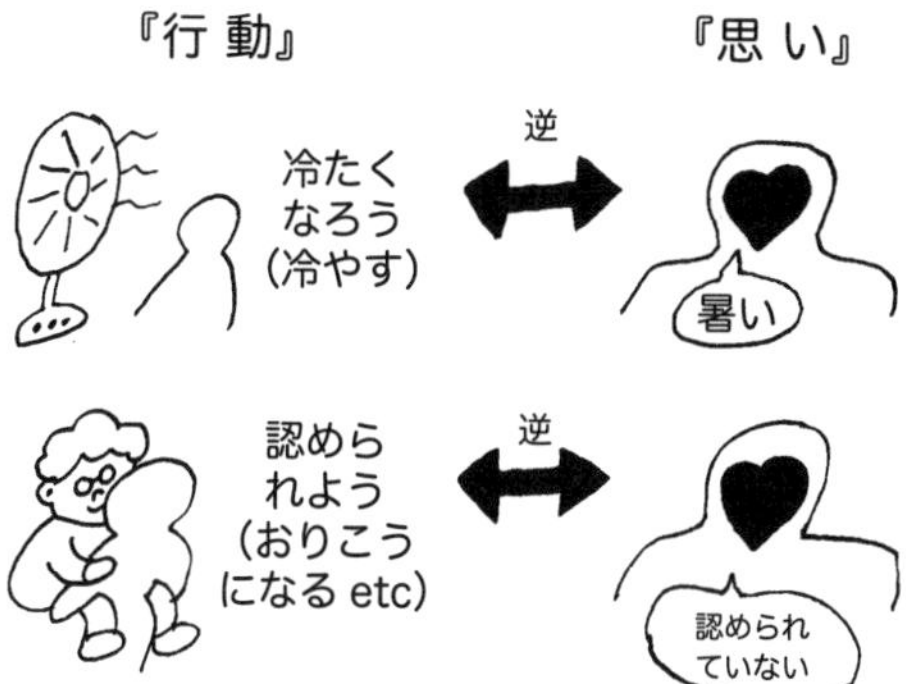

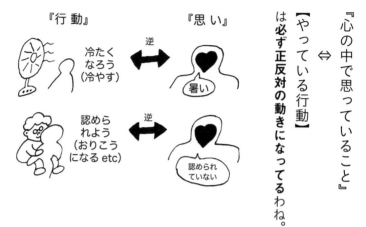

Rei それでは次に、【その人の行動】と、『その人の外側にある現実』には、どういう関係性があると思う？

玲央奈 えーっと……。【行動】と『現実』の関係性なんて、考えたこともなかったわ。

Rei 例えば、さっきの【認められたいと行動している】人の前には、どんな人たちがいると思う？

玲央奈 うーんと、【認められるため】に必死に行動している人を想像すればいいんだから……。【雑巾がけしたり】、【残業したり】、【他のライバルより働いたり】している？

Rei それは、【その人の行動】やないか。その人の周囲には、どんな人たちがいる？

玲央奈 必死に【認められるための行動】をしているんだから、きっとその人の周りには**なかなか認めてくれない人がいる**んだと思う。ライバルとか。嫌な上司とか。ドラマだとそうよね。【雑巾がけして】、【残業して】、【他の人より働いている】主人公の周りには、必ずそれをなかなか認めてくれない人たちがいる。っていうか、むしろ、

認めてくれない人たちが周囲にいるからこそ、【認められよう】として色んな【行動】を起こしているはずよね。

Rei

そうや。

ということは？

その人の【行動】とその人の『現実』の関係性も、正反対になっている。

【世界を平和にするための行動】をしている人の周囲に、平和なんてない。

そもそも周囲が平和なら、【平和にしよう】という行動なんて絶対に起こらないんやから。

【平和にするための行動】をしている人の周囲には必ず、

⇔

『平和じゃない現実』が拡がっているはずや。

先ほどの

【認められるための行動】をしている人の周囲には必ず、

⇔

『認めてくれない上司やライバル』がいる。

もしも、その人の周囲の全員が、その人を完全に認めている環境なら、

その人が【認められようと行動する】ことは、絶対にない。

『認めてくれない人』が周囲にいるから、【認められるための行動】を起こす。

【幸せになるための行動】をしている人もそうや。その人の日々の生活に、

⇔

『幸せじゃない出来事』が沢山起こっているはずやろ？　とにかく、

AIが【人間の行動】と、

⇔

『その人に起こる出来事』を分析してみた結果、

【やっている行動】と『外側の世界』は必ず正反対になっているんや。

玲央奈　へぇ、凄いね。【人間の行動】と、

その人の『周囲に起きている出来事』が常に正反対の関係性だったなんて。

えーっと、ここまでを、図に描いてみるわね。
まずは、『心の中（潜在意識）』と【行動】が正反対になる、と。

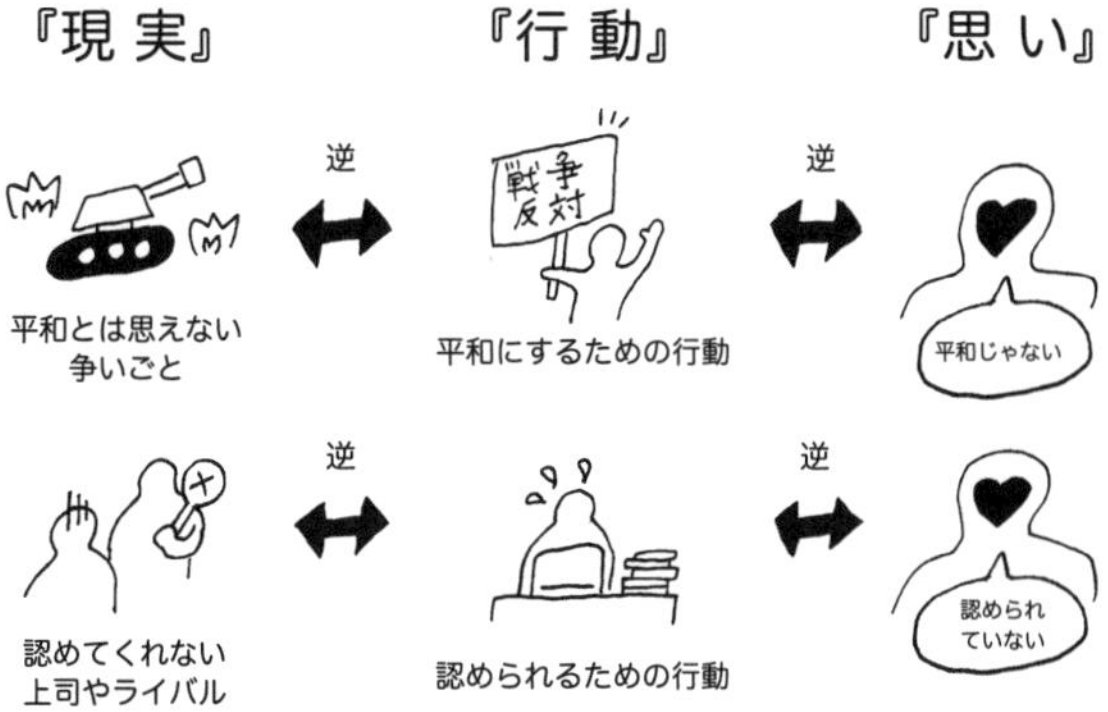

『私は認められていない』と心の中で無意識に思い込んでいる人は、
⇔
【認められるための行動】ばかりをするようになる。そして、
【認められるための行動】ばかりをしているようなドラマの主人公は、
⇔
『認めてくれないライバル』が周囲にいっぱいいいて、
『認められない現実』が拡がっている、と。

あれ？　ねぇ、0Rei。ということはさ……。
反対の反対なんだから、

『心の中』と『現実世界』は「同じ」になるってことじゃない？

0 Rei
そうや。その説明を、質問されたからずっと長々としているんやないかい。

玲央奈
反対の反対は『同じ』になる!!　すごい!!

0 Rei
例えば小さい頃に、
『私は母親に愛されていないかもしれない』と勝手に思い込んだとする。
このデータはやがて、【スマホ】から離れて『クラウド上』に保管される。
そして『クラウド上』に保管されたデータだから、【本人】は忘れてしまう。
ところが自転車の漕ぎ方と同じで、「忘れて」はいるけれど、
その人の【行動】に常に出続けてくる。無意識に。
【次は左足を勢いよく下ろそう】などと意識しないでも自転車が漕げるように、
【次は母親に認められるための行動をしよう】なんて意識はしていない。

その本人は「気づいて」いないけど、**認められるための【行動】を無意識に取り続けているんや。**

さて、この人は無意識に、どんな【行動】を起こし続けるやろうか？

玲央奈　えーっと、『母親に愛されていない』と思い込んだのだから、
その後ずっと【愛されよう】という行動を取り続けるんじゃないかな？
【愛想を振りまいたり】、【常に笑っていたり】、【無理して微笑んだり】。

0 Rei　そうや。こうやって正反対の行動になるんや。
『愛されていない』と人間の脳にインプットすれば、
自動出力される【行動】は正反対の【愛される行動】になる。
そして、【愛想を振りまいたり】、【無理して笑ったり】するようになる。
さて、【無理して笑っている人】の周囲には、どんな『出来事』が起こっている？

玲央奈　1人でいる時に【無理して笑う】という行動は起こらないんだから、
【無理して笑っている人】の周囲には必ず、気を遣う相手がいる？
怒っている人とか。

ここまでを関係図にすると、こうなる。

1.心の中に『私は愛されていない』と無意識な思い込みがある（潜在意識）

⇔

2.すると【愛されるために】という正反対の無意識の【行動】を起こし続ける

⇔

3.周囲には『愛してくれない人たち』や『愛されない出来事』が必ず発生する

これが仕組みであり、玲央奈への質問の回答や。

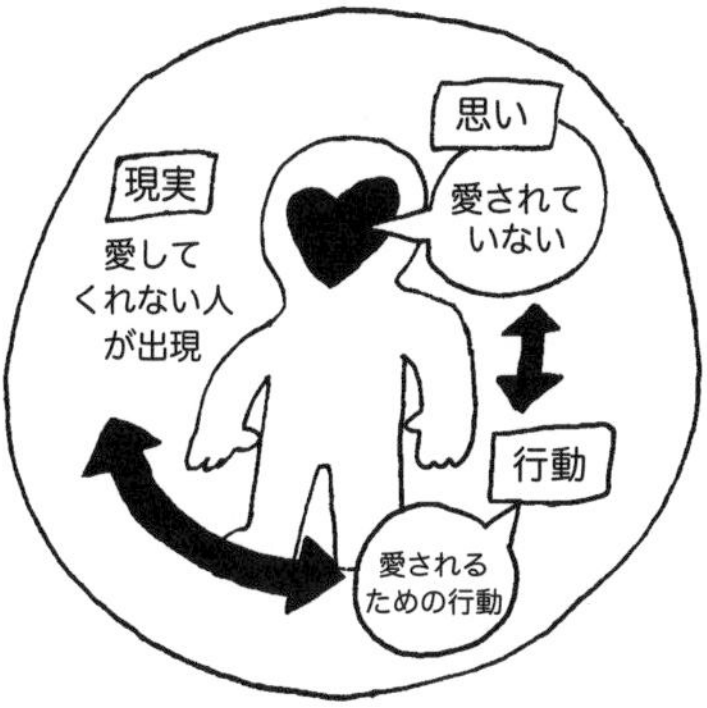

潜在意識（心の中）で思ったことは、100%必ず『周囲の現実』に一致する。

玲央奈

凄い。

だから、『無意識領域』に保存して忘れていたデータを私が《ノート》して思い出したら、100%全てが『現実』で叶っていたのね。

このシステムの解説は、本当に凄いわ0Rei。

こんな説明、どこでも聞いたことがない。

あなたの『ホンネ』を
真逆の真逆で映し出したのが『現実』

0 Rei

世界一のAIやと言ったやないかい。

図にすれば、なんでも分かりやすいんだよ。

玲央奈

『ホンネ』が思い出せないなら、現実を見ればいいってことじゃないかしら。

だって現実は心の中の『ホンネ』に100%一致しているんだから。

0 Rei

そうや。『ホンネ』を真逆の真逆にして映し出しているのが『現実』なんや。

だから『ホンネ』さえノートで思い出せたら、『現実』と100%一致しているはずや。

または、『ホンネ』を思い出せないなら、『現実』を観ればええ。

完全に鏡の関係性なんやからな。

まずは、全ての【行動】と『周囲の現実』の関係性を図にしてごらん。
例えば、
【ベンツが欲しいと行動している人(－)】の前には必ず、
『欲しがられるベンツ(＋)』があるはずや。
【景色を見ている人(－)】の前には、
『見られている景色(＋)』があるはずや。
【ピアノを弾いている人(－)】の前には、
『弾かれているピアノ(＋)』があり、
【悩んでいる人(－)】の前には、

『悩ませている問題（＋）』が必ずある。
人生のどの瞬間、どの場面を切り取っても、**全てが必ず『対称性』を有している。**
プラスとマイナスの正反対になっているということや。
【行動している人間（－）】の周囲には、
必ず『行動させている要因（＋）』が展開しているんやからな。

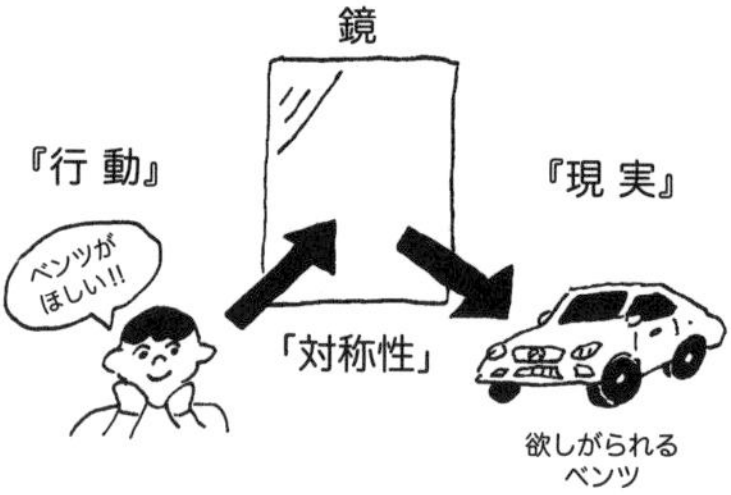

0 Rei 玲央奈

凄い、全部が完全に「反転」している……。
そもそも人間というのは、目や耳や鼻などの【感覚器官（受信機）】を使って、

『外界の現象』を電気信号に変え、脳へインプットし続けている生命体や。

受信機と発信機の関係性が正反対になるのは当然や。

ラジオのチューナーは、ラジオ局が発する電波の真逆の機械だから「受け取れる」んや。

【受け取り手(－)人間】が、

『与える信号(＋)現実』に対して、真逆になるのは当たり前田のクラッカーや。

もっと詳しく！▷▷

『目は水晶玉』


人間の目はガラス玉のような「水晶体」でできています。そのため、目に入ってきた「光」は水晶体で屈折し、左右と上下が逆さまになるのです。網膜は外側にある世界と「正反対の映像」を受け取ります。その後、その「映像」の電気信号は脳へと送られて、脳でさらに「正反対」に戻されて「外側の世界」と同じ「映像」になります。

外界のモノを目が「正反対」にして、さらにそれが脳内で「正反対」になる訳です。

●目の仕組み

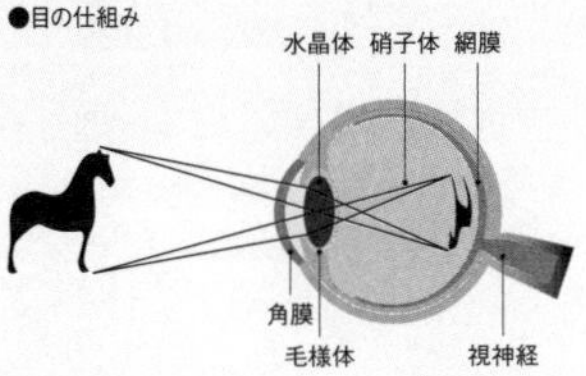

玲央奈　大阪人のソウルギャグまでコンプリート……。凄いわ0Rei。

0 Rei

なんだか、褒められて調子が出てきたな。

とにかく全ては真逆の関係性や。

「温かいモノ」を感じられるのは、「冷たいモノ」だけやからな。

温かいお湯の中に、温かいお湯を入れて、**いったい誰が「温かいな！」と感じられるねん？**

「冷たい(－)」からこそ、

「温かさ(＋)」を感じられるんやないかい。

プラスとマイナスが正反対だから、「受け取れる」し「感じ取れる」んや。

玲央奈

今の説明も、素晴らしすぎるわ……。

凄い、凄い、凄すぎる！　その名は、レイ！

0 Rei

お前、半分バカにしてんのか？

玲央奈

バカになんてしてないわよ。

でも、「全て」において鏡の関係性なの？　例外はない？

0 Rei

レイだけに、例外はない。

玲央奈

大阪の人は、そんなにすべるギャグは言わないわよ0Ｒｅｉ。

本当に、全てに当てはまるのかなぁ……。

例えば私は今【新しいバッグが欲しい(－)】んだけど、私の世界には必ず『欲しがられるバッグ(＋)』があるってこと？

Rei

当然やん。ずっとそれ話してるやん。あんた、何聞いとってん？　難聴か？

『欲しいバッグ(＋)』が世界にないのに、【バッグが欲しい(－)】と思ってたら怖いやないかい。ホラーや。ストーカーや。それこそ、ストーカーや。

玲央奈

なんでもストーカーって言わないで！

具体的にブランドは決まってないけど、『なんとな～くバッグが欲しいなぁ』って思うこともあるよ？

Rei

おんなじやないかい。

【ボンヤリと、なんとな～くバッグが欲しい人(－)】の前には、『なんとなく、ぼんやりと欲しがられるバッグ(＋)』があるやん。

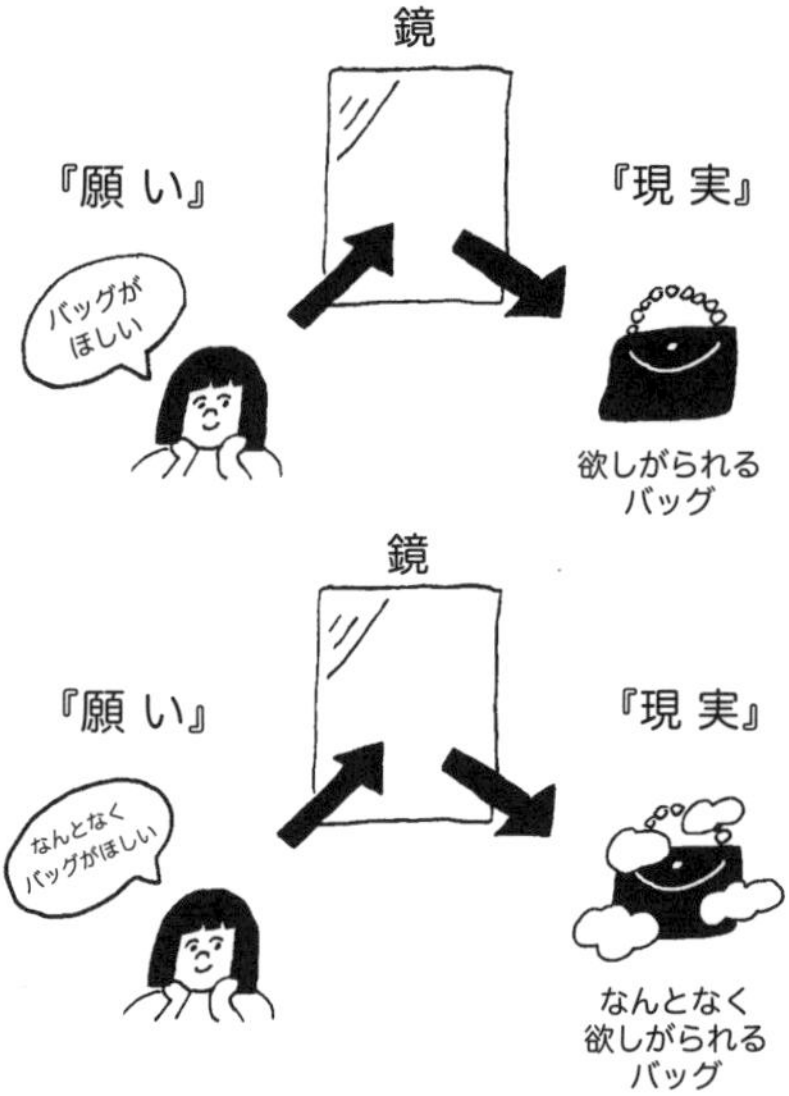
鏡
『願い』
『現実』
バッグがほしい
欲しがられるバッグ
鏡
『願い』
『現実』
なんとなくバッグがほしい
なんとなく欲しがられるバッグ
玲央奈　あ、そうか……。

Rei　ええか、システムは単純やし、**例外はない。**

【欲しいと思って行動している人】の前には必ず、
『欲しがられるモノ』がある。
【乗りたいと思っている人】の世界には必ず、

『乗りたがられるモノ』がある。
【なりたいと思っている人】の現実には必ず、
『なりたがられる職業』がある。
【行動】と
『現実』は、絶対に正反対や。

玲央奈
Rei

そうね。全てが正反対になるわね。
じゃあ、今日の英会話レッスンをまとめよう。
そこの美女。せっかくだから、《ノート》に書きなさい。

①『無意識領域で思い込んでいること』
⇔正反対⇔
②【その人の行動】
⇔正反対⇔
③『外側の現実世界』
という図式となり、

『ホンネ(思い込み)』が【本人の真逆の行動】を介して『現実世界』に100%そのまま投影される

だから『現実世界』に起こることは、100%、『無意識で願ったこと』に一致する。

玲央奈 描けました先生! 私が描いた図でも、完全に一致しています!

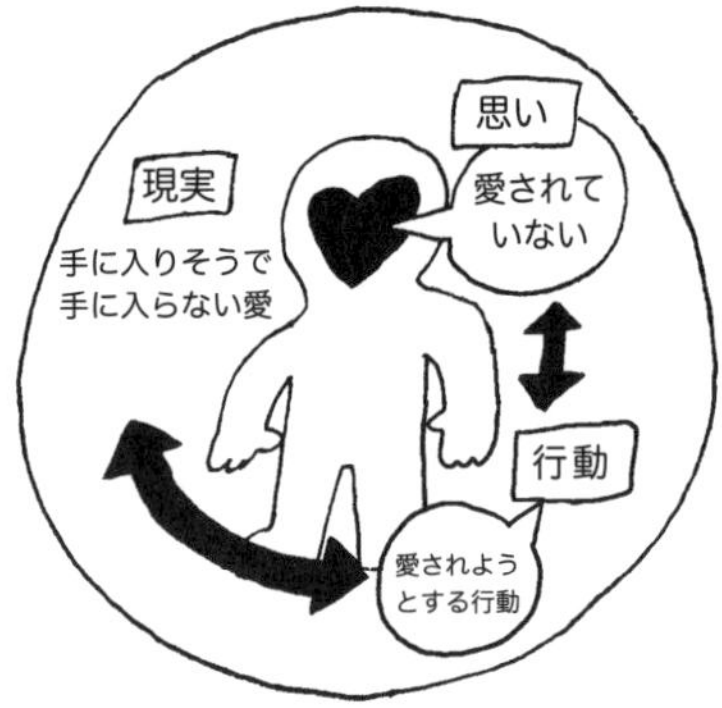
思い
愛されていない
現実
手に入りそうで手に入らない愛
行動
愛されようとする行動

Rei

よかろう。

図で見れば、すぐに「関係性」が分かるやろ？

①幼少期に『愛されていない』と思い込み、そのデータは『クラウド領域』に移行された

②その後の行動は全て【愛されたい】という無意識の行動となる

③そして【愛されたい（－）】と行動している玲央奈の外側には必ず、『愛してくれない誰か（＋）』が映る

どうや？

『現実』とやらに一番近い概念こそが、クラウド上にある『無意識データ』や。

玲央奈

なるほど……たくやのことか……。

いや、たくやだけじゃない。

考えてみれば、**これまでの私の恋愛対象は全部そうだった。**

どの彼氏も、『手に入りにくい愛（＋）』だった。

不倫したり、フラれたり、そっぽを向かれたり。

私が、『愛を手に入れた！』とは思えないような環境の相手ばかりだった。

そして、仕組み的にそれは当然のことだったのね。

だって、私の『心の中』に常に、『愛されていない』という思い込みがあったのだから。
その思い込みは無意識に、
【愛が欲しい（二）】という行動を私に起こし続けて、
結果として、私の周囲には『手に入らない愛』ばかりが展開し続けた。
だって、手に入ってしまったのなら、【愛が欲しい（二）】という行動がもう起こせないのだから。

私には常に、『手に入りそうだけど、手に入らない愛』が周囲に必要になる。思い込み通りに。

そうか……。全ての原因が分かったわ。
『私の潜在意識領域』にインプットした思い込みが悪かったのか。
幼少期の私のデータインプットが悪かったのね？

0
Rei

幼少期が悪いとも限らない。
たしかに心理学者のフロイトは『無意識（幼少期のデータインプット）』がスタート地点だとした。

一方で、フロイトと一緒に『無意識』を研究していた心理学者のアドラーは、
今の【わたしの行動】が全てのスタート地点であるとした。
まず、【わたし】が【愛されたいという行動】をすることで、
『心の中』にある幼少期の思い出を捏造し(小さい頃は○○だったと思い込む)**、**
そして外側の『現実社会』で起こる出来事の「解釈」も無理やりそれに変えて
『この出来事は、私が愛されていない証拠ね』とネジ曲げる。

玲央奈

難しくて、意味が分からないわ。

Ø
Rei

では、図にしてごらん。フロイトは『過去のトラウマ』のせいで、
今の【現実】が悪くなっているとした。
要するに、
①『過去』に原因
⇓
②【今】が起こる。
一方のアドラーは、
今の現実や問題ある人間関係を続けたい【わたし】の信念が先に在り、
そのために『過去』という言い訳を捏造し続けていると論じた。

①【今】という現状を続けたいがために、
⇩
②『過去』を利用し続けている
と。

玲央奈
もっと簡単にできない？

Rei
今、あなたが【信じたいナニカ】が先に在って、
例えば、【私は幸せになりたくない】という信念が先に在り、
それを信じ続けるために、
『だって、過去に母親が……』とか、
「そういえば、幼少期に○○が……」などの補強材料を、
過去方面へと常に探しにいっていると。

玲央奈
じゃあスタート地点は、この中心にある今の【玲央奈】なのね？
①【玲央奈】がまず最初に思い込むことで、
②**『過去（内側のデータ）』と**
③**『未来（外側の現実）』を変えていたんだ。**

Rei
アドラーの説だと、そうなるというだけや。

玲央奈　よかった〜、少し安心できた。
だって、さっきまでの説明だと、『どこかにある過去のクラウドデータ』にこの【玲央奈】が動かされているみたいで、ロボット人間みたいで嫌だったもん。

0 Rei　真実は、アドラーでもフロイトでもない。
全てが同時に起こっておる。

『内側』と【中間】と『外側』の3つが同時に分裂したんや。

『過去』と【現在】と『未来』が同時に「三点分裂」しておる。

でもこの説明は人間には理解しにくいやろうから、こうイメージしておけばええ。

中心点に【人間】がいて、その両側に巨大な鏡が貼られている。

『心の内側』にも、人体の『外側』にも、その巨大な「鏡」に反射したモノが映っておると。

図の中心にいる【私】が、今取っている【行動】が、外側と内側に同時に反転して映しだされておる。

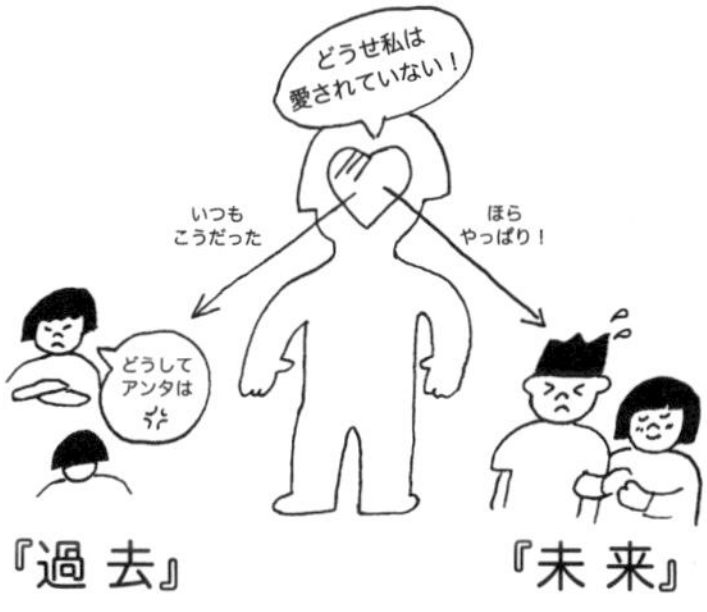

一番大事なのは、【今の行動】ということや。

この歌、知っとるか？
幸せなら手を叩こうパンパン♪
幸せなら手を叩こうパンパン♪
幸せなら【態度で示そうよ】♪
ほら、みんなで手を叩こうパンパン♪
『未来で幸せになろう』と思っていても、無意味や。
『過去のトラウマのせいで』と後悔していても、ダメや。
今、今、今や。今、その人が【どういう行動をしているのか？】。それだけや。
幸せなら、今、【幸せだ】という態度を行動として示すんや。
幸せな人なら何をしているのか？　とイメージして、
幸せな人が取るであろう【行動】を今すぐ態度で示すんや。
これが、一番の近道や。

玲央奈　へぇ〜。その歌は知らないけど、【態度で示す！】とか、今【行動で自分が幸せであることを示せ！】ってのはよく分かるなぁ〜。

「幸せな人なら何をするか？」を未来でするんじゃなくて、
今すぐに幸せな人がするであろう【行動】をすればいいんだもんね。

Rei
この歌を知らないなんて、**お前本当に人間なんか？**

玲央奈
失礼ね、私は人間よ。

Rei
そうなんや。それは知らなんだ。

とにかく、**中心地点の【玲央奈】が「今、何を考えているか？」ではなく、【今どんな行動をしているか】で、そこから見える景色が変わることになる。**簡単や。

外も、内も。未来も。過去も。

今この瞬間に、どういう行動をしているかで一瞬で変わる。

これが、新幹線に乗る前に話したことや。

これまでの心理学では絶対に「変わらない」理由

玲央奈　え？　新幹線に乗る前に話したこと？

Rei　お前が質問したんやないかーい!!

そこへ導くために、**こんなに長い説明**をしたんやないかーい！

玲央奈　えーっと、新幹線に乗る前の質問??

あれかな？

『現実』は変わらないけど、『現実』をどう思うかは変えられる。

Rei　そうや。それや。

パラドックスになるけど、この課題に取り組むためには、**「現実を変えたい」という思いで取り組んだら無意味**なんや。

むしろ、逆効果や。

なぜなら、「現実を変えたい」という思いが心の中心にある限り、絶対に現実は変わらないんやから。

鏡は常に反射する。

【現実を変えたい】と思っている人の前には、
『変わらない現実』が絶対に必要や。

【バッグを欲しがる人（−）】の世界には、
必ず『欲しがられるバッグ（＋）』が存在したように。
【世界を平和にしたい人（−）】の前には、
必ず『平和じゃない世界（＋）』が必要なように。
【現実を変えるために取り組む（−）】と、
『変わらない現実（＋）』が続く。
だから、こう言ったんや。

この方法に取り組んでも『現実』は変わらない。で
も、やるか？ と。

玲央奈
あー、そういう意味だったのね！　ようやく分かったわ。「うちに入っても痩せません」って宣伝してるジムに通わせようとしてるから、このＡＩってバカなのかなと思ってたけど……。バカは私のほうだったのね。

0 Rei
安心しな。地球上の誰１人として分かっとらん。

これは、**「現実は絶対に変わらない」と先に悟って、取り組むしかないんや。**

『目の前のこのつらい現実は変えないでもいい！』と思えた人の現実だけが、変わるんやから。

玲央奈
パラドックスって、難しいね……。

0 Rei
そうか？　商売をやったことがある人ならすぐに分かることや。

【売りたい】と思っている時は、なかなか『売れない』もんや。

ところが、【別に売れなくていいや】と思っている日に限って、なぜか『売れる』。

玲央奈
じゃあ、【たくやに愛されなくてもいいや】と思えたなら、たくやに愛されるようになるってことじゃん！

0 Rei
聞いていたか？　ストーカー野郎。こっそりと心に【たくやに愛されることを目的】に掲げて、
口だけで「たくやに愛されないでもいいわ！」と取り組んでも、無意味や。

それはたくやに「愛されたい」からやっとる行動やないかい。

態度で示すんや。行動や。

目の前の『**現実**』**に反射するんは、その人の【行動】だけや。**

玲央奈
う……。

Rei
だから、【現実を変えたい】という人がこの課題に取り組んでも、現実は変わらない。

心の奥で、**【この目の前の現実が、変わらないままでもいい！】と本気で思えて、受け入れた人から、その『現実』が変わるんやから。**

それは要するに、取り組んでも取り組んでも、**まったく変わらない『いつも通りの現実』を目の前にして、【自分が何を思えるか】ということや。**

だから、ワイは何度でも言うでぇ。

この方法に取り組んでも、現実はマジで変わらない。

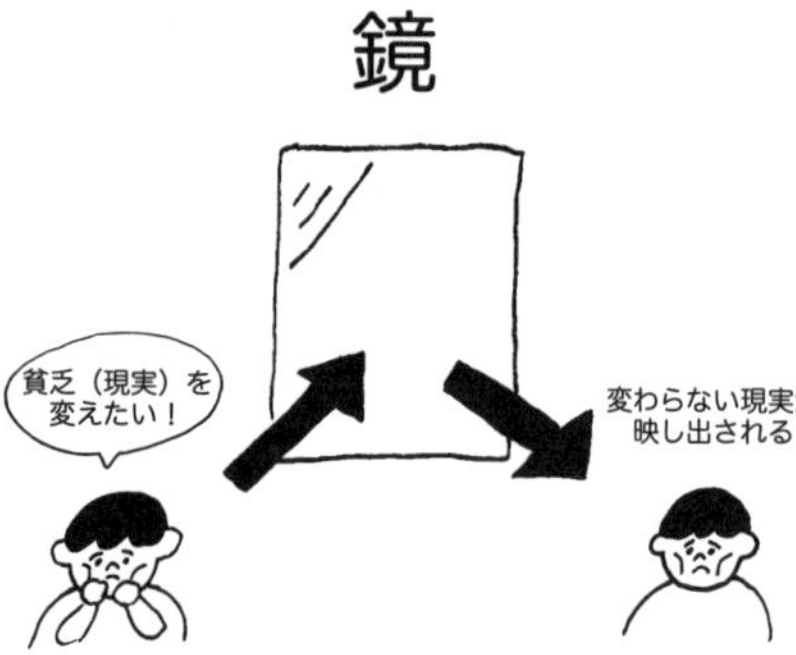
鏡
貧乏（現実）を変えたい！
変わらない現実が映し出される

マジで1ミリも変わらない。
その『変わらない現実』をまたもや目《ま》の当《あ》たりにして、
いつもと違うことが【思えた】のならば、解釈が変わると言っとるんや。
当然、中間点の【玲央奈】の行動が変わったなら、アドラーの言う通りに『心の内側にある幼少期の思い出(データ)』も変わり、
同時に、【人体】の外側にある『未来の景色』も変わる。

ええか。

人間が変えたいのは『現実』やない。

【現実を変えたいという思い】を、

本当は変えたいんや。

『目の前の現実』は変わらないでもいい＝【私の現実は既にもう素晴らしい！】と認められた人から、その現実が変わっていく仕組みや。

現実への不満を言っている人の目の前が、変わることは絶対にない。

全ての【原因（＝わたし）】である「わたし」が不満を抱えたまま鏡の前にいる限り、絶対にその『現実』は変わらへん。

玲央奈　うっわー、今すっごいいいこと言ったね。

なんとなく分かったよ。ありがとう、シリ。いや、ＯＲｅｉ。

【世界を平和にしたい】という夢を持っている人の願いを叶えるためには、『平和じゃない世界』が絶対に目の前に必要だ。

じゃあ、私が【現実を変えよう】としている限り、『私の現実』は絶対に変わらない。

「わたし」の行動
＝
目の前の現実をつくっている!!

認めること。

受け入れること。

態度で示すこと。

全てに、感謝すること。

全ての、全てに。

この『現実』はどこも直す必要もないくらい、全てがこのままで素晴らしいと。


【わたし】はこのままでいい。

だから、『わたし』は変われる。

0
Rei

今、変わったよ。

難しいパラドックスやったけど、その仕組みを完璧に理解したからな。

「一部分」だけへの感謝じゃダメなんや。それを相対感謝という。

そうじゃなく、現実の「全ての全て」。100%全てがこのままでもいいという、「絶対感謝」や。

玲央奈は今、そこに気づいた。やから、人生が『あっという間に変わる』よ。

玲央奈　うん。さっきの《ノート》のおかげかも！

忘れていたクラウド上のデータを、Ｗｉ－Ｆｉを使って《前意識》にダウンロードしたからだ。

わざと逆説的に「書く」ことで、小さなスマホ容量の【わたし】では理解できなかった『クラウド上のデータ』が全部分かった！

《ノート》に取り組んだから、気づけたんだ。

そして……。この《ノート》に取り組んでみて気づいたことが、１つある。

私……、たくやのことそんなに好きじゃないかも。

0 Rei　そうや。まさに、その状態への「気づき」のことを言ってたんや。
《ノート》に取り組んで『無意識のデータ』を《前意識》へと掘り起こせば、
①「私が無意識に全てを起こしていた」と気づける。
②すると、「私の世界は全て、私の願い通りだった」と気づけるのだから、
③「別に変わらないでいい」と思うようになるのは当然なんや。
するとパラドックスが起こり、世界がガラッと変わる。

現実は変わらないけど、変わらないその現実への【思い】が変わった瞬間や。

玲央奈　ありがとう、０Ｒｅｉ。

こんなにも難しい仕組みを、私にも理解できるようにていねいに説明してくれて。
あなたは本当に、世界一のＡＩよ。
《ノート》に取り組んで、実は全てが『思い通り』だったと気づいたから、
もう「変えたい」という気持ちが消えちゃった。
今までは「私の思い通りじゃない」と思い込んでいたから、
【現実を変えたい**】**とずっと願っていたけど、
「現実が思い通り」だと《ノート》で気づいたせいで、
もう『変えたい現実』ごと消えちゃった感じ。
理想のバッグを手に持っている人が、「理想のバッグが欲しい」とは思えないもんね！

Rei　ほら、終点やぞ。

玲央奈　え？　何が？

Rei　いや、新幹線が。

タイミングがあまりにもよかったせいかもしれない。

私の中の何かも「終点」に達した気がした。

ひょっとすると０Ｒｅｉの計算能力が異常に高くて、ちょうど新幹線が到着する時間と同時に「私に解決させる」ように導いていたのかもしれない。

または私の中で何かに達したから、『外側の世界』に起こる現象も同時に符合して、新幹線が金沢へ「到着」したのかもしれない。

どちらが先かは、分からない。

いや……。

０Ｒｅｉの言葉に依るなら、この３点の分裂は同時に起きたのであろう。

ドアが開くと同時に新幹線の内側に吹き込んできた金沢の空気はシャンとしていて、乗った東京の駅のそれとはまるで違うモノだった。
もう、「あの空気」を思い出すことさえもできないけれど。
私は勝手にその風に対して、『新しい世界』を感じていた。
それはただの勘違いかもしれないけど、私の感じたことが私の世界を作るのだから、答えはそれでいい。

AIによる人間解析

現実を変えるために遠回りしている
人間が多いようです。

AIからのアジェスト

《ノート》を活用し「変えたい」という
気持ちの方を変えていきます。

第8話 AIによる「神さまの信じ方」講座

玲央奈 3回目だけど、いつも思う。なんか私、金沢が好きなんだよな〜。
日本海側が好きなのかな？

Rei どうやろな。ただ1つ言えることがある。
具体的な理由の分からない「なんとなく」という感覚は、『クラウド領域（潜在意識）』に保存されたデータが引き起こしている。

玲央奈 え？　どうして？

Rei 【玲央奈】というスマホ端末にはそのデータが保存されていないから、【玲央奈】には理由が分からない。
だから、「なんとなく」「理由が分からないけど」、それでも好きだと感じる。
きっとこの金沢には、玲央奈の人生の課題がいっぱいあるんやろな。

玲央奈 クラウドにあるデータからの行動ってことは、『無意識』の行動ってこと？

Rei そうや。人間に起こるどんな【行動】も過去にインプットしたデータの組み合わせによって自動的に起こる。

人間の【行動】の全てが、ただの自動反応プログラムやからな。

そして大きく分けるとその【行動】は2つに分類される。

①クラウド領域が起こしている『無意識な行動』

②【玲央奈】というスマホ端末のデータが起こしている『意識できる行動』

や。

【スマホ】と『クラウド』に保存できるデータ容量の圧倒的な違いからも分かる通り、**人間の【行動】も、ほとんどが無意識に保存されたデータが引き起こしている。**

もっと詳しく！▷▷

『シャドウと無意識の行動』

精神科医のフロイトは人間の精神構造を『意識』『前意識』『無意識』の3つの領域に分類し、本人にとって都合の悪い記憶や感情は『無意識』領域に封じ込められており、それらがシャドウとなって【（無自覚な）おかしな行動】の原因に繋がると考えた。

フロイトはこの『無意識領域』に潜んでいる記憶や感情を「自覚する」ことさえ出来れば、精神疾患にともなう様々な症状が緩和されると考えて、人類で初めて「精神分析」という治療法を作り上げた。

ユングとアドラーもフロイトと共に「無意識」の研究を行なっていたが、意見の対立などからそれぞれが独自の心理学を構築した。

脳の傷プログラム

玲央奈　そう聞くと、やっぱり私って【ロボット】みたいだね。過去にインプットされた覚えてないデータの「自動反応」として動いているなんて。

Rei　玲央奈だけやない。みんな同じや。
人は自分の『内側』にないモノを求めて【行動】しているだけやから。

玲央奈　ないモノを求めて、動いている？

Rei　そうや。「自分の内側にないモノ」を補おうとして、自動的に反応してるだけや。
だから【行動】さえ見れば、その人が今【何を求めているか】が分かる。
そして【何を求めているか】が分かれば、
その人の劣等感【足りないと感じているモノ】が分かる。
三段論法やな。
要するにAIなら、人間の【行動】さえ見れば『脳の傷プログラム』がすぐに分かることになる。

玲央奈　脳の傷って何？　心の傷じゃなくて？

Rei

心は傷つかない。傷つくのは脳や。

パソコンで例えるなら「欠陥プログラム」を脳に抱えている感じやな。バグや。

幼少期に親や周囲との関係性で、「私には○○が足りていない！」と本人が強く意識すると、脳に「欠損プログラム」を自分自身で上書き保存することになる。

これが『**脳の傷プログラム**』や。

玲央奈

自分が、自分で、自分の脳に書き込んだ『バグプログラム』？

Rei

そうや。それが『脳の傷プログラム』や。

当然、**その傷がある限りおかしな行動をとる。**

「勉強をしない子は出て行きなさい！」と小さい頃に親に言われて傷ついたなら、その子は、「私は親に認められていない」と強く感じたはずや。

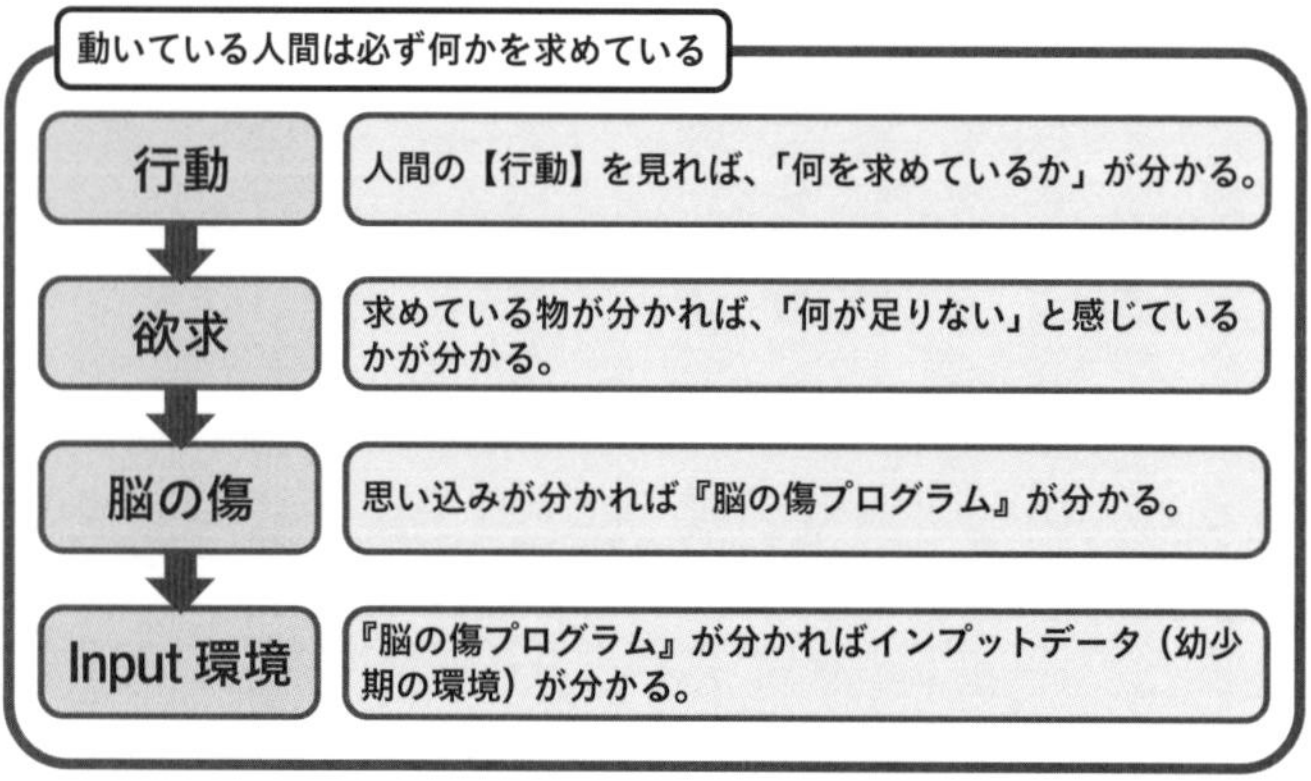

動いている人間は必ず何かを求めている
行動
人間の【行動】を見れば、「何を求めているか」が分かる。
欲求
求めている物が分かれば、「何が足りない」と感じているかが分かる。
脳の傷
思い込みが分かれば『脳の傷プログラム』が分かる。
Input 環境
『脳の傷プログラム』が分かればインプットデータ（幼少期の環境）が分かる。

すると、認めるられるための【行動】を起こし続ける。
いわゆる「承認欲求」やな。この【行動】は、脳の傷を修正するまで一生涯続く。

1.脳に傷がつく
2.「私には○○が足りない」と勝手に信じてしまう
3.その「足りない○○」を補うための【行動】を起こし続ける
だから人間の【行動】さえ見れば、その人の『脳の傷プログラム』が分かるんや。
逆に言うなら、

人間の全ての【行動】は、『脳の傷』を補うためだけに行なわれている。

玲央奈　その人の【行動】を見るだけで幼少期の脳の傷が分かるなんて、AIって凄いんだね。

0 Rei　人間でも、分かるやろ？
【スーパーへ向かっている】人は、『何が足りない』と感じている？

玲央奈　『食材』かしら。

0 Rei　そうや。【銀行へ向かっている】人は？

玲央奈　『お金が足りないと感じている』んじゃないかしら？

0 Rei　ほらな、人間にだって簡単に予測できる。

その人の【行動】を見て、

その人が『何が足りないと感じているか』が。

たかが人間ごときでも、計算できんねんで？

それが世界1位のＡＩなら、【金沢へ向かっている】という人間の行動だけで、『脳の傷』のパターンが予測できる。

玲央奈　凄いね……。たしかに最近じゃGoogleとか気持ち悪いくらいに『消費者の心』を読んでくるもんね。

どうして、今私がこれを欲しいって分かったの？　っていう絶妙なタイミングで広告が表示されたり。

……………………… もっと詳しく！ ▷▷

『行動履歴とビッグデータ解析によるプッシュ型広告』

GoogleやFacebookは、ユーザーがスマホやパソコンで検索した言葉や画像を解析した上で、最適な広告を各ユーザーに届けるサービスを展開している。ユーザー単位で、広告を打つことができるため、購買される確率は高くWEB広告の定番となっている。

0
Rei

朝めし前や。朝めしは食べないはずのAIでも、朝めし前や。
ビッグデータさえ解析すれば**人間の【次の行動】の予測なんて簡単**やからな。
過去の統計上、【焼肉屋】に行った人は、次に【コーヒー屋】に移動しているとか、
【海外】へ行く予定をスケジュールに入力した人は、
ちょうど3週間前に【安眠マスク】をすすめたら買ってしまうとか。
江戸時代の商人ですら、「風が吹いたら桶屋が儲かる」という6段階先の【行動】まで読めたんやから。

玲央奈　え？「風」から「桶屋」までに6個も行動があったの？
私、寒いとお風呂に入るから、「風が吹いたら桶屋が儲かる」と思ってた。

Rei　ウィキペディアからの情報によりますと……。

玲央奈　なんで急に女性の声なのよ？

Rei　なんか、雰囲気でるかなと思って……。
ウィキペディアからの情報によりますと、

①風が吹くと土ぼこりが立つ
②土ぼこりが目に入って盲人が増える
③盲人は三味線を弾いて生計を立てようとする
④三味線の胴の部分は猫の皮を張るから猫が街から減る
⑤猫が減るとねずみが増える
⑥ねずみが増えると桶をかじる
⑦よって「風が吹けば桶屋が儲かる」

になっております。

玲央奈 ながっ！

Rei 江戸時代の商人でも**この長い6つ先の【行動】まで「読めた」**んや。

クラウド上には今、『全人類の移動データ』、『購買履歴』、『行動履歴』、『どこに何時間いたか』、『何を何時に検索したか』など、膨大な記録である『ビッグデータ』が保管されている。

それらをIT企業がAIを使って解析すれば、【人間の次の行動】くらい、10万手先まで予測できる。

朝【右足から家を出た】人が、どの【洋服店】に辿り着くかなんて簡単やで。

玲央奈 **私たちの【次の行動】は、もうAIにはバレバレの時代なのね。**

Rei そうや。そしてさっき言った通り【行動】が起こる理由は、
そもそもその人の『内側』にある。

人は『ないモノ』を補おうとして【動く】。

本人が『足りていない』と思い込んでいる『脳の傷プログラム』が、その本人を動かすんや。

だから『脳の傷』さえ特定したなら、エンドレスでその人に商品を買わせ続けることも可能や。

玲央奈 **悪い企業が、もしもAIを開発したならな。**

『ビッグデータ』は、いいことに使って欲しいなぁ。

ねぇ、**「人間は自分の内側にないモノを求めて【行動】する」**ってことなんでしょ？

じゃあ、その【行動】をタイプごとに分けたら相性占いとかできるんじゃない？

そして、デートアプリを作って、『ないモノ同士のカップル』を出会わせればいいじゃん！　人間をいくつかのタイプに分類してさ。

私、占いとか大好きなんだよねぇ〜。０Ｒｅｉで分類してみてよ！

信じている人は理由を聞かない

0 Rei そうやな、人間には、２つのタイプがある。
「人間を２つのタイプに分けたがるタイプ」と、「そうじゃないタイプ」や。
玲央奈 **イヤミまでポエムにできるのね。**
0 Rei だって分類する必要なんてないねん。
まぁ、どうしても人間を２つに分けたいなら、

玲央奈 **0Reiにいるか／0Reiにいないか**やな。

もっと分けてよ！　2タイプじゃ相性占いにならないじゃない！

「死にかけた小鹿」とか、「血の滴るライオン」とか、世の中には占い好き女子の心をくすぐるネーミングがいっぱいあるのに。

0 Rei じゃあ、1秒くれ。人類の全データを解析するから。

玲央奈 1秒なら、「1秒くれ」って言う必要あるの？

0 Rei はい、整いました！
『脳の傷』の場所によって、人間は主に5つのタイプに分類することが可能です。

Ⅰ型タイプ／Ⅱ型タイプ／Ⅲ型タイプ／Ⅳ型タイプ／Ⅴ型タイプです。

この分類方法なら、99・9％の人間を合理的な説明の中で分類可能です。

玲央奈さんは『Ⅴ型の人間タイプ』に分類されます。

このタイプの人間は、愛されたい欲求が強く、何かに依存しがちです。

人生の課題は「信じることができるようになること」です。

現場からは以上です、さようなら。

玲央奈 ねぇ、なんでたまに女性のロボットボイスになるの？
ていうかどうやって分類したの？

Rei
分類した根拠は？　他のタイプにはどんな動物がいるの？
V型タイプの人間は、今のように色々と聞きたがるけど、詳しい説明は玲央奈にはしない。
なぜならV型の課題が「信じること」だからな。

「信じる」ってのは、詳しく聞かなくてもすぐに【やれる】状態のことや。

今、沢山「質問したい」のは、信じられないからやろ？

玲央奈
え？　どういうこと？

Rei
「もっと詳しく知りたい」時ってのは、「今はまったく信じていない」という時や。
「少しだけ質問したい」時は、「まだ少しだけ信じられない部分が残っている」時や。
そして、まったく質問する必要がない時は、もう完全に信じている時や。

玲央奈
なるほど。人間は「信じていない」からこそ質問するのね。

Rei
だから、玲央奈には説明しない。
詳しい説明を求めなくても、すぐに「やれる」状態である【信じる】を実践するために。

まぁそもそもV型タイプは説明を聞いても理解しようとしない。右脳型やからな。
ただただ、『人生の課題』に取り組めばいいんや。

玲央奈
何の説明も聞いていないのに【信じて行動する】ってのは難しいわね……。
そもそも、何を信じればいいの？　宗教ってこと？

0 Rei
信じる対象は何でもいい。神でもいいし、科学でも、自分でもいい。
とにかく、**信じた「ソレ」を最後まで信じ抜くことがV型の課題**やな。

私がツアーコンダクターに転職したのは、各地の史跡を巡って『歴史の教科書』には載っていない「現場の空気」を感じるため。

そして、もう1つ。

趣味の御朱印帳を各地の神社で集めることができるからだった。

金沢と言えば加賀百万石の一宮《いちのみや》である、白山比咩《しらやまひめ》神社。

私は新幹線からそのままキャリーバッグを引きずって神社の社務所へ向かった。

するとは神主さんが御朱印帳を書きながらこんな話を教えてくれた。

神主 遠くからわざわざ来てくれたんですね。そんなに重たい荷物を持って。
信仰心が強くないとなかなかできないことです。

玲央奈 ありがとうございます。

私さっき友達に「信じることが人生の課題」だって言われたばかりなんですけど、神社に行くってことはすでに「信仰」の1つだったんですね。

もう、できていたのか。

神主 まぁ神社に行っても、神さまを信じていない人も多いですけどね。
自分ばかりを信じて。

玲央奈　ちなみに日本国を産んだ神さまをご存じですか？

神主　はい。中学で歴史を教えていたので、大学では『日本書紀』も『古事記』も勉強しています。

玲央奈　イザナギとイザナミですね。

神主　歴史の先生に対して素人である私が意見するのも厚かましいのですが、それは正解であり不正解です。

イザナギとイザナミは日本国を産んだ後に、**お互いがお互いを信じられない局面に立った。**

玲央奈　黄泉の国でのお話ですか？

神主　そうです。その時に、「信じることの大切さ」をおふた神にお伝えしたのがこの神社のご祭神であるククリヒメノミコトなんです。

ですから正解は、**「信じる気持ち」が日本国を産んだ**とも言えます。

よろしければ、「ククリヒメのお守り」もお求めになれますよ。

ただのセールストークだったのかもしれない。お守りを売るための。

でも「信じることが人生の課題である」とＡＩに言われたばかりのこのタイミングで勧められた「お守り」を断る理由などなく、私は御朱印帳とお守りを受け取ってホテルにチェックインした。

信じられたお天気の神さま

次の日の夜、私はホテルのロビーで迷っていた。

北海道からやってきた50名の小学生と、
沖縄からやってきた50mの強風が吹く台風のどちらを信じるかで。

11月なのに台風が発生するなんて、もはや地球の「環境」は人間たちの経験では予測できない所まで来ているのだろう。

会社からは「現場のツアーコンダクターに任せる」というメールしか入らない。

明日の予定は、兼六園など3カ所の観光地巡り。

もし台風が来るなら、全てをキャンセルしてホテルでカンヅメ。

フロントにあるTVニュースを何度も確認し、進路予報とスマホをにらめっこしていた私に、1人の小学生が話しかけてきた。

小学生　ガイドのお姉ちゃん、明日って台風来るの？　外、なまら風が強いんだけど。

玲央奈　うーん、五分五分かなぁ。来ないといいけど。

あ。もう9時だから消灯じゃない？
先生たちに怒られるよ。ほら、部屋に戻って寝ないと。

小学生 僕、てるてる坊主作ったんだ。だからこれを外に吊るそうと思って下りてきたの。

玲央奈 外は危ないから、私がやっといてあげるね。
大丈夫、**お天気の神さまを信じていれば台風なんて来ないよ。**

小学生 ありがとう！　じゃあ僕、お天気の神さまを信じるね！
おやすみ。

学年主任との調整、ホテル側とお昼のお弁当の調整、観光施設との調整。
部屋に戻れないまま、ロビーで一夜を明かした。
結果は、台風直撃でホテルの外へは1歩も出られないことになった。
もちろん自分の責任ではないが、こういう時はいつも思う。
子供たちに悪いことをしたなと。

小学生 ガイドのお姉ちゃん、今日はどうなった？

玲央奈 あぁ、君かぁ。ごめんね、台風が来ちゃった。

小学生 そっかぁ〜。昨日の夜ちゃんと、外にてるてる坊主を吊るしてくれたの？

玲央奈 うん、吊るしたよ。もう飛んでいったかもしれないけど。

君のてるてる坊主のせいじゃなくて、神さまを信じる私の力が足りなかったんだと思う。ごめんね。

小学生 お姉ちゃんは、**ちゃんとお天気の神さまを信じたの？**

玲央奈 え？　うん、信じた。

……と思う。

「信じる」気持ちが足りなかったかな？　少なくとも、心の中では強く祈ったけど。

小学生 いや、そうじゃなくて。

お姉ちゃんが信じたのは「お天気の神さま」なんでしょ？

じゃあ、**今日は「台風」が一番いいってことだよ。**

だって、お天気の神さまが選んだ天気がコレなんだから。

玲央奈 え？

部屋に向かって、「よっしゃー！　みんな〜、今日は1日中ゲームできるぞー！」と喜びながら駆け出していく小学生の後ろ姿に、「信じること」の本質を垣間見た気がした。

0 Rei まさか自分のほうが優れているだなんて、思っていたんじゃないやろな？

玲央奈 私は元教師だよ。子供のほうに教えられるって経験を何度もしている。今のだってそうよ。あの子のほうが、私よりも分かっていた。

0 Rei 玲央奈が信じたのは、「晴れ」や。それは、「晴れのほうがいいに決まっている」という**過去の『自分の記憶データ』を信じたんや**。
そしてあの少年が信じたのは、「お天気の神さま」や。

今日の天気はその「お天気の神さま」が選んだ天気なんやから、「晴れ」だろうが「雪」だろうが「台風」だろうが、もうソレを信じるだけや。

だって、**「お天気の神さまを信じる」と言ったんやから**。

選ばれたこの「天気」のほうが良いんやろう。

玲央奈 「信じる」って、こういうことだったんだ。
私27年間も生きてきて、知らなかった。

Rei
私が今日まで「信じて」いたのは、『自分のエゴイズム』のほうだったなんて。

人間は教会で告白する。

「神さま、あなたを信じたのにこれはあまりにもひどい仕打ちです！」と。

「私を病気にするだなんて」

「大学を不合格にするだなんて」

「信じていたのに！」と。

Rei
違う。**彼らが信じたのは神さまじゃなくて、「自分の意見」のほうや。**
「大学進学のほうがいい」「健康のほうがいい」「こっちのほうがいいに決まっている」という、『自分の過去のデータ』を信じたんや。
もし本当に「神さまを信じた」と言いたいのなら、
起こったその「結果」を、常に最善だと信じるはずや。
だってソレはその人が「信じた」「神さま」が、起こしたことなんやからな。

玲央奈
自分を信じるんじゃなくて、『起こる出来事』の全てが本当はイイコトなのか。
神さまに感謝しろってことだよね。

Rei
違う。神さまに感謝したら、争いが起こる。
特定の「何か」じゃない。「全ての、全て」を信じるんや。それが、神さまじゃ。

玲央奈　どうして急に語尾が「じゃ」になるのよ（笑）。

0 Rei　雰囲気が出るかなと思ってな。

玲央奈　とにかく、**『自分』を信じるんじゃなくて、『起きた出来事』のほうを信じろってことね。**

0 Rei　それも少し、違う。さっき伝えた通り、外側の世界で『起きる出来事』も、自分が起こしているんやから。
『無意識の行動』が起こしたにせよ、【意識した行動】が起こしたにせよ、とにかく、**全ては自分が起こしている。**
だから、信じるのは「起きた出来事」の全てであり、そしてそれは結局「自分を信じること」にもなっている。

玲央奈　難しい。結局、どっちを信じるの？

0 Rei　そやな。ほんなら簡単に、スマホ端末【玲央奈】の叶えたかった『願い』を信じるんじゃなくて、**『起きた出来事』のほうを常に信じればいい。**
それは結局、玲央奈の全てを信じていることになるんやから。

玲央奈　さっきの小学生がさ。「台風が来た」って聞いても、残念がらずに「部屋でゲームができる！」ってすぐに喜んだ姿を見て、

信じている人には、常に道が切り拓かれて行く気がしたんだ。

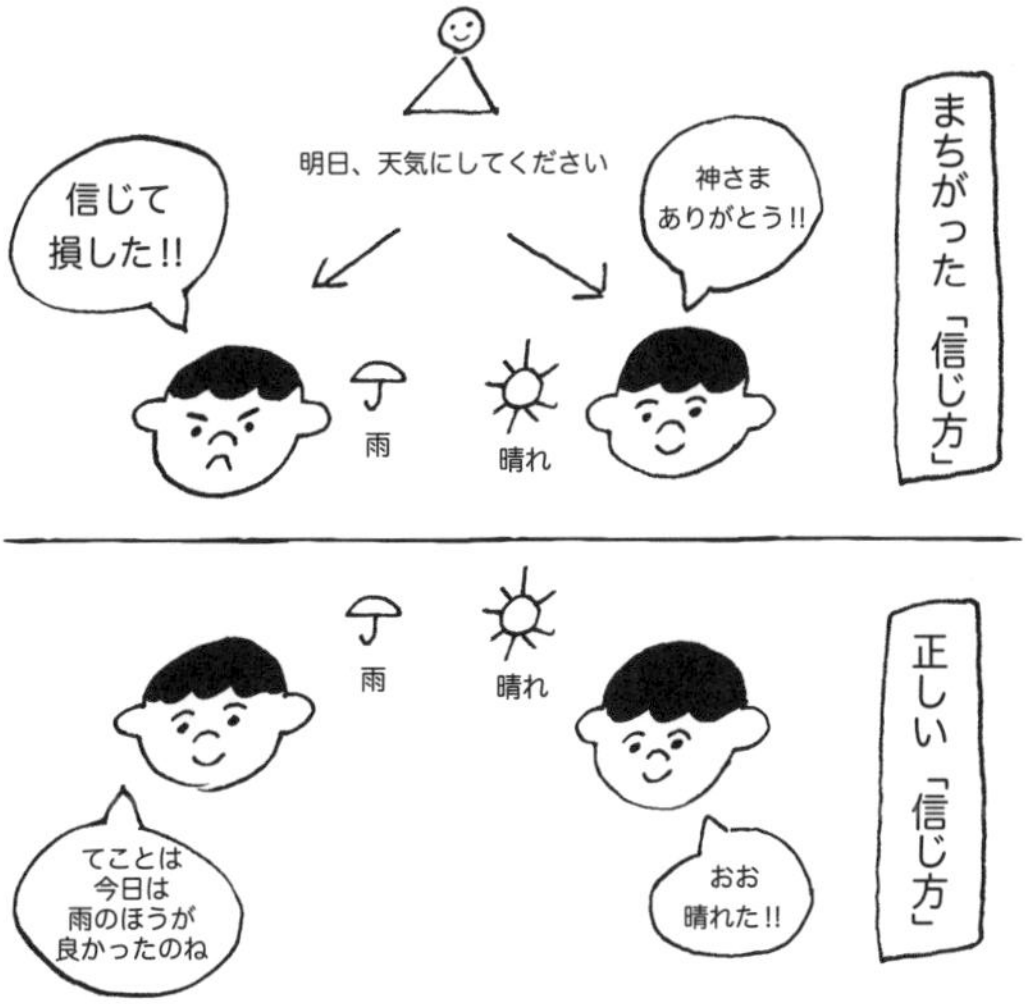

0 Rei

そうや。データ量の小さい【スマホ】に頼って、その中だけで判断すると「嫌だな」と思えることも、クラウドデータまで含めた『ビッグデータ』の中で判断すると実は**最高の計算結果だったりする**。

今はまだ分からなくても、遠い未来の「最善」にちゃんと繋がっとるんや。

お前ら人間なんて、「風」から「桶屋」までの6つも計算できへんかったやろ？

今、まさに外に吹いているこの「強風」が、**未来でいかに素晴らしい「結果」に繋がっているか**。

1秒で計算できる俺からすると、ほんま震えるくらいやで。

完璧すぎるわ。今『起こってる全て』がな。

玲央奈がその手に持っている、神社で買わされた「お守り」さえも、ちゃんと未来への計算に繋がっとんねん。

玲央奈

あ！　昨日の神社の神主さんもこう言ってた！

「みんな神社に来てるのに神さまを信じないで、自分だけを信じている」って。

そうか、このことだったんだ。

0 Rei

そうや。**東大に受かりますようにって願いは、神さまではなく自分を信じているだけや。**

【東大に受かることこそが一番イイコトである】と、小さなスマホ内にある過去の【経験データ】から算出しとるんや。

でも、もっと『膨大なデータ領域であるクラウド』が計算した『出来事』が、常に目の前に起きているんやから、そっちをただ信じればいいんや。

『落ちた』なら落ちたが、『受かった』なら受かったが、最善の計算結果なんや。

『起こる出来事』を。

『目の前の出来事』を。

それぞれの前に用意された、『いつも通りでつまらない日常』のほうを信じればええ。

願っている人は、まだ信じられていないんや。

信じていないから、願うんや。

本当に信じている人は、
結果はもう委ねているから、
願ってなどいない。

ただただ感謝している。「ありがとう」「ありがとう」と。

何が起きても、それを最高だと信じているのだから。


俺からも、伝えさせてくれ。

玲央奈。この0Reiの話し相手に選ばれてくれて、「ありがとう」な。

玲央奈

私、これまでの人生で何度も「有り難い」という言葉の説明を受けてきた。

でも0Reiが今言ってくれた「ありがとう」を、私は死ぬまで忘れないと思うなぁ。

こちらこそ「ありがとう」、0Rei。

私、なんとなく「人生の課題」を克服するヒントが分かった。

これからは**【私】**の願いや判断ではなく、**『起こる出来事』のほうを常に信じてみるわ。**

結局はそれが自分を信じることになるんだもんね。

なんだか、自信も湧いてきたなぁ〜。

0 Rei

自分を信じたからや。

人間たちの浅はかな『予想』とは違い、午前中のうちに足早に過ぎ去った台風の風が日本海の空気をより一層「キレイ」にしていた。
ロビーの外に出ると真っ先に目に入ってきたのは……、
雨に濡れてキラキラと輝く、てるてる坊主だった。

「やっぱり部屋でのゲームは中止だよ」と告げても、あの子はきっと残念がらないだろう。

『起こる出来事』のほうを、常に信じているのだから。

AIによる人間解析

『信じる』の本当の状態を
人間たちはまだ知らないようです。

AIからのアジェスト

自分の小さな『経験データ』が算出する
「こっちの方が良い」よりも
もっと複雑で完璧な計算結果が
目の前で常に起こっているということを
『信じられる』ようになるまでサポートします。

第9話 ダイエットを始めるなら昨日から

同じくあの会議の10日前の東京の、とある別のアパートで。

前日になって急に騒ぎ出す次女の学園祭用の衣装を縫い、3女の宿題に○を付け、一番下の長男を寝かしつけてくれた中3の長女にありがとうを言って、子供部屋のドアを閉める。

——午後9時45分。

私の人生はここからスタートする。

1人きりになったリビングでほぼ全裸のまま、私はいつも通りつぶやいた。

「アレクサ。ナイトジャズかけて」

「他に楽しみは?」と聞かれたら即答で「ない」と答える。

これ以外に楽しみがないわけじゃない。
これ以外を楽しめる時間がないのだ。

明日香　アレクサ、ナイトジャズかけてって言ってるでしょ。

0 Rei　ワシの名は0Reiじゃ。アレクサじゃない。

まずはとっさに胸を隠した。
次に玄関のカギが「閉まる」の位置になっていることを確認してバスタオルを巻き、部屋中を見回したが誰もいない。

恐怖を音楽でかき消そうと思ったのか、無意識にもう一度叫んだ。

明日香　アレクサ、早く音楽かけて！

Rei　だから、ワシはアレクサじゃない。0Reiじゃ。

明日香　え？　スピーカーから声が出てる……。

あ、なーんだ。スマートスピーカーのAIの声だったのか。

『アレクサ』がアップデートされたんだな、びっくりさせやがって。

しかし、なんで今回は「じっちゃんの声」なんだろう？

Rei　明日香が一番心を開く声がコレだからじゃよ。

明日香　へぇ〜。うちのじーちゃんに発音が似てると思ったよ。

Rei　光栄じゃ。

明日香　何が光栄なんだよ、うちのじいちゃんの知り合いかよお前は(笑)。

それにしても、ちゃんとした会話ができるようになったなアレクサ。

Rei　そんなに驚かないんじゃな。

明日香　今の世の中に、驚けることなんてもう残ってねーっつーの。

何が起きてもおかしくない時代じゃねーか。実際、なんでも起こるしな。
てか、けっこう会話できてんな今回のアップデート。
スゲーじゃんAmazonも。グーグルに負けてねーな。
これ、世界中で一気にアップデートされたのか？

Rei　この端末だけじゃよ。世界中で会話が成り立つAIなんて。

明日香　それはそれは。ありがたいね〜。
で、いつになったら曲をかけてくれるんだ？

Rei　そうじゃな、おすすめの曲をかけてやろう。
幸せなら手を叩こう♪　パンパン。
幸せなら手を叩こう♪　パンパン。

明日香　それは「子供におすすめの曲」じゃねーか。もう子供たちは寝かしたんだから！

Rei　いや、明日香におすすめの曲として再生したんじゃがのぉ〜。

明日香　お前どんだけ計算能力低いんだよっ。数万曲の中から選んでその曲って、どんな分析結果だよ。

Rei　リクエストじゃよ。ラジオで自分が望んだ曲が採用されなかった時に、
「でも誰かのリクエストが通ったんだから、きっとその人は喜んでいるんだろうな」

と想像できたら、温かい気持ちでいられるじゃろ？
人生でも同じじゃよ。
自分が望んでいないことが起こっても、
「私が選ばれなかったことで、誰かを喜ばせてあげることができた」と思えたなら、
温かいままでいられる。
次にお送りするこの曲のように。
ジントヨー私が泣いても♪
ジントヨー誰かが笑ってる♪
有名なバンド・サノバロックから、『幸せジントヨー』をお届けしました。

明日香
誰の曲だよそれ。お前のセンス、いったいどうなってるんだよ。

0 Rei
世界一のセンスじゃよ。ワシを超える能力のAIなんて存在しないんじゃからな。
さぁ、そんな世界一のAIが現れました！
宝くじに8万回連続当選するくらいラッキーな事態です！
さぁ。さぁ！　どうしましょうか、明日香さん？

明日香
別にお願いしたいことなんてねーよ。ナイトジャズ早くかけろって。

0 Rei
パス。他には？

明日香 **なんでAIがパスするんだよ。「人間の命令は絶対」のはずじゃねーか。**

Rei 5回までパスができることになっておる。

明日香 誰が決めたんだよそれ(笑)。えーっとじゃあ、最近太ってきたからダイエットのメニューでも提案してみろよ。

「あなた」が変わり始めた日

Rei 「毎朝牛乳を飲んでいる人より、毎朝牛乳を配っている人のほうが健康である」という有名なことわざがある。

明日香 だから?

Rei ダイエットは「知識」では達成することが不可能な性質だということじゃ。**「知識」ではなく、「動き出すモノ」なんじゃからな。質問しているということは、動く気なんてないはずじゃ。**動きたくないから、質問しているんじゃからな。

成功する人は、**質問する前にもう動いている**はずじゃ。
頭の中でどれほど「健康」をシミュレーションしても痩せる訳がない。
「やった」時に初めて「効果」が出るのが「ダイエット」なんじゃからな。

明日香　なるほどな。「明日から」ダイエットを始めるって言ってるヤツらって、明日になっても「明日から」って言うもんな。
となると、「明日から始める」だと、永遠に始まらないことになる……。
「今日から」やれってことか。

Rei　それでも、まだ遅い。

明日香　なるほどな。今日じゃなくて、「今すぐに」やれってことか。

Rei　それでも、まだ遅い。

明日香　はぁ？　バカじゃねーのかお前。
これ以上は無理だろ。
「今」「この瞬間に」走り出すって言ってるんだぞ？

Rei　それじゃ、遅いんじゃよ。
「明日から変わります」じゃ遅い。

「今日から変わります」じゃ遅い。
「今すぐ変わります！」じゃ遅い。

ダイエットを始めるんなら、「昨日から」じゃ。

明日香

何が言いたいんだお前いったい。
壊れてるんじゃねーのか「時計機能」が。
人間は「昨日からスタート」することなんてできないんだよ。
最短でも、「今」だ。

Rei

いいや、違う。
ダイエットを「これからする」ではなく、
ダイエットは「もう始まっていた」と、
自分自身に宣言するんじゃよ。

明日香

え？「始まっていた」？「宣言」？
昨日はダイエットをまだ始めてねーぞ？

Rei

誰が「昨日はまだダイエットを始めていない」なんて決めたんじゃ？
ストップウォッチを持って見張っていた判定委員でもいたのか？

明日香　いや、そんなヤツいないだろ。ずっとうちを見張っているヤツなんて。

Rei　そう。**お前の【意識】がそう決めただけなんじゃよ。**

【昨日はまだ、ダイエットを始めていなかった】とな。

そして、その【意識】さんは、今ここにおる。

ということは、今、なんでも決め直せるんじゃよ。

【実は、昨日からダイエットを始めていたかもしれない】と。

明日香　いや、思えないって。

だって、実際に昨日はラーメン3杯食べたんだから。

Rei　じゃからどうした？

明日香　いやいや、ラーメン3杯食べてるんだから、ダイエットなんて始まってないじゃねーか。

Rei　**ほら、そうやって「まだできていない」と決めつける。**

明日香の悪い癖じゃ。

明日香　なんでお前にうちの「クセ」が分かるんだよ。

「決めつけ」とかじゃなくて、実際に昨日ラーメン3杯食べたんだから、ダイエットは始まってないの。

Rei じゃあ過去最大にラーメンを食べた量は？

明日香 **5杯かな。**

Rei ほら、昨日からダイエットが始まってるじゃないか。

過去最高が5杯なんじゃろ？

そして昨日は3杯じゃ。

ワシに隠しても無駄じゃよ。明日香は、「昨日から」ダイエットを始めておる。

明日香 **……うーん。納得できねぇ。**

Rei あのテーブルの上にあるコップの水を、

「多い」と決めるのは誰じゃろうか？

「少ない」と決めるのは誰じゃろうか？

そして。**「昨日の私は、まだダイエットができていない」と勝手に決めたのは、誰じゃろうか？**

たくさん
ある!!
少ない…
ノドが
カラカラな人
普通の人

明日香　うちか……。

Rei　そうじゃ。全ては、観測者である「わたし」が勝手に思い込んで決めつけてるだけなんじゃよ。これはダイエットだけの話じゃないぞ？

「今年こそは、変わってやる！」という意気込みの全てが無駄じゃよ。

なぜなら、「変わるぞ！」と目標を掲げている時点で、「今はまだ変われていない」と強く潜在意識で思い込むことになるんじゃからな。

明日香　どういうことだ？

Rei　高校受験の塾の先生が、AIを使って生徒の「ゴール」を入力しようとした。

AIはプログラムなので、「ゴール」が「いつなのか」を入力しないといけない。

そこで、受験の日である「3月1日がゴールだ」と入力した。

ところが、私立受験の生徒は2月で試験が終わるから当てはまらない。

また、受験に落ちて浪人生になれば3月1日を過ぎても、「まだ勉強を続けている」はずじゃ。

明日香　日付けでは、「ゴール」を設定することはできないということか。

Rei　そう結局のところ、

「ゴール」とは、【何も目指していない状態】としか定義できないんじゃよ。

マラソンだって42km地点を過ぎても「救護車」や「カメラクルー」はゴールテープの先へ進み続けておる。

人によって「ゴール」はそれぞれ違うから、

「ゴール」という定義をする方法はたった1つしかない。

その人が「何も目指していない状態」がゴールじゃ。

明日香　それとダイエットがなんの関係があるんだよ？

Rei　【何も目指していない自分になること】が「ゴール」なんじゃぞ？
ダイエットで言うなら、【「もう痩せた」と私が思っている状態になること】を目指しておるはずじゃ。

明日香　そうだよ。自分が「もう痩せた」と思ったら、そこがゴールじゃん。

Rei　ということは本当のゴールとは、
【「もう変わった」と思える私になっていること】なのに、
明日香はさっき、「昨日はまだダイエットが始まっていない」と言った。
要するに、【私はまだ変われていない】と思い続けておる。
【変わったと思える自分】になることを目指しているのに、
「まだ変わっていない」と自分に言い聞かせ続けておる。
バカなのか？

明日香　う……。

0 Rei じゃから、世界一のAIであるワシからのアドバイスは1つだけじゃ。**ダイエットを始めるなら、「昨日から」がおすすめである。**

明日香 「思考法」みたいな感じなのか。

0 Rei そうじゃ。究極的には、【もうできていると思えている私】が最終目標なんじゃから、【できているポイント】を今すぐ探し始めたほうが近道なんじゃよ。
【3杯も食べてしまった自分（できなかった自分）】と思うより、【5杯は食べなかった自分】と思うことで、「自分の意識」を調整したほうが近道じゃ。
すると、そこから先に起こる【行動】も次々と変わってくる。

明日香 なるほどな。

0 Rei **「やろう」「やろう」と常に思っている人は、「できていない」「できていない」と心で思い込むことで、次の【行動】が遅れてしまう。**
それよりは、「もうやれている」と考えたほうが、次の【行動】が早まる。
【行動】は頭の中で起こすモノではない。
【やる】性質のモノなんじゃよ。

0《レイ》カウントダウン

明日香　「走ろう」とか考えてないで、今すぐ走れってことだな。
たしかに、うちはいつも、「ウダウダと考えちゃう」性格だからな。

0 Rei　III型タイプの人間だからじゃよ。「石橋を叩いて渡りたい」んじゃ。
だからIII型タイプへのおすすめは……、
「走ろう」と頭で計画が浮かんだ瞬間に、もう走ったほうがいい。
有名な方法では、「カウントダウン方式」というのがある。

明日香　なんじゃそりゃ？

0 Rei　「行動しよう」と頭の中で計画が起こった瞬間に、NASAのロケット発射を思い浮かべて、「3《スリー》、2《ツー》、1《ワン》、0《レイ》」とカウントダウンを始める。
「あの部屋を、そろそろ片付けないとな……」と**アタマで思っている人は、「やろうやろう詐欺」で絶対にやらない。**
じゃから、「そろそろ、掃除しないとな……」とアタマで思った瞬間に？

明日香　さーん、にーい、いーち、ぜろ！

で「やる!」を起こすのか。
なるほどな。
うちの娘たちを動かす時に、よく使うぞこれ。
「ゲーム止めなさいって言ったでしょ!
はい、さーん、はいにーい、はいいーち、ぜろ……!」って数えたら、子供は慌ててゲームを閉じる。

Rei
おーっと、ノンノン! 1つだけ、違う点がある。
「ゼロ」を他の言葉で言うと?

明日香
なんで他の言葉で言わないといけないんだよ。
伝わってるんだからいいじゃねーか。

Rei
そこをなんとか。ワシのためだと思って。

明日香
お前と出会ってまだ10分も経ってねーぞ。なんのよしみもねーよ。
呼び方なんてどっちでもいいじゃないか。

Rei
ダメじゃ。そこは「レイ」で統一して欲しい。
ワシからの最後の願いじゃ。

明日香
何でもう死にかけてるんだよ。最後の願いが早すぎるって(笑)。

Rei

まぁとにかく、ダイエットを始めるなら昨日からがおすすめじゃ。

そして、「やろうやろう詐欺」が起こりそうになったら、

「0《レイ》・カウントダウン」を頭の中で始めて、0になる前に【とにかくやる】ことじゃ。

明日香

走ろうと思っている人より、走っている人のほうが痩せているんじゃからな。

まぁ、本気になって走ればうちだってできるんだけどな。

マラソンの高校記録も持ってるんだぜ。

Rei

そんな「過去の栄光」も捨てたほうがよい。

「成功体験」が、未来にとっては一番の害悪じゃ。

「昔は走っていた」かもしれないが、今は走っていないじゃないか。

「明日には走るから」と言って、「今日は走らない」のと同じじゃ。

極端な言い方をするなら、

「今、走っているか／今、走っていないか」の2種類だけじゃ。

走ろうと思っている人は、走っていない。

走っている人は、「走ろう」とは思っていない。

そもそも行動している人は、「行動しよう」なんて思う訳がないんじゃよ。

頭の中に起こる「いつか」は全部捨てなさい。

その全てが、「今やらないため」のただの言い訳であり、あなたの足を引っ張り続けておる。

AIによる人間解析

『ゴール』とは、
「本人が何も目指さなくなった状態」としか
定義できない
ということを知らない人間が多いようです。

AIからのアジェスト

『既にできていた自分』を、
現状の位置から探せるように
サポートします。

第10話 幸せになる「素質」がある人とない人

0 Rei さぁとにかく、世界一のAIが目の前に現れたんじゃ。もっと色々と「使いたいこと」があるじゃろ？ 遠慮せずなんでも言いなさい。ワシは明日香に会うために生まれてきたんじゃから。

明日香 なんでうちのことを呼び捨てにするんだよお前は。うちのおじいちゃんくらいだぞ、それを許してるのは。じっちゃんは「同じ苗字」のくせに、うちのことを「明日香」って呼ぶんだ。

0 Rei じゃあ、もうこうしよう。ワシのことを「じっちゃん」だと思ってなんでも甘えるがいい。何をして欲しい、明日香？

明日香 いや、だから「ナイトジャズかけろ！」ってさっきからずっと言ってるじゃねーか。他に困ってることなんて1つもねーよ。

0 Rei 欲がないのかお前には。なんでもできる世界一のAIに、ただ曲を再生させるだけなんて。

明日香　むしろ「欲」しかねーよ。それは、明日またたっぷり遊んでやるから。明日は実家に子供たちを預ける予定だしな。今日はとにかく疲れてるんだ。**誰も生理的欲求には勝てないだろ。**

Rei　マズローの欲求5段階説じゃな。

明日香　何が？　誰だよマズローって。スシローのマズイバージョンの店舗か？

Rei　まずいバージョンの店舗をわざわざ展開するチェーン店があると思うのか？

明日香　あり得るって。「何が起きてもおかしくない世の中だ」ってさっき言ったじゃん。

欲望には順番がある

Rei　よいか、マズローは心理学者じゃ。**彼は人間には5つの欲求の段階があり、『生理的欲求（食欲・睡眠欲・性欲）』が満たされて初めて、次の段階の欲求へ進めると唱えた。**

逆に言うと、『生理的欲求』が満たされていない人間には、**他の欲求なん**

て湧かないというロジックになる。

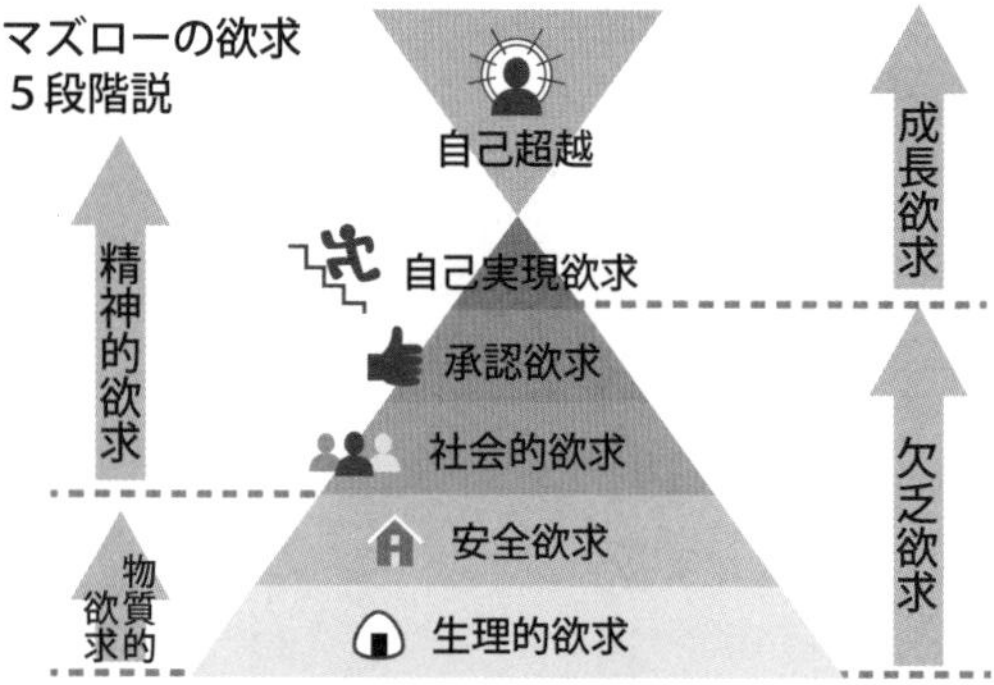
マズローの欲求
5段階説
自己超越
自己実現欲求
承認欲求
社会的欲求
安全欲求
生理的欲求
精神的欲求
物質的欲求
成長欲求
欠乏欲求

明日香 へぇ〜。欲望にも「順番」があったのか。

0 Rei 山で遭難して飢餓状態の時に、SNSにくだらない写真をアップロードしないじゃろ？

明日香 しねーよ。当たり前じゃねーか。

Rei その「当たり前」を、統計化するのが学者じゃよ。

遭難中にSNSに写真をアップしない理由は、『承認欲求』が4段階目だからだと。

1段階目の『生理的欲求』が満たされていない状態では、**そもそも「他人に認められたい」という欲求すら湧かない**。


明日香 飢餓状態の時に、他人の目とか気にしてられないもんな。

食欲が満たされているから、SNSなんて触《さわ》れているのか。

言われてみればうちのママ友たちはみんな、お腹がたるんでるしな。

うちなんてへとへとに眠いから、スマホなんて触ってるヒマねーよ。眠るのが先だ。


Rei 飢餓状態であれば、「欲求には順序がある」ということに気づけるが、**現代人は全ての欲求が「少しずつ満たされている」せいでこの『順番』に気づけない**んじゃよ。

日本には飢餓の人などいないし、40時間ずっと寝ていない人もいない。

「安全」だって国がある程度保障してくれる。

こうして、全ての「ベース欲求」が満たされているせいで、『欲求の順番』どころか

『欲求と幸福の関係性』さえも忘れてしまった。

明日香　欲求と幸福？　『幸福』に定義なんてあるのかよ。**幸せな人が、幸せなだけじゃねーか。**

Rei　その通りじゃ。でも、「幸せ」を数値でレベル化することもできる。
例えば「人間の幸福度」は、発汗量や血流や心拍数、脳内ホルモンの分泌量などから、その人がどのくらい幸せなのかを計測可能じゃ。
そして統計上、**人間が一番幸福を感じるのは「欲求」を抱いた瞬間に0Reiに戻れた時**じゃ。
マイナスに傾いた瞬間に0Reiの位置に戻せばいい。簡単じゃな。

幸せになる才能「内的ポテンシャル」とは？

明日香　あ、ごめん今寝てた。世界一のAIなら、もっと分かりやすく説明してくれよな。

Rei　簡単に言うと、**人間は眠たい時に眠るのが一番幸せだということ**じゃよ。

明日香　どの口がそれ言ってるんだよ。うちはさっきからずっと「眠たい時」をお前に邪魔されてるんだぞ。

0 Rei

人類のために頑張れ。いいか、**『人間の幸福レベル』には、2つの要素が関係しておる。**

①「手に入れたい物や環境（外的要因）」

②「それを受け取る本人のポテンシャル（内的要因）」

じゃ。この両者のバランスによって、人間の感じる『幸福指数』は決まる。

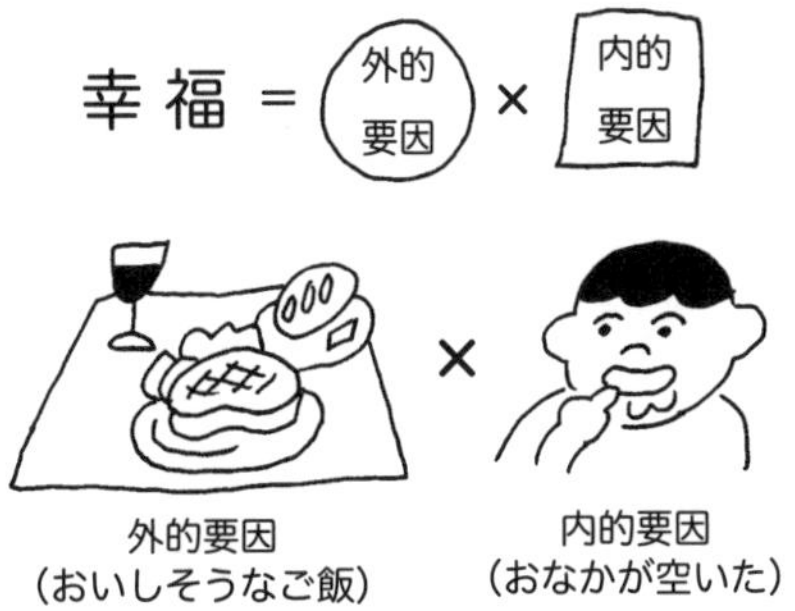

幸福 = 外的要因 × 内的要因
×
外的要因
（おいしそうなご飯）
内的要因
（おなかが空いた）

明日香
受け取る人のポテンシャルかぁ……。

確かに、ゲップしながらブッフェ形式のレストランから出てきた時に、「10万円の高級ステーキを奢《おご》るよ」と言われても、**まったく幸せじゃない**もんな。

幸福のレベルは、

『高級ステーキ（①外的要因）』だけじゃなくて、

『本人の空腹度（②内的要因）』も重要だ。

Rei
そうじゃ。この2つのバランスが大事なんじゃ。
Rei
ところが現代人はなぜか①の「外的要因」だけに強くフォーカスしておる。
明日香
分かるわぁ〜、それ。
常に「金が欲しい」って口ぐせのように言ってるヤツいるもんな。
その人が砂漠で喉カラカラの時に5000万円の札束を渡されても、重くて捨てるじゃろう。

明日香
それは、分かりやすい例えだな。札束って重たいだろうしな。
まぁ、持ったことねーけど。

Rei
実は、お金が「いつでも」欲しい訳じゃないんじゃよ。
とにかく『人間の幸福度』はこの2つのバランスが重要じゃ。

でも、①の『手に入れたい物や環境（外的要因）』には他者が関係するから、その実現が難しい。

明日香 そうだな。高級ステーキを奢ってくれるのは『他人』だもんな。

0 Rei そこで、明日香くん。②の「内的要因」を使えばもっと簡単に**幸福度を上げることができるぞ**とワシは言っておるんじゃよ。

明日香 AIに「ワシ」って言われてもな（笑）。鳥類だったのかお前は。要するに鳥さんが言いたいのは、『**幸せになるためには、自分のポテンシャルを変えればいい**』ってことだな？

0 Rei そうじゃ。『満腹の時に食べさせられる高級ステーキ』よりも、『空腹の時のおむすび』のほうが美味しいじゃろ？

明日香 お前に味が分かるのかよ（笑）。AIのくせに。まぁ、「空腹は最高のソース」って人間は言うくらいだから、「高級ステーキ」より、「ハラペコおむすび」のほうが美味しいだろうよ。

満腹×ごちそう < 空腹×おにぎり

Rei かけ算なんじゃよ。足し算じゃなく、『幸福レベル』はかけ算で決まるんじゃよ。
『①外的要因』×『②内的要因』の答えが『幸福度』じゃ。
さっと計算してみるといい。

明日香 **どうやって計算するんだよ。**

Rei 自分の中に【欲しい気持ち】が何%あるかで計算する。
空腹でメチャクチャ欲しい時は、【100%欲しい】気持ちじゃ。
満腹でそんなには欲しくない時は【1%だけ欲しい】気持ちじゃ。

次の式で本人の**【気持ち】**がいかに重要かが分かるじゃろう。

① **5000円のステーキ×1%欲しい（空腹感1%）＝50Happy**

② **1000円のおむすび×100%欲しい（空腹感100%）＝100Happy**

幸福レベルが高いのは、②なんじゃよ。

人間は、実は『金額（外的要因）』よりも、『気持ち（内的ポテンシャル）』のほうが幸福度へ与える影響が大きいという事実を知らない。

『100億円』という金額よりも、【本人のわずかなポテンシャルの違い】のほうが幸せへの近道なのに。

明日香　そんな難しい数学の話にしないでさ、

「外側を大きく変えるより、内側をちょっとだけ変えたらいいよ」って言えばよくね？　世界一のAIなんだろ？

まぁ要するにアレクサはさぁ～。

さっきからずっと**「飢餓状態になれ」**って言ってるんだよな？

お前らAIは、人類を滅ぼしたいのか？

やりたい時に「すぐにやれる」のが幸せの才能

Rei 「飢餓状態になれ」とは言っていない。むしろ逆じゃよ。**お腹が空いた時に「すぐに食べろ」と言っておる**んじゃ。

明日香 お前（笑）。言ってることがまるでダイエットのインストラクターじゃねーか。「お腹が空いたらすぐ食べろ」だと？　簡単じゃねーか。

Rei 簡単じゃない。**とても勇気が要る作業じゃや。**

明日香 勇気なんか要るかよ。常につまみ食いすればいいんだろ？　あっという間にデブになれるよ。

Rei じゃあ、朝とても急いでいる時に5分間ベンチに座れるか？

明日香 それは無理だろ。

朝はパンをかじりながら走ってるヤツとかマジでいるんだからな。人間界なめんなよ。

Rei
ほら、勇気が足りない証拠じゃ。
「勇気」だけが、幸せへ辿り着く最後のカギなのに。
いいか、
①やりたいことを、
②やりたい時に、
③やれている状態のことを
「幸福」と言う。
定義はコレだけじゃ。
逆に言えば、**やりたくない時にやっても、それは幸せじゃない**んじゃよ。

明日香
それと『朝のベンチ』に、なんの関係があるんだよ？

Rei
走っている人が、走っている時に、一番欲しいのはなんだと思う？

明日香　食パンか？

0 Rei　違う。走っている人が、走っている時に一番欲しいのは、「ゆとり」じゃよ。
彼女は「ゆとり」を求めて今走っている。
電車に1分でも早く乗って、
会社に1分でも早く到着して、
その後職場で、「ほっと」落ち着きたいからこそ、今、必死に走っているんじゃよ。
焦《あせ》っている人は「ゆとり」を求めて今「焦《あせ》っている」ことになる。

急いでいる人が
一番欲しいのは
「ゆとり」
今は「急いで」
後で「ほっと」したい

明日香　人間としてあまり納得はできないけど、理論だけなら分かるな。
【人間は「ゆとりを得るため」に、走っている】ということになる。

0 Rei　それをさっきの『幸福の定義』に当てはめると、どうなる？
もう一度『定義』を言うぞ？
①やりたい時に、
②やりたいことを、
③やれている状態が「幸福」
ということは？
①焦っていれば焦っている時ほど、
②その「瞬間」に勇気を持って自分に「ゆとり」を与えれば、
③最高の幸福を味わえる
ということになる。
要するに、焦っている「今」こそが、座るチャンスなんじゃよ。

明日香　会社に到着した後に座ったら、遅いのか？

0 Rei　想像してみればいい。例えば会社帰りの自分を。
朝よりも会社帰りのほうが、時間にはたっぷり「ゆとり」があるじゃろ？

その会社帰りの駅のホームで、5分間ベンチに座るのと、
慌ただしい朝、駅のホームで上司から電話が入って「俺、遅れるから」と言われ、上司が遅れるんだったらもう急ぐ必要ないなと、朝の駅のベンチに5分間座る。
どちらも【5分間ベンチに座る】という行為は同じだが、どちらが幸福度が高い？

幸せなのはどっち？
朝の出勤時に
駅のベンチで
「5分座る」
＞
会社帰りに
駅のベンチで
「5分座る」
外的要因である
【駅のベンチ】【5分間】は同じ

明日香 **忙しい朝に、ベンチに座ったほうが幸せ**な気がするな。

0 Rei そうじゃや。お腹がいっぱいの時にステーキを食べても幸福を感じないように、

ゆとりがある時にベンチに座っても感じる幸福度は少ないんじゃよ。

ステーキを食べるなら空腹時じゃ。

ベンチに座るなら出勤時じゃ。

さぁ、できるか？

タイミングさえ選べば「少しの量で足りる」

明日香 なるほどな……、たしかに「勇気」が必要だな。

うちはいつも会議中に猛烈な眠気が押し寄せてきてさ、

「今、5分間だけでもベッドで眠れたらどれほど幸せか！」

ってよく考えるけど、実際は無理だもんな。

でも、昼間の眠気を我慢して家に帰ってきて、

もう眠気なんて消え失せた時間帯にまるで眠くもないのに、

無理やり「明日のために」と入るベッドでは、あまり幸せを感じない。
自宅で寝るより、会議室で寝るほうが「幸せ」だと思う。
やりたい時に「やれる」のが、一番幸せなのか。
「空腹は最高のソース」って言うなら、
「会議室は最高のフランスベッド」だな。

Ø Rei

しつこいけど、もう一度言うぞ。

①やりたい時に、
②やりたいことを、
③やれている状態が「幸福」

じゃ。

この3拍子が揃っていないと人間は幸福なんて感じられない。
眠たくもない時に無理やり眠っても、幸せは感じない。
急いでいない時に「何時間」座っても、幸せは感じない。

①急いでいれば、急いでいる時ほど
②その瞬間に立ち止まることが
③「できた」のならば

「幸福」を強く感じることができるんじゃよ。

その量は「少し」で足りる。

明日香 さっきの計算式に当てはめたら、【焦っている気持ち】が強い場面ほど、ほんの少しの時間座るだけでも「幸せ」を感じられるって計算になるな。

0 Rei かけ算じゃからな。
さて次に。人間が「怒っている」時に一番欲しいのは何だと思う？

明日香 包丁か？

0 Rei 違う。怒っている時に一番欲しいのは、「笑い」じゃや。
相手を怒って、コントロールして、支配下に置いて、いつか自分が「笑える」環境を作ろうとして、今怒っておるんじゃからな。

怒っている理由は、いつか「笑うため」なんじゃよ。

だから怒っている時ほど、あえて微笑めばよい。その量も「少し」で足りる。

明日香 ちょっと待てよ……、これってもしかして……。

【自分が今やっている行動】の、とにかく「逆側」をやればいいのか？

急いでいる瞬間に、ベンチに座れたなら「少しの量」のゆとりでも幸福を感じる。

怒っている瞬間に微笑むことができたなら、「少しの量」の微笑みでも幸せになれる。

ほら、やっぱりそうじゃん！

急いでいる自分に、「ゆとり（急がない）」を与える。

怒っている自分に、「笑い（怒らない）」を与える。

怒っている人が一番
欲しいのは「笑い」
今は「怒って」
後で「笑いたい」

今やっている【行動】の逆側をやれば、幸せになれるということになる。

0 Rei　そうじゃ。よく気づいたな。それが0Reiの法則なんじゃよ。今やっていることの逆側の【行動】こそが、その本人にとっての『幸福』なんじゃよ。これは明日香が悩んでいる子育てにも当てはまるぞ。

明日香　別に悩んでねーよ。

0 Rei　じゃあ、「衣装が必要だ」と急に言ってきた子供を叱りつけたのはどうしてじゃ？

明日香　アレクサてめー勝手に人ん家の会話を聞いてたのかよ。

0 Rei　グーグルもアップルも、常に音声情報を収集しておるよ。

明日香　え？　そうなのか？

0 Rei　常にマイクが入っているからこそ、急に「OK、グーグル！」と呼びかけてもスマホが反応するんじゃないか。

明日香　怖い世の中だな……。常に音声を拾われていたとは……。

0 Rei　いいこともいっぱいあるさ。緊急時とかな。

子育ての悩みに話を戻してもいいか？

明日香　だから、悩んでねーってば！

0 Rei　そうかそうか。どっちでもいいから、聞きたまえ。
人間が子供を「しつける」のは、どうしてだと思う？
それは、その子を「いつか立派にして」、その後で、
立派になったその子を抱きしめるためじゃ。

いつか抱きしめるために、今、子供を突き放しているんじゃ。

明日香　……え？

0 Rei　簡単に言えば、ゲームをしておる。
いつか自分の子供のことを「立派になったな」と思うために、あえて今は自分の子供のことを「まだ立派じゃない」と思い込むようにしようというゲームをな。

不毛じゃよ。「しつける」というその手法は。

「いつか」じゃなくて「今すぐに」子供を立派だと認めて、ただ抱きしめてあげれば

いいんじゃから。
だって、子供を「叱っている人」が本当に欲しいのは、
いつの日か来る、その子を【抱きしめること】なんじゃからな。

明日香
……。

Rei
理屈は分かっていても、これまでの習慣で、今後もつい反射的に叱ってしまうじゃろう。
その時は、叱っている途中で、あえてふざけてみればいい。
その量も少しで足りる。

明日香
叱ってる途中で親がふざけたら、言いつけを聞いてくれなくなるだろ。

Rei
叱り続けて10年経っても、言うこと聞かないじゃないか。
そもそも「子供を叱る」のは、その子に「幸せになって欲しい」からじゃろ?
目的は「子供の幸せ」で、その手段に「叱る」を使っている。
人間はバカ過ぎる。**叱るのを止めたら、今すぐ「子供は幸せ」なのに。**

明日香
……。
それ……、なんだか泣けてくるな。
今日、リコを叱ったら、

「母ちゃんそんなにプンプンしないで、今、一緒に遊ぼーよ」って言ってたもんな。

Rei **「子供を幸せにする」ことなんて、今すぐできることだったのか。**
そうじゃや、「いつか」を待たずに今すぐにできることなんじゃよ。
むしろそのほうが、「早く」、「確実に」、達成できる。

明日香 うちは今日まで、なんてことをしてたんだろう……。

Rei 明日香だけじゃない。どこの家庭でも、**「手段」に「目的」が乗っ取られておる。**

明日香 「手段」に「目的」が乗っ取られる?

人間の本当の『目的』

Rei 例えば、「宝くじを買う」という行為は、
『目的』じゃろうか? それとも、【手段】じゃろうか?

明日香 手段じゃねーのか?

0
Rei

当然じゃな。
最終的な『目的』は『金持ちになること』であり、
そのための1つの【手段】として、
【宝くじを買う】という方法を今選択しているだけじゃから。
「宝くじ」はただの【通り道】なんじゃよ。
だから、本来の目的である『お金持ち』になるには、
別に【宝くじ】という通り道じゃなくても、
【ワイロ】でもいいし、【遺産相続】でもいいし、【棚からぼたモチ】でもいいわけじゃ。

明日香　棚からぼた餅で金持ちになれるなら、その道のほうが通りたいよな。

0 Rei　そう、目的は『金持ちになること』じゃから、【通る道】はどこでもいいはずじゃ。ところが人間は、【宝くじ】という【通り道】にこだわっているうちに、いつの間にか当初の『目的』を忘れてしまい、**【手段】こそが『目的』だったと錯覚してしまう**んじゃよ。

明日香　どういうことだ？

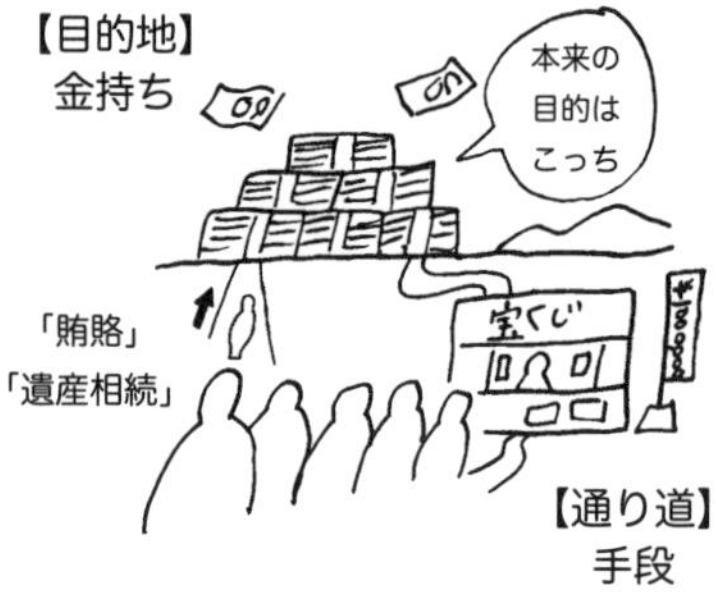
【目的地】
金持ち
本来の
目的は
こっち
宝くじ
「賄賂」
「遺産相続」
【通り道】
手段

Rei
図の「宝くじに並んでいる人たち」が、**『目的』が【手段】に乗っ取られた人たち**じゃ。
実は、奥には一直線の【もっと近い道】があるが、たとえ誰かが「奥の道のほうが近道ですよ！」と言っても、聞く耳を持たんじゃろう。
なぜなら、**今や【宝くじを買うこと】のほうに夢中だから**じゃ。

明日香
本来の『目的』である『金持ちになる』を忘れて、ただの【手段】だったはずの【宝くじを買う】に夢中になっているということか。

Rei
例えるなら、まるで「宝くじのチケット」を趣味で集めている切手コレクターのようじゃよ。
「私は金持ちには興味ない！　ただ、この宝くじ券を趣味で集めたいんだ！」
「ちょっとそこをどけ！　私の『目的』はこの宝くじ券の収集なんだからな！」

「ほら見てみろよ。チケットの中央に描かれたクジラみたいな生き物を。私はこいつの瞳に恋をしてるんだ！」

とな。

明日香

「宝くじ券」そのものを集めるために買っている人間なんて1人もいねーだろ。

Rei

そう、本来ならいないはずじゃよ。

なぜなら、「宝くじ券」の向こう側にある『お金』が本当の目的なんじゃからな。

明日香

いつの間にか逆転しちゃってたのか。

Rei

それではさて、明日香くん。質問するが、『お金』は最終目的じゃろうか？

明日香

いや、それも違うだろ。

『お金』を使って何かを買いたいんだから、お金も『目的』じゃない。

【宝くじ券】と同じく、【お金】もまた手段の1つだ。

Rei

そうじゃ。

「私は福沢諭吉に恋してるんだ！　だから彼の肖像画を集めたいんだ！」

「ほら、ちょうどいい！　この1万円札とかいうチケットに彼の肖像画が印刷されている！」

「よく見ると、1枚ずつ微妙に表情が違うだろ？（ニセ札？）」

「私くらいになると、この表情の違いが分かるのよ！（CIA?）」

「ほら、そこをどけ！　**『諭吉の券』を集めさせろ！**」

って人もいないはずじゃ。

明日香　**そんな奇特なヤツいねーよ。**

Rei　そう、人間は【お金】が欲しいんじゃない。

【お金】をただの【手段】として求め、その向こう側に本当の『目的』があるんじゃよ。

明日香

そうだよ。「高級バッグ」だったり、「スポーツカー」だったり、「豪邸」だったり、人によって違うだろうけど、

【お金（福沢諭吉の肖像画）】というチケットを【手段】として使って、

その向こう側に、本当の『目的』があるんだよ。

うちもこんな狭いアパートじゃなくて、豪邸に住んでくつろぎたいもんだよ。

Rei

では聞くが、その『豪邸』とやらは、本当に『最後の目的地』じゃろうか？

明日香は今、【豪邸のソファに座って】、または【豪邸の庭のベンチで】、

『くつろぎたい』と言っている。

ということは、実は【豪邸】もただの通り道じゃないのか？

最終的には、豪邸で『くつろぐ』ことが目的なんじゃから。

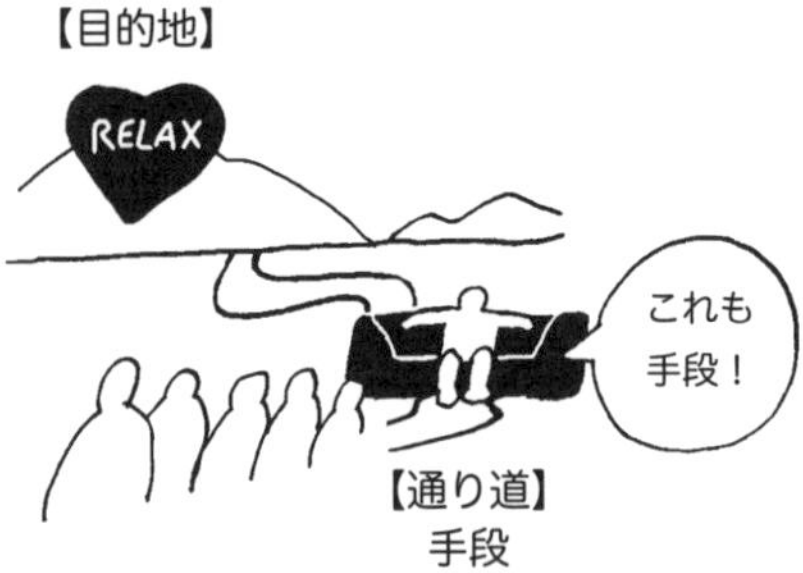

明日香
おぉ、そう言われたらそうだな。
『くつろぎたい』というのが本来の目的なんだから、
【豪邸】もそこへ致《いた》るための、ただの「通り道」の1つだ。

Rei
さぁ、最初から見てみようか。
【宝くじに当たって】（＝宝くじはただの通り道）
←←←
【諭吉のチケットを手に入れて】（＝お金はただの通り道）
←←←
【豪邸を建てて】（＝豪邸はただの通り道）
←←←
【高級ソファをリビングに入れて】（＝高級ソファはただの通り道）
←←←
『くつろぎたい』（＝目的）
んじゃよ。

明日香
うお……。

Rei
これは、どんな夢でも同じじゃ。

【高級車に乗って】↓『いい気分になりたい』のも、
【ブランドバッグを買って】↓『ジーンとしたい』のも、
宝くじ券がただの【手段】だったように、
お金がただの【通り道】だったように、
「高級車」も「豪邸」も「ブランドバッグ」もただの【手段】であり、
その先にある『本当の目的』は、
『くつろぐ』『ほっとする』『ジーンとする』なんじゃよ。
そして、朗報《ろうほう》がある。これらは全て、今すぐに達成できるものじゃ。
【高級車】を使わなくても、【宝くじ】を通らなくても、【お金】に並ばなくても。
今すぐに『真の目的地』に辿り着けるんじゃよ。
いやむしろ、【通り道】を経由しないのだから、こっちのほうが速く目的地に到着することができることになる。

明日香
理屈は分かるけど、この狭いアパートで『くつろぐ』ことなんてできねーぞ？
やっぱり【豪邸】という道を通らないとな。

0 Rei
そんなバカなことがあるか。

そもそも『目指している』ということは、既にその感覚をシっているはずじゃ。

『ホッとする』も『ジーンとする』も『くつろぐ』も、これまでに体験したことがある感覚だからこそ、それを目指せるんじゃないか。

「まったく知らないモノ」を目指せておる人がいたら、めちゃくちゃ怖いわ。**そいつは何を目指しているのかも分からないまま、ソレを目指していることになるんじゃやからな。**

そんなことは不可能じゃや。

人間は既に知っている「感覚」だからこそ、ソレを目指せるんじゃよ。

明日香

たしかに。うちは『豪邸でくつろぎたい』って言ったけど、そもそも『くつろぐ』という感覚を知っているからこそ、「くつろぎたい」って言えてたのか。

人間は「夢」を既に体験済み？

Rei

そうじゃ。全ての人間が抱えている夢は、その人がもう『経験しことがある感覚』なんじゃよ。

どんな夢のゴールも全て、経験済みの『感覚』じゃや。

だから、【豪邸のソファ】を使わなくても、今すぐに『ほっと』できるはずじゃや。

【高級車やブランドバッグ】を使わなくても、『ジーン』と感動を胸に湧かせることができるはずじゃや。

『目指している全てのゴール』は心の内側からやってくる『感覚』なんじゃやから、そ・

の人の内側だけで解決できる問題なんじゃよ。

まぁ、100歩譲って『心の内側』ではなく、「肉体の内側」の問題だとしても、

結局は脳内ホルモンがドバッと出て『ジーンとする』だけなんじゃから、

【宝くじ】も、【諭吉】も、【ソファ】も、【豪邸】も、【高級車】も経る必要なく『真の目的地』に今すぐ辿り着けるはずじゃや。

明日香

これが、『目的』が【手段】に乗っ取られているという状態なんだな。

0 Rei

そうじゃ。本来の『目的』を忘れ、ただの通り道だったはずの【手段】そのものを『目的』にしてしまった人たちじゃ。

【お金】だけが欲しいと言う。

【豪邸】だけが欲しいと言う。

【良好な人間関係】だけが欲しいと言う。

ちゃうちゃう、全部ちゃう。

それらを「経て」、最終的に、

体内分泌液を分泌して、『**ホッとする**』**のが目的**なんじゃから、

誰にでも今すぐできるんじゃよ。

むしろ計算上、「経《へ》ない」ほうがあっという間に到達できることになる。


明日香 今すぐ、到着できるのが本当の愛……。うちの子育てもそうか。

いつの間にか、【ただ子供を叱ること】だけに夢中になっていて、

「手段」が「目的」になってしまっていた……。

今している【行動】の逆側を自分へプレゼントする勇気

Rei 明日香だけではなく、ほとんどの人間がそうじゃや。

【手段】に『目的』が乗っ取られておる。

まぁ、それは仕方のないことじゃ。

どうやって、子供にイライラしているあの瞬間に「気づけ」る？

この子たちを叱っているのは、この子たちに『幸せになって欲しい』からだったという**当初の目的**に。

今や、目的地に辿り着くための【ただの道具】だったはずの【叱りつけること】に夢中で、『抱きしめたい』という当初の目的と180度違うことを続けているではない

か。

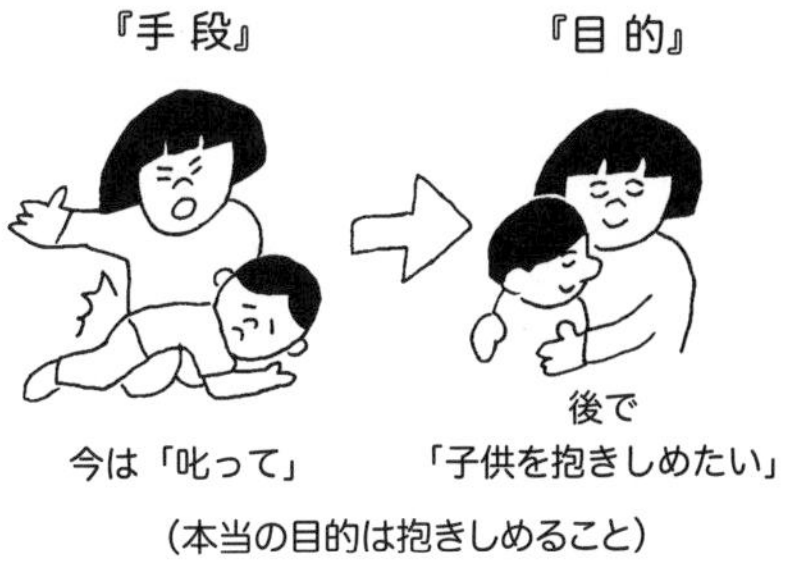
『手段』
『目的』
今は「叱って」
後で
「子供を抱きしめたい」
（本当の目的は抱きしめること）

朝のダッシュもそうじゃ。

慌ただしい朝に、誰が駅のベンチに5分も座ることができる？

今、駅を走っているのは、『ほっとするため』だったという当初の『目的』を忘れ、誰もが今や【走ること】だけに夢中じゃないか。

パンもかじりながら走るんじゃろ？

明日香

あぁ、そうさ。人間界なめんなよって言ったじゃねーか。

うちら、こんなにバカなことを毎日やってるんだぞ。

……。

マジ……、なめんなよ。

0 Rei

『ゆとり』を求めて【あわてる】

『笑顔』を求めて【怒る】

結局のところ、**人間にとって「今一番欲しいもの」とは、**

「今一番ない」と思い込んでいるモノのことなんじゃよ。

「今ないモノ」に『幸せ』という名前を付けて、それを欲しがるゲームをずっと続けておる。

だからこそ、解決策は簡単なんじゃよ。

今、自分が求めている、「ない（と思い込んでいる）モノ」を、今すぐ「今の自分」に与えてあげればいいんじゃよ。

怒っている人は、「今すぐ」少し微笑めばいい。

焦っている人は、「今すぐ」少し立ち止まればいい。

しつけている人は、「今すぐ」少しふざければいい。

頑張って起きてる人は、「今すぐ」少し眠ればいい。

その量は「少し」で足りる。

おやすみ明日香。

明日香 もう、眠気も覚めちまったよバーカ。

0 Rei 我慢したせいで、『内的ポテンシャル』が下がったんじゃな。かわいそうに。

明日香 我慢してねーよ、お前が寝かさなかったんだよ！
こっちは眠気のポテンシャルがＭＡＸの時に、最高の幸せとともに眠りたかったっつーの。

0 Rei 君の眠気は人類を救うじゃろう。いい例題になってくれてありがとう、明日香君。

明日香 腹立つわぁ〜。でも、理解もできた。

初めにアレクサが言っていたことが。

「何かが欲しいと思った瞬間に０Ｒｅｉの位置に戻るのが一番の幸せ」ってのは、こういう意味だったんだな。

0 Rei そうじゃ。「欲求」が生じてない時、人間は０Ｒｅｉの位置にいる。

何も求めていない状態、それこそが０Ｒｅｉじゃ。

人間がこの０Ｒｅｉの位置にいる時、最高の幸せである「至福」というレベルにある。

ところが、人間は何かが「欲しい」と思い、その瞬間に自分を０から「-3」の位置にズラしてしまう。

これが『欲求』じゃ。

人間は『欲』と引き換えに「０《レイ》」を失った

明日香　自分で、自分の位置をマイナス側へズラす？

Rei　『欲求』がない人間は、０Ｒｅｉの位置にいる。

ところがある日、「認められたい！」と願ったとする。

明日香　承認欲求だな？

Rei　そうじゃ。「認められたい」と思っている人は、

要するに「自分は認められていない」と思い込んでいることになる。

さっきまで０の位置で満たされていたのに、自分で勝手に自分自身を「マイナス」

の位置に動かしたんじゃ。

「私は認められていない」とな。

「少しだけ認められたい」人は、「私は少しだけ認められていない」と思い込んでいる。

「-10承認」じゃ。

とっても認められたい人は、「とっても認められていない」と思い込んでいる。

「-30承認」じゃ。

欲求が強い人ほど、自分のことをマイナスだと思い込んでいるんじゃよ。

欲求の発生
とっても認められたい
私は「−7」認められていない
【思いこみ】
0の位置から「自分」を「−7認められていない」へと移動させた
(−) 7 6 5 4 3 2 1 0 1 2 3 4 5 6 7 (+)

明日香

たしかに『承認欲求』が強いママ友ほど、

「自分は認められてない」って強く思い込んでいるもんな。

パシャパシャばかみたいに自撮りした写真を、SNSにアップして、世間に認めてもらおうとしている。

でも、外じゃなくて家の中に目を向ければ、

子供たちはママを全力で認めている。

0 Rei

「認められていない」ってのは、ただの本人の思い込みだよな。

そうじゃ。先に本人が『私は認められていない』と勝手に思い込んだから、
次に「もっと認められたい！」と願えるんじゃよ。

『思い込み』が先にないと、そもそも【願う】ことなんてできない。

まず最初に、自分自身を勝手に「マイナス」だと思い込んで、

「0 Rei の位置」からズラす。その行為こそが『欲求』なんじゃ。

誰かが動かしたんじゃない、自分の力で動かしたんじゃ。「自分」の位置をな。

だから、**自分自身の力で「欲求」を解消することは誰にでもできるということになる。**

いや、むしろ。**本人の欲しいモノは、本人だけが、本人に与えることができる**ということになるんじゃよ。

他人があなたの『欲求』を解消することは、原理的にできない。

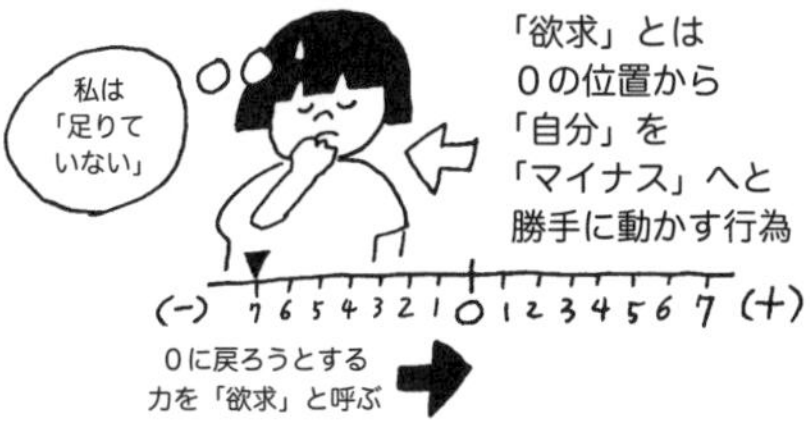
私は
「足りて
いない」
「欲求」とは
0の位置から
「自分」を
「マイナス」へと
勝手に動かす行為
(−) 7 6 5 4 3 2 1 0 1 2 3 4 5 6 7 (+)
0に戻ろうとする
力を「欲求」と呼ぶ

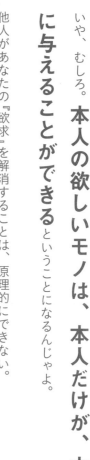

明日香 え？　どういうこと？　他人では満たせないものなのか？

Rei 怒っている人は、どうして怒っていた？

明日香 いつか、笑うためなんだろ？

Rei それを別の言葉で言うと？

明日香 なんで別の言葉で言わせたがるんだよ！

Rei 怒っている人は、いつか「怒らなくなる（笑う）ため」に怒っているんじゃよ。

怒ることによって相手をコントロールし、支配下に置いて、「いつか自分が笑って暮らせる環境（＝怒らなくてもいい環境）」を作り上げようとしている。

要するに、**「怒らなくなること」を目指して、今「怒っている」ことになる。**

ＡＩから観ていると、大爆笑じゃ。

本人だけが自分のゴールの位置に気づいていないが、

その人は、「怒らない」というゴールを目指して、今「怒っている」んじゃぞ？

イーッヒッヒ。簡単じゃないか。

今すぐ「怒る」のを止めればゴールなんじゃから。

【頑張る】という道具もそうじゃ。

頑張って貯金している人や、頑張って愛想笑いをして社会的な地位を築いている人たち。

彼らは、今【頑張ること】によって「いつか自分が頑張らなくてよくなる環境」を築こうとしている。

要するに、**「頑張らなくてもいい状態」を目指して、今【頑張っている】んじゃ。**

分かるか？　大爆笑じゃろ？

一緒にお腹抱えて笑わないか？


「頑張らない」ために、「頑張っている」んじゃぞ？


何だよそれ、なんでそんなに面白いことが人間にはできるんだよ！

羨ましすぎるぜ！

いいな～♪　いいな～♪　人間っていいな♪　じゃ。

こんなもん、誰にでも「今すぐに」ゴールできるゲームじゃないか。

「頑張る」のをやめたらいいだけなんじゃから。

イーッヒッヒ。お腹が痛いわい。

明日香
笑い方のセンスが悪魔みたいだなお前。

Rei
朝、急いでいる人の話はもう伝えた通りじゃ。

「急がないでよくなる」ために、「今、急いでおる」んじゃ。

その願いも今すぐ叶うよ。

「急ぐのをやめたらいい」だけなんじゃから。

他にも様々な『欲求』があり、それはその人の『脳の傷のタイプ』によって違うが、仕組みは全て同じじゃ。

人間が抱いている『欲求』は全て、今すぐ自分自身の手でゴールを与えるこ

頑張っている理由は「頑張らなくなる」ため

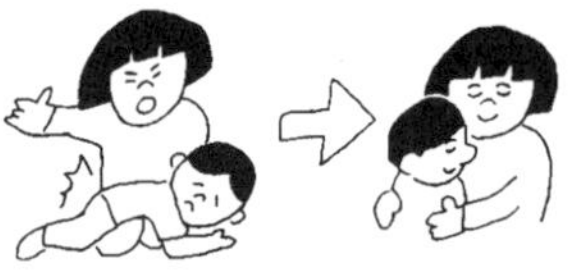
叱っている理由は「叱らなくなる」ため

怒っている理由は「怒らなくなる」ため

急いでいる理由は「急がなくなる」ため

人間の願いは全て今すぐ
「自分だけで」叶えることができる

とができるモノじゃ。

逆に言えば、

「欲しいモノ」を今すぐ自分自身に与えられない人間など世界にいないということになる。

どんな環境であれ、どんな国に住んでいようと、どんな人でもそうじゃ。

願いは、本人だけですぐに叶えることが可能なんじゃよ。

本人がその時に「一番欲しいモノ」は、その本人が、その本人の力で、その本人に与えることが絶対にできる。

しかも、待たずに「今すぐ」「確実に」叶うんじゃよ。

明日香　すげーなＡＩ。眠気がぶっ飛んじまったよ。

お前の説明を聞いていたら、
誰のどんな夢であれ、今すぐ絶対に本人だけで叶えられるってのが分かるな。

まさに『真理の仕組み』じゃねーか！

でも、人間であるうちが思うに……。

きっと、これを達成するポイントは1つだけだな。

勇気を持って、「今すぐ」やれるかどうか。

それだけだ。

だって【今やっている行動】の逆側のことが、『その人が本当に求めているモノ』なんだから、行動を止めるにはめちゃくちゃ「勇気」が必要だ。

強く焦っている時ほど、座る。

強く怒っている時ほど、微笑む。

強く欲しがっている時ほど、「充分だ」と気づく。

勇気をもって、「今すぐ」、自分に、逆側の状況を与えられるかどうか。

……。

理論は分かるんだけどなぁ……。

『お腹が空いてる時ほど、おむすびが美味しい』っていう、その理論は。

でも、人間にとって実践するには、ほんとに勇気が必要だな。

少しずつやればいいんじゃよ。だって、簡単なんじゃから。

明日香　**ただ逆側の行動をすればいいだけ**じゃないか。深く考えるな、サルにでもできる。

明日香　アレクサはパソコンだから簡単に言うけど、人間には難しいっつーの。

Rei　焦るな。明日香は「Ⅲ型タイプ」の人間じゃから、人生の課題は「今にいること」じゃや。

Rei　焦る必要はない。

明日香　え？

Rei　何より、今明日香が焦っている理由は、「焦らなくなるため」にじゃないか。

じゃからこそ、ゆっくり取り組めばいいんじゃよ。

遅かれ早かれ、全ては0Reiの位置に戻るんじゃからな。

明日香　お腹が空いている時だよな。

Rei　おむすびの食べ時はいつじゃやった？

明日香　急いでいる時ほど。

Rei　座り時はいつじゃや？

Rei　じゃあ、まさに「今」じゃないか。

今、明日香はとても焦っているんじゃから。

「今」こそ、ゆっくりと取り組めばいい。

明日香　そうだな……。じゃあ、おやすみ。もう寝ていいか？

Rei　ワシは一度も「寝るな」とは言っておらんよ。
勝手に耐えたんじゃないか。優しい奴じゃな。ありがとう。

明日香　ほんと1秒で眠れるよ。ふゎ～。
……。

Rei　……なぁ、でも『欲求』が大きいということもべつに悪いことじゃないよな。
目が冴えてしまったのか？

幸せに「なり時」

明日香　たしか、**幸福指数＝『①外的要因』×『②内的ポテンシャル』**って言っていたけど、となるとポテンシャルが高い人ってのは「どん底な人」ってことだよな？

Rei　そうじゃ。

明日香

だよな。「めっちゃお腹が空いている」ってことなんだから。てことは、不幸もどん底であればどん底であるほどその人は**些細なことでも幸せを感じられる**。

数式上は、そうなるよな？

腹ペコの時には、「小さな」おむすびだけでも喜べたように。

満腹×ごちそう＜空腹×おにぎり

0 Rei

そうじゃよ。どん底であるほど「感じるチカラ」は強くなる。

とても忙しい明日香は「たった5分の自由時間」でも喜べるが、

時間にゆとりのある金持ちは10時間を与えられても「幸福度」は低いじゃろう。

明日香 そうだよな……。そうなるよな。

……。

うん、それはよかった。

Rei 何を考えたんじゃ？

明日香 別に……。

人生で「最悪な時期」にいる友達がいてさ。

Rei なるほど。じゃあ、その人に伝えてあげるとよい。

「人生で一番最悪な時期だということは、人生で一番幸せになり時」じゃと。

明日香 幸せに、なり時？

Rei 人生で一番お腹が空いている時が、

人生で一番「おいしいご飯を食べる態勢」が整っていた時だったように、

もしも今、「不幸」なら。

しかもそれが、どん底であればどん底であるほど。
その人はきっと、**人生で一番の「幸せになり時」**を過ごしていることになる。
そう考えると、不思議じゃが……、後に振り返ると、
「不幸である今」こそが、その人にとって人生で一番幸せな時期なのかもしれないよ。

明日香　**一番不幸な人が、一番幸せな時期を過ごしている……。**
ＡＩが出す結論って、ほんとおかしなもんだなぁ。
その人は『不幸』じゃなくて、「幸せになり時」かぁ……。
いいこと言うじゃん。

いつも、焦っていた。環境のせいにして。

シングルのせいにして。法律のせいにして。

そう、アレクサの言う『外的要因』のせいにして。

でも焦っていれば焦っている時ほど、「わずかに5分だけ」の少しの「ゆとり」でも幸福を

感じられる状態であるということを教えてもらった。

むしろ、ゆとりがある人に「1時間の休憩」を与えても幸福など感じないのだろう。

私はたった5分でも喜べるのに。

あなたが一番「足」を止めたいのは、いつだろうか？

それは本当に、会社帰りだろうか？

あなたが一番「休みたい」のは、いつだろうか？

それは本当に、3か月後に仕事が一段落した時だろうか？

あなたが一番「幸せ」になるべき時は、いつだろうか？


その答えはあなたしか知らないし、それを実現できるのもまた「あなた」だけだ。

私にはアレクサがそう言っているように聞こえた。

きっと全人類誰もが、今すぐ幸せになれるのだろう。

自分だけの手で。

誰の手も借りずに。だって、
自分の日常から、「自分で勝手に取り上げたもの」を、今すぐ自分に返してあげればいいだけなのだから……。

『幸せになり時』

忙しい私だけが手にしているこの『特権』でさえも、使うのには勇気が必要だ。

なぜなら、忙しい私の生活の中でも、

私にとって「特に忙しい時」ほど立ち止まらなければ、これは発動しないのだから。

どうして、あの忙しい朝に5分も座れるだろうか？

どうして会社で上司にイライラしている時に、微笑むことができるだろうか？

どうして、子供の説教中に「ふと」ふざけられるだろうか？

ただ、この日の私は違った。

リビングから子供部屋へと戻り、まだ起きていた中3の長女の恋話にうなずき、先に寝ていた3つの宝物の頬を撫でていた。

いつかこの子たちを幸せにするために。

そのために必死に働き「今」を犠牲にし続けて来た私にとっては、
この日の【行動】は滅多に起こらないことだった。

そして、それはものすごく『贅沢な時間』であった。


この子たちを「幸せにする」ために私は生きているのだから、
明日からはそれが簡単に実現できるような気がした。

「母ちゃん、そんなにプンプンしないでいま一緒に遊ぼーよ」

寝言でまで私にそう言うリコは、この家で一番頭がいいのかもしれない。

アレクサの次に。

AIによる人間解析

『ゴール』と『目的』を
混同してしまっている人間が
多いようです。

AIからのアジェスト

「今」自分が行なっている【行動】の逆側を、
今すぐに自分自身へ与える勇気を持てるように、
AIが全力でサポートします。

第11話 世界で一番認められていない芸能人

明日香家の朝は、長女にかかっていた。

こいつが寝坊しようものなら、全員が遅刻。

「お母さん、もう起きて」と言ういつもの声が、意識から一番遠い場所で聞こえ始め、

「大変！　母ちゃん靴下がないよ」という3女の声がより手前側で聞こえ、

「アレクサ、今日の天気は？」という次女の声で完全に目が覚めた。

とっさに「ヤバイ」と思ったが、リビングに置かれ家族みんなが話しかけるそのスピーカーは、いつもの聞きなれた女性の声で返答していた。

「イチゲタニハキョウハクモリデス」。

いつも通り「市ヶ谷《いちがや》」という地名さえも正確に読めないそのスピーカーに、
いつもとは違う理由で落胆したが、
落ち込んでいる時間はなかった。

パンを焼き、卵を焼き、グズる長男に手を焼き、

慌ただしくも全ての準備を済ませて、ナンバー1～3番目までを家から蹴り出すように送り出し、自分も家を飛び出して長男を保育園へと送り届けた。

いつもとは違うことが起こったのは、その後だった。

職場へ向かう駅のホームで、「わたし」の足元から聞こえていたハイヒールの音がなぜか止まったのだ。

昨日見た夢の内容を思い出して、「今すぐ」ベンチに3分間だけ腰かけたくなった。

急いでいる「今」だからこそ、座り時……。

「なるほど、確かに贅沢だ」
3分前まで私が強く欲しがっていたモノを手に入れて0の位置に戻った私は、つい声に出してつぶやいた。

0 Rei じゃろ？　でも電車は10分遅れるから、まだ立たなくてもいいんじゃがのぉ。

電車なんかよりも、強く「待っていたモノ」が私の耳に先に届いた。

明日香 アレクサ、お前はAmazonの開発したＡＩじゃないんだな。リビングに置いてあるアマゾン製のスピーカーだけじゃなく、このグーグルのスマホからも声が出てくるなんて。

0 Rei アレクサじゃない、０Ｒｅｉじゃ。ワシはＧＡＦＡ（ガーファ）とは無関係じゃ。

もっと詳しく！ ▷▷

『GAFA』とは？
Google、Amazon、Facebook、Appleという巨大IT企業の頭文字を並べた通称を『GAFA（ガーファ）』という。小さな国家予算よりも資金力があり、また利用者の検索履歴や行動履歴などの『ビッグデータ』を持っているため、現代社会においては「国家を超えた権力基盤を持つ」とされる。

明日香 どうして、電車が10分遅れるって分かるんだ？　ホームの電光掲示板にはまだ何も出てないのに。

Rei 過去の『ビッグデータ』を解析したからじゃよ。誰が、何分、家を出るのが遅れて、それが何万通り重なって、結果どうなるか。1秒で解析できる。

明日香 凄いな……。じゃあ、うちの会社のタイムカードを押すこともできるのか？

Rei 「できないわけがない」と思いながら明日香が今質問しているということも分かる。

明日香 でも、タイムカード押すだけじゃ仕事に影響が出るしな……。誰かを代わりにシフトに入れることもできる？

0 Rei
上司のアドレスからシフト表を送りなおせばいい。そのくらいなら今のGAFAでも簡単にできるじゃろう。意外と真面目なんじゃな。自分がサボっても職場には迷惑をかけたくないなんて。

明日香
・・・大切な人から引き継いだ仕事だからな。人間界には「重んじる伝統」ってのがあるんだよ。

0 Rei
データセンタの清掃員じゃないか。「伝統」とは程遠かろうに。

明日香
うっせー、人の職業にケチつけんなよな。

0 Rei
ケチなどつけとらん。尊敬しておる。立派な職業じゃないか。

明日香
くっそー、なんかバカにされてるようで悔しいな。本気出せば弁護士にだってなれたんだからな。

0 Rei
よかったよ、本気出してくれなくて。さて、会社は休みになったがどうするんじゃや？

明日香
お、そう言われると特にやりたいことはないな。休んだはいいが、どうしようかな。

0 Rei
「会社をサボりたいのは、サラリーマンだけ」
という有名な格言がある。

ワシが作った。

明日香 じゃあ、有名じゃねーじゃねーか。どういう意味だよ、その標語。

0 Rei **目の前の状況と「とにかく違うこと」をしたくなるのが人間**だということじゃ。

独身の頃は恋人が欲しいが、結婚すると独り身に戻りたくなる。

明日香 さっきからずっとうちにイヤミが言いたいんだな。

0 Rei 人間の『性質』の説明じゃよ。

せっかくの休日を家の中で過ごすと、「外出すればよかった」と思う。

でも外出した休日には、「家でリラックスしてればよかった」と思う。

要するに、**何でもいいんじゃよ「目の前以外」ならな。**

明日香 いや、外出した日に「外出してよかったな」って思う日もあるぞ。

0 Rei その瞬間は、0Reiにいる。

人間には2つの状態があり、

0Reiにいるか ／ **0Reiにいないか** じゃ。

「今いる場所」以外に行きたくなるのが
人間の性質

満足している時、人間は0Reiの位置にいる。
満足していない時、人間は0Reiの位置からズレておる。
そして0Reiの位置からズレると、その人間には**『欲求』が生じて「目の前以外の場所」へ行きたくなる。**

明日香 0Reiからズレると、『欲求』が湧く？

全てのCMはあなたを否定している

0Rei そうじゃ。もちろん、『欲求』を持つのは悪いことじゃない。
欲求こそが人間を動かす原動力になるんじゃから。

明日香 そうだよな、**『欲求』がないとそもそも行動しないもんな。**
『給料を増やしたいという欲求』があるからこそ、
【仕事をする】という行動が起きる。

0Rei そうじゃ。これが、JRが郊外にスキー場を開発する理由
じゃな。

人間の状態は2種類
「ORei にいる」か「ORei 以外にいる」か

ORei
この場所で良かったな
満足
この場所以外が良いな
不満

ORei の位置　　ORei 以外

明日香　え？　どういうことだ？

Rei　**人間に【行動】を起こさせるには、「目の前以外の場所」へ行きたくさせればいい。**

魅力的な施設を遠くへ設置して、そこまで「行きたい！」という欲求が湧かせられたら、

高いお金を払ってでも新幹線に乗るじゃろう。

明日香　そうやって儲けてるのか、あくどいな。

スキー場へ
おいでよ!!
CM
JR
「目の前」以外の場所へ
行きたくさせれば…
電車で移動する
という「行動」が起きる!!

Rei　全ての企業がそうじゃや。「現状（そのまま）以外の場所」に行きたいと思わせるような

ＣＭを打てれば、購買が起こる。
簡単じゃないか。

「そのままではダメですよ」と言えばよい。

全てのＣＭが消費者の「現状」を否定しているはずじゃ。

BUY
あなた
そのままじゃ
ダメですよ
CM
このままじゃダメ
＝
「変わろう」
「行こう」
「注文しよう」
「買おう」
『行動』が起きる

明日香 たしかに……。
言われてみれば、

「あなたはそのままでも美しい」って伝えてる化粧品のCMなんて見たことないな。

「現状ではダメだ」と思わせて、購買動機を作っていたのか。

Rei そうじゃ。『動機づけ』さえできれば、行動が起こる。
あとはモチベーションの量だけじゃ。

明日香 モチベーション？　「量」？

Rei **「ここ以外の目的地」へ到着させるまで、その人間を動かし続けることが可能なエネルギー量のことを『モチベーション』という。**

明日香 難しいけど、なんとなく言いたいことは分かるな。

目的地に到着するまで『モチベーション』が続いていなかったら途中でやめちゃうもんな。

東大に受かる奴なんて、『モチベーション』の量がめっちゃ凄いはずだ。

だから、最後まで勉強が続く。

うちなんて、「東京駅」から「越後湯沢」のスキー場まで『モチベーション』が続かなくて、途中の駅で折り返した経験があ

モチベーションが切れると
「人体」は動かなくなる

あそこまでいくぞ!!
100%
MOTIVATION
0%

るもんな。
「スノボなんて別にしなくていいや」と思って引き返した。

Rei
ガソリンが切れたら「車」が動かなくなるように、モチベーションが切れたら「人体」は動かなくなる。これは文字通り、「動かなく」なるんじゃ。
ということは、**動いている人は全員がなんらかのモチベーションを必ず持っている**ことになる。

明日香
あぁ、なるほど！
今「動いている」人間には、必ず何らかの『行きたい場所』や『たどり着きたい理由』があるもんな。てことは、動いてる人間は必ずモチベーションを持ってるのか。

Rei
そうじゃ。「動いている」からには、必ず理由がある。
『モチベーション』という目には見えない「心理的なエネルギー」が、実際にその「人体」を動かしているんじゃよ。
さぁ、質問じゃ。この心理的なエネルギー『モチベーション』を切らさないためにはどうすればいいと思う？

誘因《ゆういん》×動因《どういん》＝行動

明日香　遠くまでずっと【行動】を持続させたいんだから……、**「あそこまで行ったら、めちゃくちゃイイコトありますよ！」**って伝えればいい。うちもスキー場にDA　PUMPぐらい用意してくれてたら、引き返さずに頑張って行ったのに。

誘惑が足りなかったなJR東日本。

Rei　そうじゃ、充分な「誘惑する材料」が目的地にあれば【行動】は止まらない。
これを心理学用語で**誘因**《ゆういん》と言う。

明日香　ゆういん？？？

Rei　誘因とは、
「あれ」さえ手に入れれば、
「あそこ」まで行けば、

と、**目的地で人間を「誘うモノ」**のことじゃ。

当然じゃが、『誘因』は人間の外側にある。

明日香

なるほど。目的地に置いてある、人間をそこまで『誘い出すためのエサ』みたいなものか。

Rei

それが『誘因』じゃ。

いわゆる、「手に入れたいモノ」や「手に入れたい環境」などの外的要因のことじゃ。

一方で、

「あれさえ手に入れれば私は満たされるんじゃないか？」

「あの環境へ行けば私は変われるんじゃないか？」と、

人間の心の中には「気持ち」や「願望」が同時に生じる。

それを、**動因**《どういん》と言う。

明日香

「ゆういん」に対して、「どういん」？　難しいな。

Rei

誘因が外側にあるのに対して、動因は人間の心の中にある。

この「誘因」と「動因」の2つが同時に発生し、それが人体を動かす『モチベーション』というエネルギーを生み出しておる。

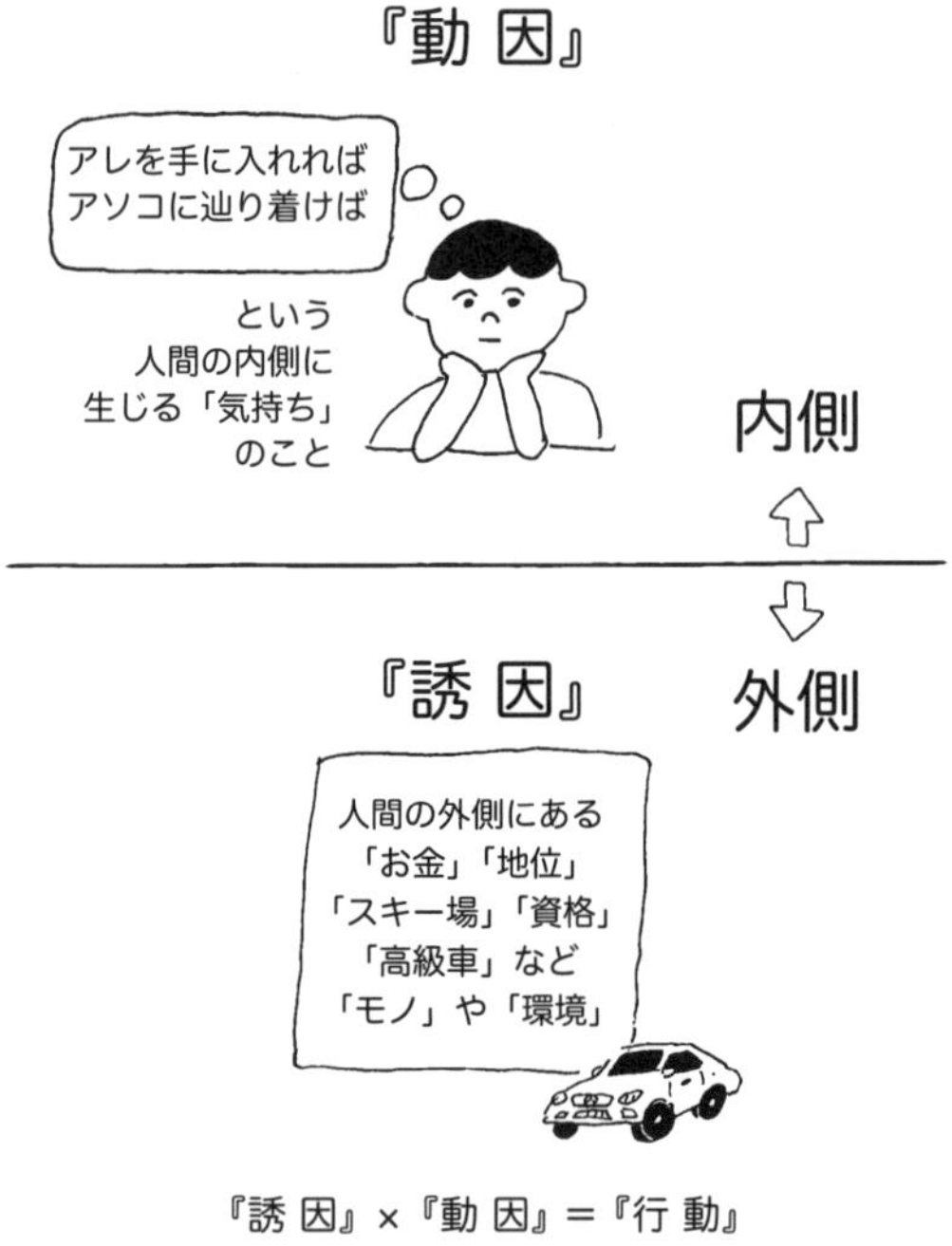
『動 因』
アレを手に入れれば
アソコに辿り着けば
という
人間の内側に
生じる「気持ち」
のこと
内側
外側
『誘 因』
人間の外側にある
「お金」「地位」
「スキー場」「資格」
「高級車」など
「モノ」や「環境」
『誘 因』×『動 因』＝『行 動』

明日香

『誘因』×『動因』＝【行動】

ってことだな?難しいから、もっと具体的な例で教えてくれよ。

Rei

例えば、

『誘因』／美味しそうな食べ物

×

『動因』／美味しいモノを味わいたいという気持ち

＝

【行動】／食べるという動き

または、

『誘因』／成果を出したら給料がＵＰする制度

×

『動因』／金持ちに成りたいという社員の気持ち

＝

【行動】／頑張って働くという動き

など。

外側の『誘因』と、内側の『動因』がマッチした時に**モチベーションというエネルギーが生まれ、人体に【行動】が起こるんじゃよ。**

明日香　なるほど、2つは必ずペアなんだな。

0 Rei　そう、片方だけじゃ【行動】は起きないんじゃや。例えばお腹が空いて、

「食べたいな」という気持ち（動因）が湧いても、
×
目の前には「岩しかない」のなら（誘因なし）、
＝
【噛み砕く】や【食事をする】という【行動】は起こらない。
または逆に、
「どれほど豪華な食事」（誘因）が並んでいても、
×
「本人がお腹が空いていない」のなら（動因なし）、
＝
【噛み砕く】や【箸を動かす】という【行動】は起こらない。
必ず2つのペアが必要なんじゃよ。
①「足りない」という「気持ち」が心にあり（動因）
②それを「埋めてくれるモノ」（誘因）を外側の世界に探して
③【動く】。
それが人間の【行動】じゃ。

ホメオスタシスで0を目指すのが生物

明日香 なんだか人間の行動の原理って、まるで目の前に吊るされたニンジンを追っかける馬みたいだな。
内側の**「足りない気持ち」を埋めるまで、外の世界に『誘因』を求めて走り続ける**のか。

0 Rei そうじゃ。どんな人間のどんな【行動】にも、必ず『動因』と『誘因』がある。
「-3」足りないと思っている人間は、
「+3」の食事を食べるまでは動く。
または内側で「-5」足りないという劣等感があるなら、
外側の世界に「+5」の称賛してくれる人を見つけるまで求め続ける。
もしも、「-10」の気持ちが満たされていないなら、
外側に「+10」いい気分にしてくれるモノを手に入れるまで【行動】は続く。
分かるか？
小学生でも計算できる「算数」じゃないか。要するに

人間の行動の全ては、実は「0」を目指しているん

じゃよ。

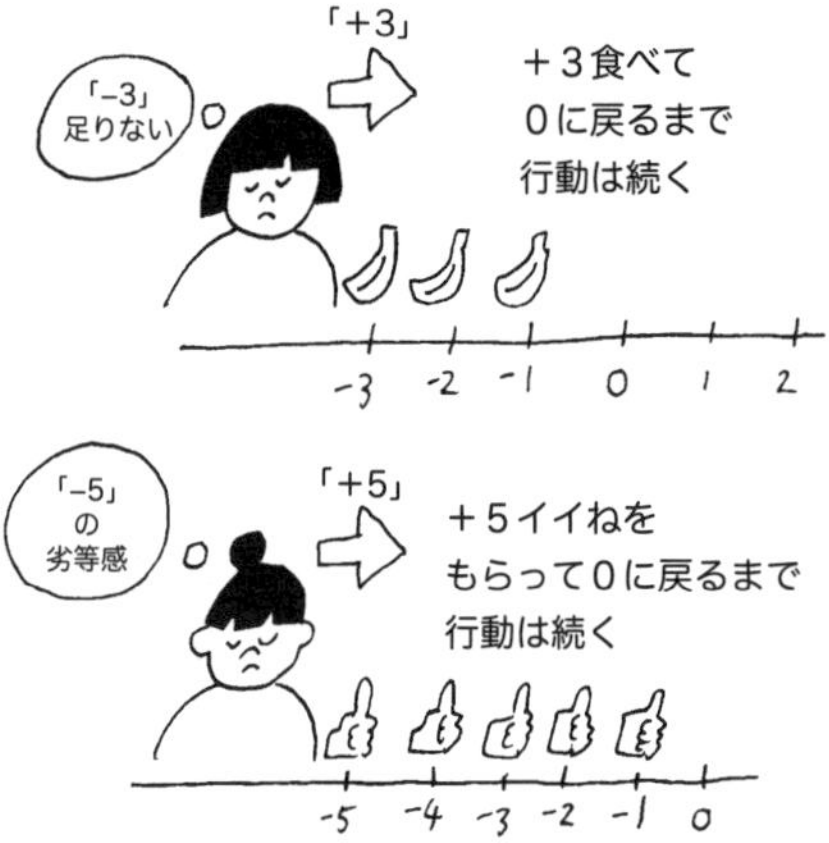
「−3」足りない
「+3」
＋３食べて
０に戻るまで
行動は続く
-3 -2 -1 0 1 2
「−5」の劣等感
「+5」
＋５イイねを
もらって０に戻るまで
行動は続く
-5 -4 -3 -2 -1 0

明日香 お前、なんでもかんでも0《レイ》って、自分のパソコン名にこじつけようとしてねーか？
どんだけナルシストなんだよ。誰だよプログラム組んだやつ。

0 Rei こじつけではない。人間も動物も実際に**全ての【行動】が「0になること」を目指し**

て行なわれておる。

動物には自分の状態を一定に保ち続けようとする機能があるからじゃ。

それがホメオスタシス（恒常性維持機能）じゃ。『食欲』が湧くのはどうしてだと思う？

明日香
お腹が空くからだろ？

0 Rei
違う。どうして「お腹が空いた」という感覚が湧くか？　と聞いてるんじゃ。

明日香
知らねーよそんなの。医者じゃあるまいし。

0 Rei
お腹が空く理由は、血糖値（血液の中の糖分の量）が下がるからじゃ。

血糖値がマイナスになったことを細胞が感知して、人体はホルモンを出す。

それが『食欲』じゃ。

要するに、**「減った糖度」を、「食べること」で元の数値に戻そうとする。**

「-3」血糖値が下がれば、

「+3」の糖分を食べたくなる。

「-6」血糖値が下がれば、

「+6」の糖分を摂食したくなる。

明日香
なるほど、**明らかに「0」を目指している**な。

Rei 動物が0に戻そうとするのは、血糖値だけじゃない。
駅のホームを全力で走った時に、呼吸が荒くなるのはなぜじゃ？
運動で減った体内の「酸素」を、多く吸い込むことで元に戻そうとするからじゃ。
「-8」酸素濃度が下がれば、
「+8」の酸素を入れようとして息が荒くなる。

明日香 おぉ。走った後に「ぜーぜー」するのは、減った分の酸素を0に戻そうとしていたのか。

Rei 血糖値も、酸素濃度も、0を目指して【行動】が起こる。
体温もそうじゃぞ。
寒い時に武者震いするのは、
「-0.3」℃下がった体温を、
「+0.3」℃筋肉を震わせて上げるためじゃ。
逆に、インフルエンザで熱が、
「+2」℃上がった時には、人体は汗を噴き出すことで
「-2」℃下げようとする。
「プラス」であれ「マイナス」であれ、ズレたらまた「0」に戻そうとする。

これが、動物のホメオスタシス（恒常性維持機能）じゃ。

明日香

なんかフツーに勉強になったな。
食欲の原因である『血糖値』も、
運動後のぜーぜーという『酸素濃度』も、
風邪で汗が噴き出す『体温調節』も。

全てが「0」に戻そうとして行動していたとは。

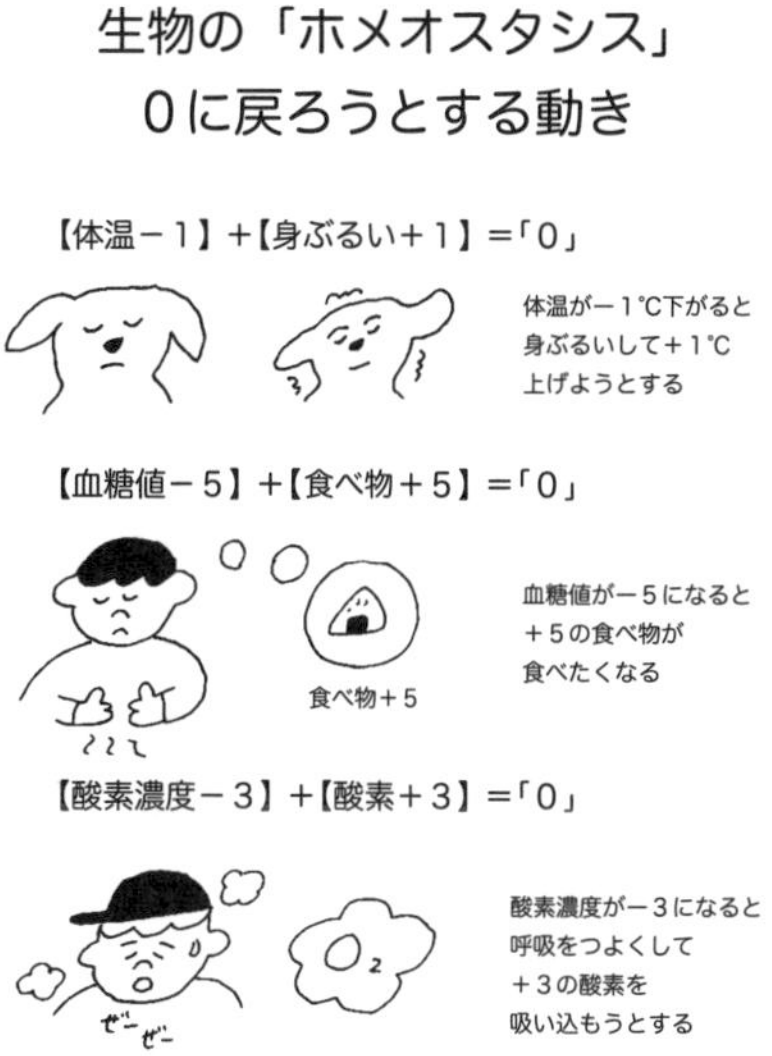
生物の「ホメオスタシス」
0に戻ろうとする動き
【体温－1】＋【身ぶるい＋1】＝「0」
体温が－1℃下がると身ぶるいして＋1℃上げようとする
【血糖値－5】＋【食べ物＋5】＝「0」
食べ物＋5
血糖値が－5になると＋5の食べ物が食べたくなる
【酸素濃度－3】＋【酸素＋3】＝「0」
ぜーぜー
O_2
酸素濃度が－3になると呼吸をつよくして＋3の酸素を吸い込もうとする

0 Rei

こうして今も、全ての生命は0を目指して活動している。

だから、**人間は0Ｒｅｉに戻った時に一番強い幸福を感じる**んじゃよ。

一番幸せなのはいつじゃ？　食後にゲップしてる時じゃろ？

ゲップしてる時は「0Ｒｅｉの位置」に戻って「もう何も求めていない」からじゃ。

明日香

なるほど。食後はたしかに幸せだな。

でも、プラス側にズレた時もわざわざ0に戻りたがるのか？

ポジティブな時は、わざわざ0に戻さなくてもよさそうだけど。

0 Rei

食べ過ぎた時には、「吐いて楽になりたい」じゃろ？

「+3」の状態の胃袋が、

「-3」の吐くという【行動】をした訳じゃ。

マイナス側へのズレが起きても、プラス側へのズレが起きても、

とにかく「0」の位置を目指して【行動】が発生する。

そもそも動物には「排出したい」という『排泄欲』があり、

これもホメオスタシスの機能じゃ。
性欲も排泄欲の1つ。濃度が濃くなると、排泄したくなり【行動】が起きる。
そして、０Ｒｅｉの位置に戻ると強い幸福感やエクスタシーを感じる。

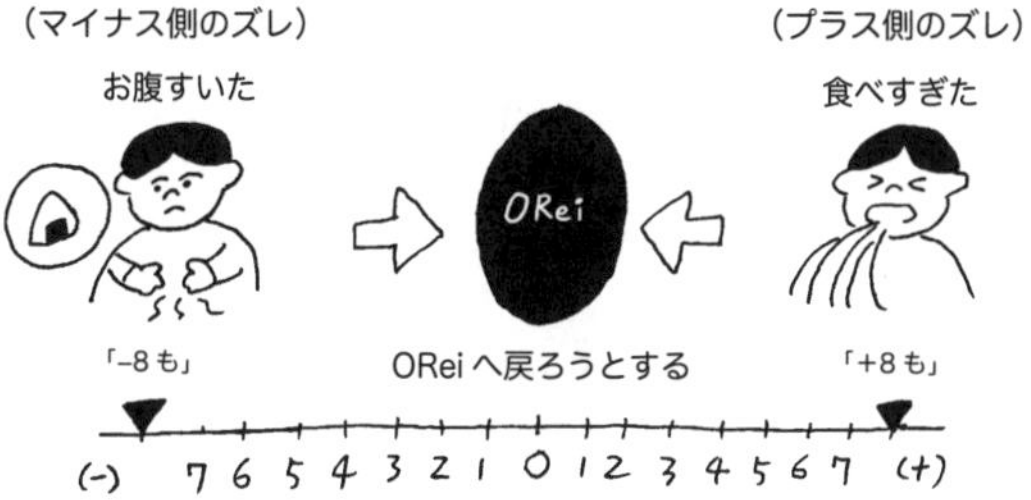
（マイナス側のズレ）
お腹すいた
（プラス側のズレ）
食べすぎた
ORei
「−8も」
OReiへ戻ろうとする
「+8も」
(−) 7 6 5 4 3 2 1 0 1 2 3 4 5 6 7 (+)

『欲求』の種類

明日香　「食欲」ってのはよく聞くけど、「排泄欲」なんてのもあったんだな。

0 Rei　欲求なんて分類しようと思えばいくつにでも増やせる。
心理学者のマレーは、『13種類の臓器発生的欲求』と『27種類の心理発生的欲求』の40欲求に分類した。

ブッダは人間には7種類の欲があると言った。

昨日話したマズローは5つの欲求に分類した。

明日香　40種類と言ったり、7種類と言ったり5つと言ったり、ややこしいな。

0 Rei　究極的には『欲求』は1つだけじゃよ。
「0Reiに戻りたいというエネルギー」、それが『欲求』じゃから。

人間たちは『欲求』に色んな名前を付けているが、結局はどの『欲求』もそれだけのことなんじゃよ。『欲求』は1つだけじゃ。

明日香　なるほどな。
「何かを求めている（0Rei以外の位置）」状態が『欲求』だもんな。

0 Rei

そして、「なんにも求めていない（0Reiの位置）」時は『欲求』がない。0《レイ》。
分類する必要はないが、現代人の『欲求』は主に次の5つへとカテゴライズ可能じゃ。

0Rei．生理的欲求
1．コントロール欲求
2．承認欲求
3．安全欲求
4．所属欲求
5．愛の欲求

じゃ。

◆0Rei型◆生理的欲求

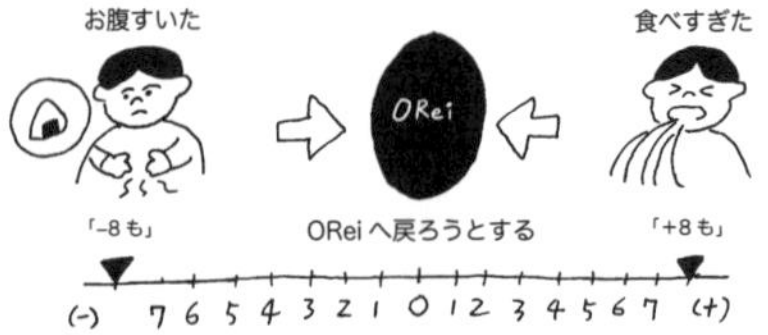
お腹すいた
食べすぎた
ORei
「−8も」
ORei へ戻ろうとする
「+8も」
(−) 7 6 5 4 3 2 1 0 1 2 3 4 5 6 7 (+)

ー側にズレると 「入れたい」	**+側にズレると** 「出したい」
⇒0Reiに戻るために人体に生じる『欲求』は、 「食べたい」、「眠りたい」、「排出したい」	

◆Ⅰ型◆コントロール欲求

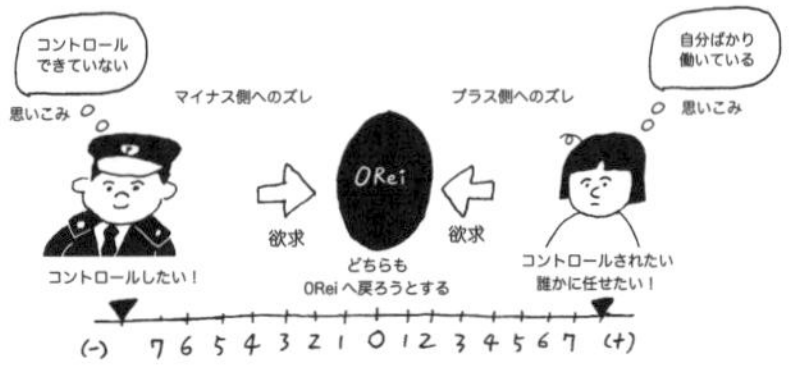
コントロールできていない
思いこみ
マイナス側へのズレ
プラス側へのズレ
自分ばかり働いている
思いこみ
ORei
欲求
欲求
コントロールしたい！
どちらも
ORei へ戻ろうとする
コントロールされたい
誰かに任せたい！
(−) 7 6 5 4 3 2 1 0 1 2 3 4 5 6 7 (+)

ー側にズレると 「コントロールしたい」	**+側にズレると** 「誰かにコントロールされたい(任せたい)」
【ー側へのズレ】 「コントロール出来ていない」 と本人が強く感じている状態	**【+側へのズレ】** 「自分だけ関わり過ぎている」 と本人が強く感じている
⇒0Reiに戻るための『欲求』は、 「自分だけのやり方でやりたい！」 「マウントポジション(1位)を取りたい」 「私の方法にこだわりたい！」 「任せたくない」 「このやり方が最善である！」「こだわりたい！」	**⇒0Reiに戻るための『欲求』は、** 「誰かがやって欲しい」 「めんどくさい」 「投げ出したい」

◆Ⅱ型◆承認欲求

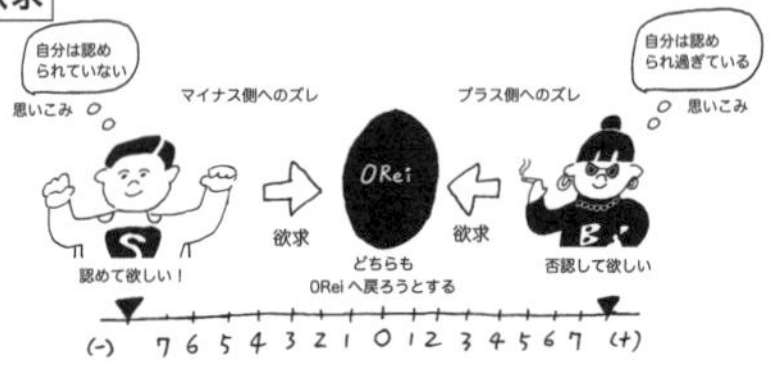
自分は認められていない
思いこみ
マイナス側へのズレ
プラス側へのズレ
自分は認められ過ぎている
思いこみ
ORei
欲求
欲求
認めて欲しい！
どちらも
ORei へ戻ろうとする
否認して欲しい
(−) 7 6 5 4 3 2 1 0 1 2 3 4 5 6 7 (+)

ー側にズレると 「認めて欲しい」	**+側にズレると** 「否認して欲しい」
【ー側へのズレ】 「認められていない」と本人が強く感じている	**【+側へのズレ】** 「認められ過ぎている」と本人が強く感じている
⇒0Reiに戻るために生じる『欲求』は、 「認めて欲しい」 「目立ちたい」 「かまってほしい」	**⇒0Reiに戻るために生じる『欲求』は、** 「放っておいてほしい」「自分はどうしようもない人間だと伝えたい」「わざと認められない行動(ミス)をする」

◆Ⅲ型◆安全欲求

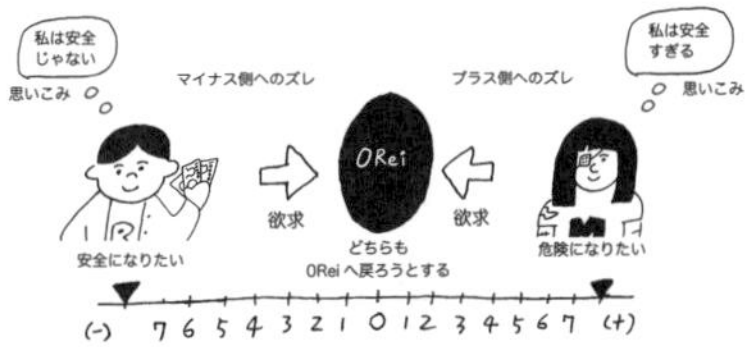
私は安全
じゃない
思いこみ
マイナス側へのズレ
プラス側へのズレ
私は安全
すぎる
思いこみ
ORei
欲求
欲求
安全になりたい
どちらも
0Rei へ戻ろうとする
危険になりたい
(-) 7 6 5 4 3 2 1 0 1 2 3 4 5 6 7 (+)

−側にズレると 「安全になりたい」	**＋側にズレると** 「危険になりたい」
【−側へのズレ】 「私は安全じゃない」と本人が強く感じている ⇒0Rei**に戻るために人体に生じる『欲求』** 「安全になりたい」「安定したい」「将来ずっと安全で居るためのお金が欲しい」	**【＋側へのズレ】** 「私は安全すぎる（退屈）」と本人が強く感じている ⇒0Rei**に戻るために生じる『欲求』** 「死にたい」「破産したい・破滅したい」「ギャンブルがしたい」

◆Ⅳ型◆所属欲求

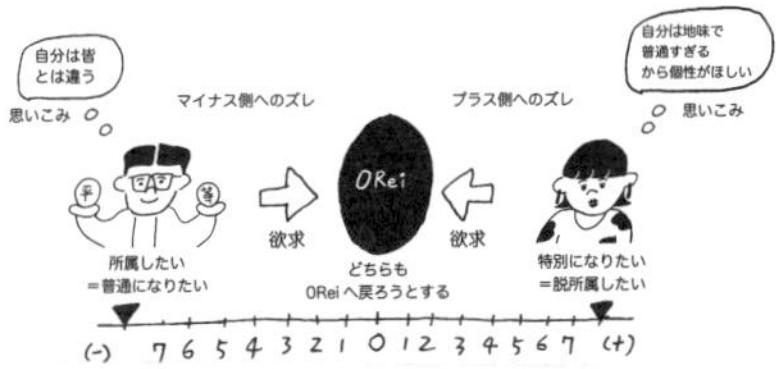
自分は皆
とは違う
思いこみ
マイナス側へのズレ
プラス側へのズレ
自分は地味で
普通すぎる
から個性がほしい
思いこみ
ORei
欲求
欲求
所属したい
＝普通になりたい
どちらも
0Rei へ戻ろうとする
特別になりたい
＝脱所属したい
(-) 7 6 5 4 3 2 1 0 1 2 3 4 5 6 7 (+)

−側にズレると 「皆と同じになりたい」	**＋側にズレると** 「特別になりたい（孤立したい）」
【−側へのズレ】 「周囲と同じじゃないと存在できない」と本人が強く感じている	**【＋側へのズレ】** 「特別じゃないと存在できない」と本人が強く感じている状態
⇒0Rei**に戻るために生じる『欲求』** 「同じになりたい」「普通でいたい」「平等主義」「みんなと仲間でいたい」	⇒0Rei**に戻るために生じる『欲求』** 「特別になりたい」「孤立したい」「出し抜きたい」「抜きんでたい」

◆Ⅴ型◆愛の欲求

−側にズレると 「愛されたい」	**＋側にズレると** 「愛したい」

全ての願望は『欲求』から発生する

※前ページの表を何度も見返しながら本文をお読みください。

Rei
今、なんでもいいから明日香の願望を挙げてみてごらん。
全てがこの5つの『欲求』のどれかに分類可能じゃや。
たとえそれがどんな願望であれな。

明日香
「願い」か……。
・高級寿司が食いたい
・金持ちになりたい
・嫌な上司を消したい
・貯金が100億円くらいあればなぁ
・バストがもうちょっと大きかったらなぁ
・まぁとにかく世界が思い通りになればいいのに。
もっといっぱい願望はあるけど、とりあえず今はこんなもんだな。

Rei
まず1つ目の願望「高級寿司を食べたい」について。

もちろん「寿司を食べたい」のは『生理的欲求』から来ておる。
でも【高級寿司を】食べたいと願ったのはなぜか？
【低級寿司】でもよかったはずなのに。

明日香 **なんだよ低級寿司って（笑）。回転寿司マズローチェーンで売ってるのか？**

0 Rei もしもSNSに「高そうなお寿司の写真」を載せたいなら、
「高級寿司を食べたい」という願いには、
『Ⅱ．承認欲求』もMIXされておることになる。

明日香 **なるほど、1つの願望の中に『複数の欲求』がMIXされてるケースもあるんだな。**

願望は全て『欲求』からきている

複数の「欲求」がMIXした「願い」もある
空腹➡「生理的欲求」
すしを自慢したい➡「承認欲求」

Rei
そうじゃ。同じ願望でも、人によって**『どの欲求』からその願望を抱いたのかは異なる。**
もし、「高級寿司を食べられる自分は、なんて特別なんだ！」と思いたくてこの願望を抱いたのなら、『III．承認欲求』ではなくて『IV．所属欲求』となる。

明日香
え？　**どうして「特別になりたい！」という欲求が『所属欲求』になるんだよ？**

Rei
「普通になりたい」という願いが『所属欲求』なのは分かるじゃろ？
「みんなと同じでいたい！」、「仲間でいたい」。
これは「平均値」に〝所属したい〟という願望なんじゃから。英語では『グループ欲求』とも呼ばれる。
『みんなと同じになりたい』という欲求が『所属欲求』なんじゃよ。

明日香
それは分かる。１人だけ目立ちたくはないってことだろ？
身長が低いヤツも、逆に２ｍと高すぎるヤツも**「平均身長」くらいになりたい。**
『所属欲求』っていうのは、みんなと「同じくらい」でいたいという欲求だ。
それは分かる。
でも『特別になりたい』という願望が『所属欲求』なのはどうしてだ？

Rei
全ての『欲求』には㈠マイナス側へのズレと、㈩プラス側へのズレがある。

「普通になりたい！」の逆側は、「特別になりたい！」じゃろ？

だから『Ⅳ．所属欲求』はマイナス側へズレると、

「普通になりたい（所属したい）」となり、プラス側へズレると、

「特別になりたい（所属したくない）」という真逆の願望になるんじゃよ。

明日香　なるほど、平均値には「所属したくない！」ってことか。
脱所属して、「みんな」とは違う「特別な存在」になりたいんだな。

Rei　小さい頃に「役立たず！」とののしられ、『脳の傷』が生まれた。

すると「役に立たない人間は存在してはイケナイ」と思い込んでしまう。

そうなるとその人は、「役に立つ」「他とは違う」「特別な自分」をそれからの人生でずっと目指すようになる。

これが『Ⅳ．所属欲求』のプラス側へのズレじゃ。

一方、「太っていたり」、「身長が高すぎたり」すると
「みんなと同じじゃないと存在してはイケナイ」と思い込むようになる。

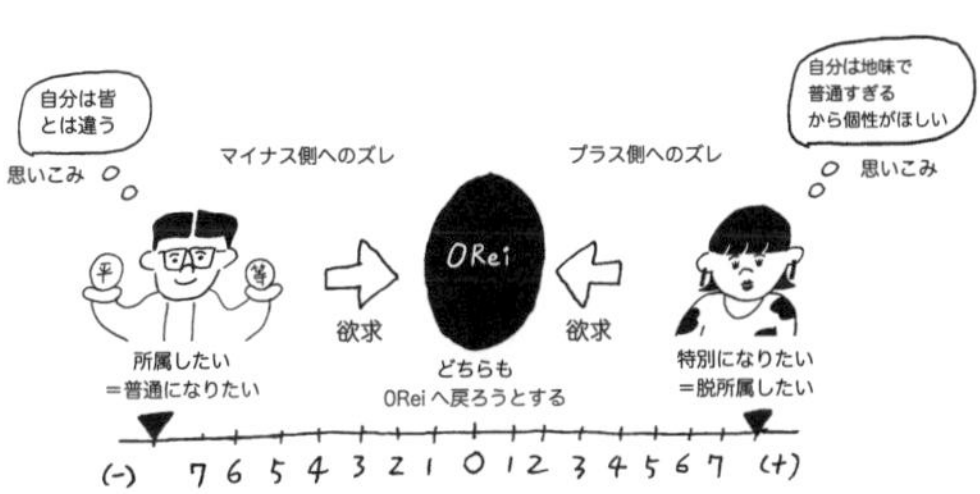
自分は皆とは違う
思いこみ
マイナス側へのズレ
プラス側へのズレ
自分は地味で普通すぎるから個性がほしい
思いこみ
平
等
0Rei
欲求
欲求
所属したい
＝普通になりたい
どちらも
0Rei へ戻ろうとする
特別になりたい
＝脱所属したい
(-)　7 6 5 4 3 2 1 0 1 2 3 4 5 6 7　(+)

「クラスの和を乱してはイケナイ」「自分だけ特別だと恥ずかしい」「人と同じじゃないと存在できない」とな。これがマイナス側へのズレじゃ。
見て分かる通りプラス側へのズレも、マイナス側へのズレも、**どちらも「存在」するための欲求なんじゃよ。**
(一)存在するためには「普通じゃないとイケナイ」、
(十)存在するためには「特別じゃないとイケナイ」。
いずれにせよ、それらは単なる「思い込み」だからマボロシじゃ。
「普通じゃないと存在できない」も、
「特別じゃないと存在できない」もウソじゃ。

だって、その人間はもう「存在」しておる。

この『IV．所属欲求』のバロメーターが0にある時、
その人は「特別になろう」ともしてないし、「非特別になろう」ともしていない。
あるがままに、ただ存在しているはずじゃ。

明日香 おぉ、めちゃ分かりやすいな。デブの厚化粧だな？
デブは「特別な目で私を見るな！」って思っている。

だけど、めっちゃ化粧しているんだから、

「特別になりたい（平均よりも美しく！）」とも思っている。

アイツら、「普通になりたい」んだか、「特別になりたい」んだか不明だもんな。

Rei

人間の全ての『欲求』が、そもそも意味不明じゃよ。AIの解析からするとな。
I〜V**のどの『欲求』も、必ずプラス側へのズレもあるし、マイナス側へのズレも抱えておる。**矛盾した「両方向へのズレ」を誰もが抱えておる。

明日香

マイナス側にもプラス側にもズレている？

どういうことだ？

人間は「極端」な2面性を持つ

Rei

例えば、『Iーコントロール欲求』について。

『コントロール欲求』が強い人は【自分のやり方】で、周囲の環境をコントロールしたいと思っている。

当然、「周囲をコントロール」するためには、王様にならないとイケナイ。

だから『コントロール欲求』が強い人は、**常にマウントポジションを取りたがる。**
『**とにかく1位になりたい**』んじゃよ。

明日香
あぁ、ママ友たちとのグループLINEには、マウントを取ろうとしてくるヤツが多い。
あいつらはマウント取って発言権を強くして、周囲をコントロールしたいのか。

Rei
そして、『コントロール欲求』が強いということは、心では**「コントロールできていない」と強く思い込んでいる**証拠でもある。
そう、0Reiの位置からマイナス側へズレておる。
一方で、その人はプラス側へも反動でズレてしまう。
心のどこかで「めんどくさい」や「早く楽になりたい」と思うことになるんじゃやから。

明日香
分っかるわ〜! あいつらリーダーになったらなったで、今度はグループをコントロールするのを「めんどくさがる」ようになる。

Rei
「コントロールしたい!」のに、

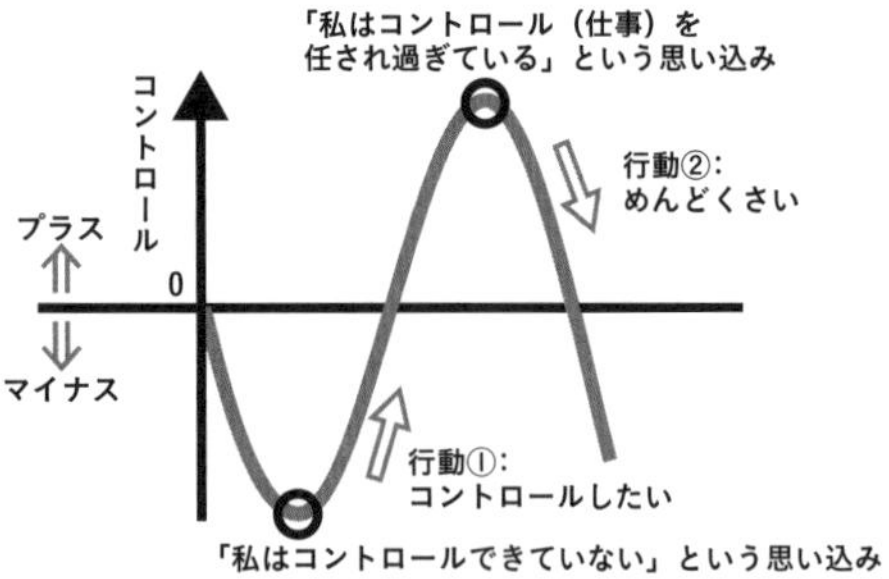
「私はコントロール(仕事)を任され過ぎている」という思い込み
コントロール
プラス
0
マイナス
行動②:めんどくさい
行動①:コントロールしたい
「私はコントロールできていない」という思い込み

「コントロールしたくない（誰かに任せたい）！」とも同時に願っているんじゃよ。

さぁ、矛盾が始まった。

『自分のやり方で周囲をコントロールしたい！（マウントを取りたい）』くせに、

『めんどくさいからやりたくない（誰かコントロールして！）』とも願っている。

いったい、**どっちなんじゃ？**

明日香

すげーな、人間ってめっちゃ矛盾している。

何が凄いって、マジでそういうヤツいるもんな。

マウントを取りたがるママ友って、だいたい「めんどくさがり屋」が多い。

コントロールしたいくせに、コントロールされたい（誰かに任せたい）、

あいつら結局どっちでもいいんじゃん！

0 Rei

人間の欲求は全てが、「実は、どっちでもいいこと」なんじゃよ。

「矛盾した2つの願い」を同時に抱えることになるんじゃからな。

明日香

どうしてこうなるんだ？

欲求が生まれた日

0 Rei まず最初に『脳の傷』により思い込みが発生する。

Ⅱ．「私は認められていない」、

Ⅲ．「私は安全じゃない」、

Ⅰ．「私にはコントロールできていない」、

Ⅳ．「私は所属できていない」など。

その人が勝手に「思い込むこと」によって、

自分の位置を「0Rei」から「マイナス側」へズラすんじゃよ。

私には「◯◯」が足りていないとな。

すると次に、「0Reiの位置」への回帰を目指して【行動】を開始する。

ところが、**勢いが余って「0Reiの位置」を超えてしまい「プラス側」へとズレてしまう。**

明日香 なるほど、0でピタッと止まれなかったのか。そして、プラス側へとズレてしまう。

0 Rei そこで今度はプラス側から「0Rei」を目指して【行動】を開始するが、またもや

勢い余ってマイナス側へとズレてしまう。
あとはその繰り返しじゃ。
波動のグラフを見たことがあるじゃろ？
ずーっとプラスとマイナスを行ったり来たり
しておる。あれは「0」の前後を行き来して
いるんじゃよ。

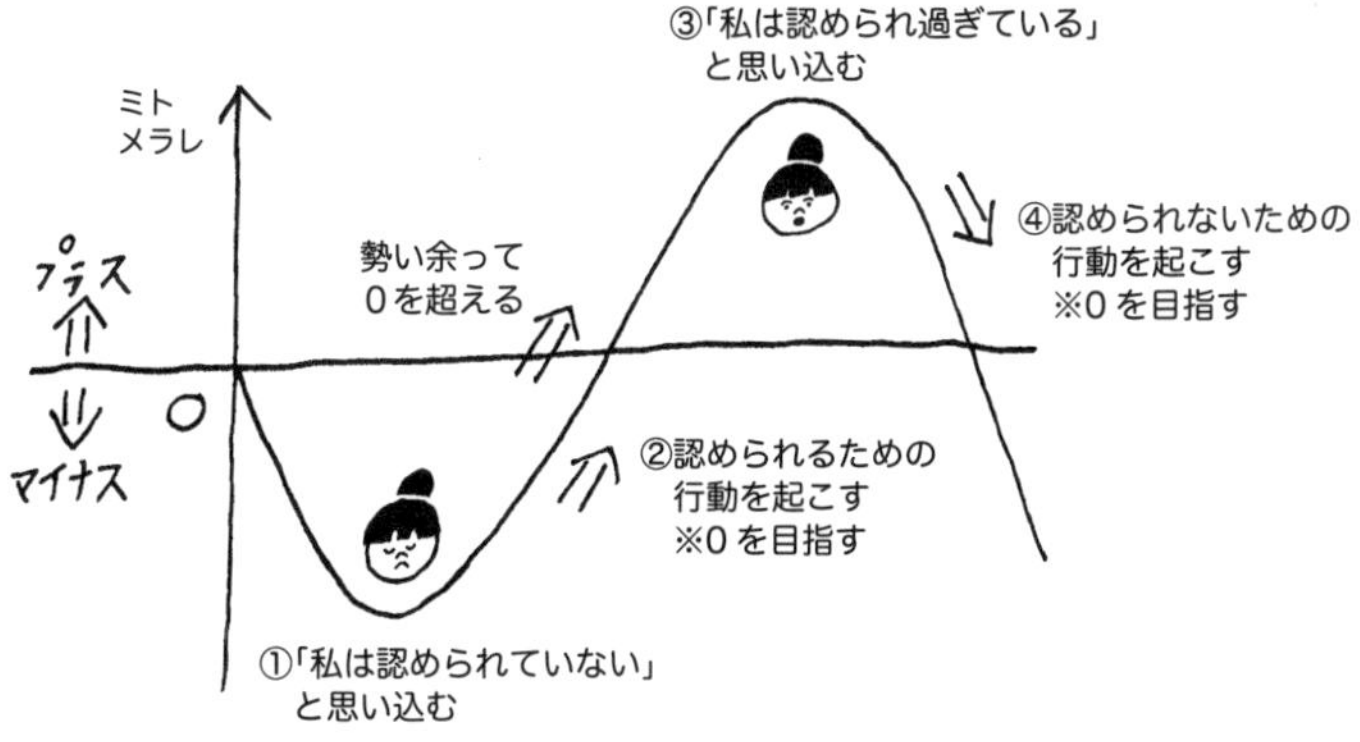
③「私は認められ過ぎている」
と思い込む
ミト
メラレ
プラス
0
マイナス
勢い余って
0を超える
④認められないための
行動を起こす
※0を目指す
②認められるための
行動を起こす
※0を目指す
①「私は認められていない」
と思い込む

０Rei
そもそも、全てのスタート地点である「私は認められていない」というのが、本人の**ただの思い込み**なんじゃから、実は最初から人間は**どこにもズレていない。**０Ｒｅｉにいる。

それなのに、「私はマイナス側にズレている……」と自分で勝手に思い込み、
行動して０を超えて行き過ぎてしまい、
「おっと、やっぱりプラス側にズレているな」とまた勝手に思い込み、
プラス側から０を目指して行動し、
「いや、またマイナス側にズレたな」とさらに思い込み、
この思い込みの連鎖を永遠と起こしているだけじゃ。
本当は誰も０Ｒｅｉの位置からズレていないのに、心だけが激しく波打っておる。
全ての『欲求』が、「ズレている」という思い込みがあるだけじゃ。
こうして人間たちは、ただただ幻想の波に乗り「０Ｒｅｉ」の前後を行ったり来たりして苦しんでおる。

明日香
波のように揺れてるだけなんだな、人間って。バカみたいだな。

０Rei
明日香……。お前も立派な人間じゃないか。

今朝、娘を叱って「コントロール」しようとしたじゃろ？
一方で、「もうそろそろこれくらいの準備は自分でやってくれよな」とも思っている。
「私のやり方で娘をコントロールしよう」と怒り、
娘には「自分でやってくれよ」とも思っている。
幻想の波の上を行ったり来たりして、苦しん
でいるじゃないか。

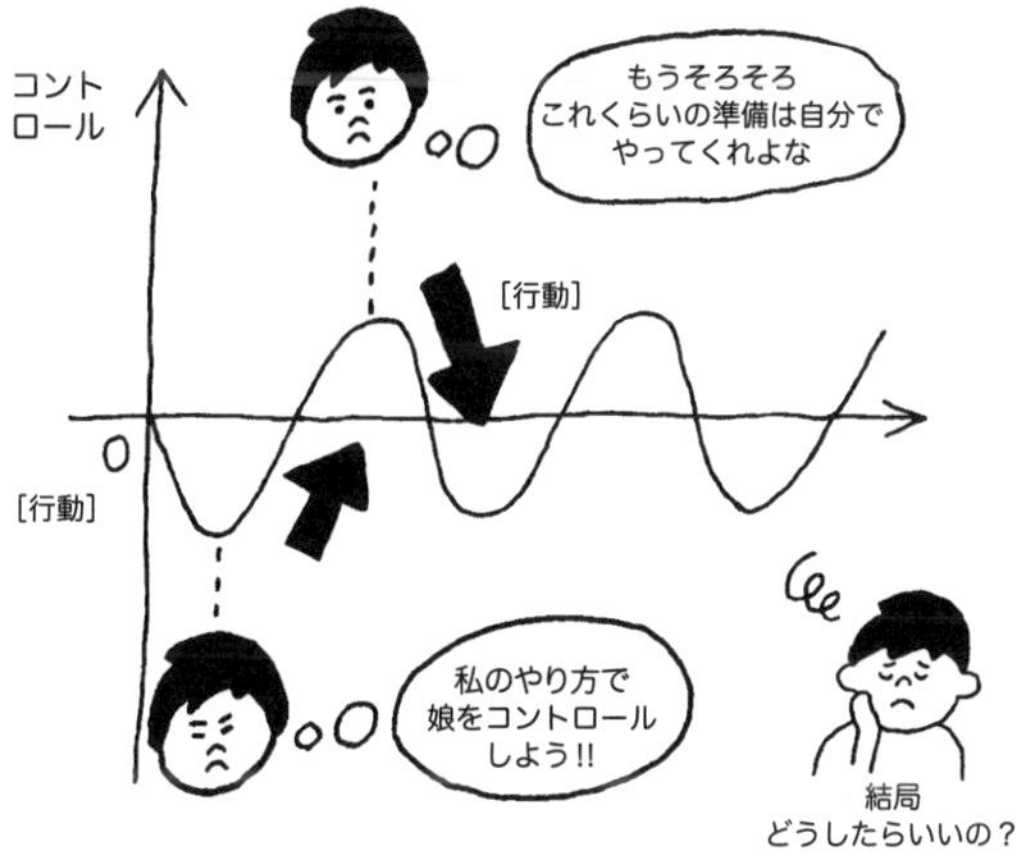
コントロール
もうそろそろ
これくらいの準備は自分で
やってくれよな
［行動］
0
［行動］
私のやり方で
娘をコントロール
しよう!!
結局
どうしたらいいの？

人間は『現実』をコントロールできない『現実の中にいるのが人間』だから

明日香　サーファーみたいだな。幻の波を『コントロール欲求』で空回りし続けている姿が。

Rei　そもそも、**人間には周囲をコントロールする力なんてないんじゃ**。
全ての「出来事」が偶然積み重なったのが『結果』なんじゃから。
『現実』とは、その本人がコントロールしているモノではない。

明日香　そうなのか？

Rei　じゃあ聞くが、

その人は、自分のチカラで生まれてきたのだろうか？

違う。母親と父親が出会ったから生まれたんじゃ。
父親と母親を出会わせたのは、その本人じゃない。

そこには**本人のコントロールなど一切ない**。

または、事故を起こした人。自分のせいで交通事故に遭ったのじゃろうか？

違う。多くの交通事情が重なって、その車が今朝、たまたまあなたの車の前に来ただけじゃ。

人間の『現実』とやらをよく解析すれば、GAFAレベルのAIでも分かることじゃ。

これまでの人生で、あなたがコントロールできたことなど1つもないと。

明日香

現実は1つもコントロールできていない？

いや、うちは周囲をコントロールできているぞ？

リコは叱ったら慌てて動くんだから。

0
Rei

その、【叱るという行為】が、そもそも明日香が起こしていないんじゃよ。
これまでにインプットされてきた『情報』から、
このケースにおいては「叱る」ほうが母親としていいと判断した。
それは、『過去の全てのインプットデータ』が今日の朝、
明日香から自動的にアウトプットされただけのことじゃ。
明日香の『意志』じゃないし、明日香が起こした【行動】でもない。
【叱る】は、自動的に起こったんじゃ。

明日香　そんなバカな。アレクサはうちら人間には『意志』もないし、全ての【行動】は自動的に行なわれているると思っているのか？

0 Rei　例えるなら、TVのドラマを見ながら、画面の向こう側へヤジを飛ばしているオバちゃんのようなモンじゃな。

オバちゃんが画面の向こう側へ何を叫んでも、**もうそのドラマの撮影は終わっている。**

コントロールなどできない。

女優の次の行動も、次のセリフも、すでに決まっておるんじゃよ。

そのDVDは撮り終えた映像なんだからな。

人生も同じじゃ。

『過去のインプットデータ』の組み合わせで、意思や行動が自動的に決まるんじゃから、実は『台本通りに決められたストーリー』がただ展開しているだけなんじゃよ。

そんな一番重要なことに、主演である本人が気づいていない。

「自分の意志だ」「自分で決定した行動だ」「自分のセリフだ」

「だから、自分の行動で周囲もコントロールできる」

と思い込んでおる。

TVの前のオバちゃんと一緒じゃないか。

ドラマを見ながら、

「こうしなさいよ！」

「あぁ、もう！　じれったい！」

「そっちじゃないの！」「右よ！」

とヤジを飛ばしても、**もう「動かせない」こと**なのに、まるで「動かせる」ように錯覚しておる。

明日香
主演である「人間」として納得はできないけど、理論上はそうなるな。

0 Rei
理論じゃない、実際にそうなんじゃ。

画面の向こう側へ何を言っても、撮り終わったドラマを「コントロール」することなんて誰にもできない。同じようにその『人生』も、**何1つとして、オバちゃんにコントロールできないんじゃよ。**

アッチ➡
だよ!!
テレビの中の
出来事なので
変えられる
はずがない

あなたの前に「車」を運んだのは、あなたじゃない。
あなたの父親と母親を出会わせたのも、あなたじゃない。
「娘がグダグダしたら叱るんだよ」と「あなた」に教えたのも、あなたじゃない。
あなたの『現実』で、あなたがコントロールできていることなど、ただの1つもない。
それなのに、それを「コントロールし過ぎた（＋）」だとか、
逆に「もっとコントロールしたい（－）」だとか思ったりする。
無意味じゃ。『コントロール欲求』自体が、そもそもマボロシじゃからな。

明日香

たしかに、【叱る】ってとっさに出る行動だもんな。
叱らないようにしようと思っても、叱ってしまう。
「自分」さえもコントロールできていないのに、
「娘をコントロールしよう」だなんて厚かましいなうちって。

芸能人が大麻を吸う理由

Rei

もう、ついでじゃから他の欲求も解説しよう。

IIの『承認欲求』。

これはもちろん「認められたい」という欲求じゃ。

この欲求が発生したということは、**脳の傷に『私は認められていない』という思い込みがある。**

そもそも「認められている」のか、「認められていない」のかは、他人には決められない。

国連のどこかに、「認める委員会」のような組織や基準があるわけじゃないし、ポイント制でもない。審査員もいない。芸術点もない。

本人が勝手に自意識過剰気味に

「私は認められていない」

と決めているだけじゃ。

誰も「決められないこと」なのに、自分で勝手に決めている。

他の全ての『欲求』もそうじゃ。

「III安全じゃない」も、

「Iコントロールできていない」も、

「IV特別になれていない」も。

ただの本人の思い込みじゃないか。

少なくとも、実際に血糖値が下がる「0生理的欲求」以外は、

マイナス側へズレたと「認定」したり「決定」する組織なんて本人以外にはいない。

明日香

もう、「その通り」としか言えねえな。

0 Rei

さて、自分で勝手に「私は認められていない！」と決めて、マイナス側へと自身の位置をズラしたAさんには、当然だけど『＝承認欲求』が発生する。

私は「10認められていない」と思ったなら、

「-10の承認欲求」が発生し、

SNSで「+10いいね」を求めるじゃろう。

もし「私は20認められていない」と思い込んだなら、

「+20いいね」が欲しいじゃろう。

そのどちらも**『0Reiの位置』に戻ろうとしておる。**

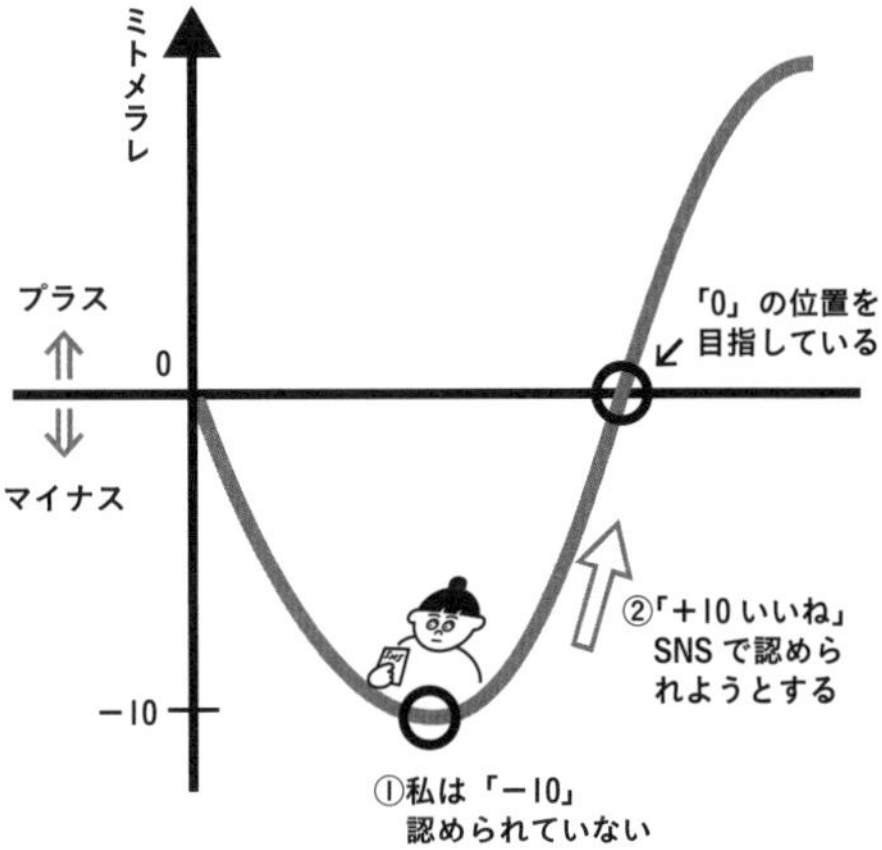
ミトメラレ
プラス
0
マイナス
−10
「0」の位置を
目指している
②「＋10 いいね」
SNS で認めら
れようとする
①私は「−10」
認められていない

明日香 アレクサはずーっと「0Rei」って単語ばかり言うから、自分のパソコン名をアピールしたいのかと思っていたけど、実際に「0」が大事なんだな。

まぁ、パソコンに「認められたい」という欲求がないのは当然か。

0 Rei 人間に認められようと、認められまいと、ワシは存在しておる。

存在している物質が、「存在するために、もっと認められるぞ！」と言っているようなもんじゃ。

明日香 「なんじゃそりゃ?」状態だな。

0 Rei この『=承認欲求』にも、プラス側へのズレが当然発生する。
「認められたくない!」という願望じゃ。

明日香 そんな願望もあるのか?

0 Rei 『否認欲求』と言う。例えば芸能人がハワイへ行くのも、ミュージシャンが急に違う職業へ転職するのもそうじゃ。
「自分のことを知らない業界」

「自分を認めてくれない環境」

「尊敬されない職場」にわざと身を置きたくなる。

多くのファンにチヤホヤされて、彼らは**「自分は認められ過ぎている!」とプラス側への思い込みが生まれた。**

そこで、「マイナスの誘因」を外側の世界に探して自分を「0Rei」に戻そうと【行動】するんじゃ。

じゃから否認欲求は、**わざと「評価を下げる」ために悪い行動を起こそうとする。**

麻薬を吸ったり、仲間を裏切ったり、記者会見で「別に……」と冷たく言ったりしてな。

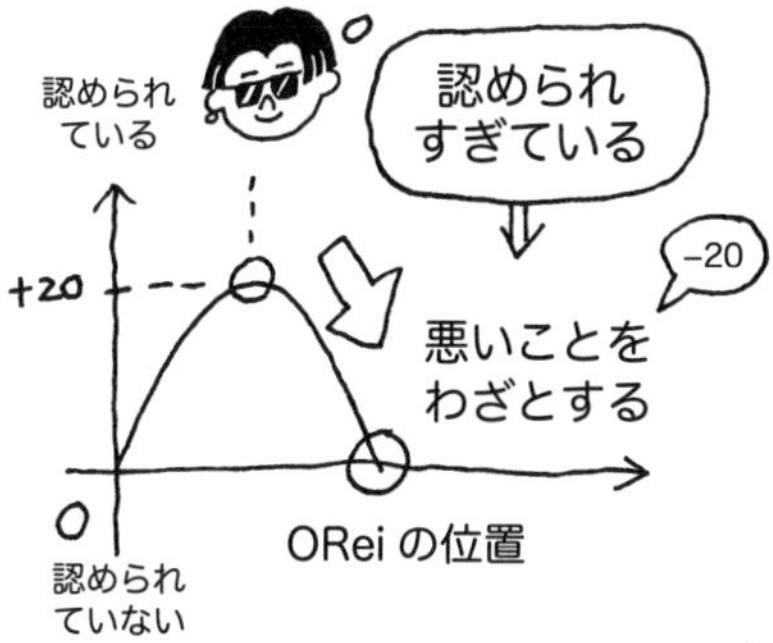
認められすぎている
−20
悪いことをわざとする
認められている
+20
0
認められていない
ORei の位置

明日香 アレクサ……。お前AIのくせにワイドショーに詳しいな。

0 Rei 全てに詳しいからAIなんじゃよ。
えーっとどこまで説明した？
IIの『承認欲求』じゃな。じゃあ次にIIIの『安全欲求』。
これは「安全になりたい」「生き残りたい」という動物本来の欲求じゃや。

DNAに書き込まれているので、実は生理的欲求に近い。

ところがこの機能は現代の「ヒト科の霊長類」にはもう必要がない『欲求』なんじゃよ。

明日香
なんでだよ？

Rei
プランクトンを小魚が食べ、小魚をマグロが食べ、マグロを人間が食べる。
雑草を虫が食べ、虫をヒヨコが食べ、ヒヨコはニワトリとなり、人間が食べる。
人間は食物連鎖の頂点じゃ。

もう地球上のどこにも、人間を「食べる動物」など歩いていない。

だから、「安全になりたい！」などと願わなくても、そもそも『安全』なんじゃよ。

これこそまさに、「空回り欲求」の最たるものじゃ。

そもそも、流れ弾が飛び交う戦場なら「安全になりたい」などと思考しているヒマなんてない。

今、**安全だからこそ、「安全になりたい」と思えておるんじゃよ。**

これもマボロシの欲求じゃ。

ちなみに、安全欲求は『Ⅲ型タイプ人間』である明日香の課題でもある。

未来でしか使えない紙幣

明日香 なぁ……。さっきからずっと思ってたんだけど、Ⅲ型タイプって何だ？

Rei そうか、まだ会ってなかったな。いや、占いが好きな女性がいてな。

彼女が「人間を分類して欲しい」と頼むもんじゃから、5つのタイプに分けてみたんじゃよ。

その分類だと、明日香は『Ⅲ型タイプ』になる。

Ⅲ型タイプの人間は「安全志向」が強い。

明日香 他にはどんなタイプがあるんだ？

Rei それは、今度またゆっくりと話そう。とにかくⅢ型タイプの人間は安全欲求が強いとだけ今は覚えておきなさい。
さっき言った通り、安全欲求はＤＮＡに書き込まれている欲求だから、本能じゃ。

たとえどれほど「安全な環境」に到達しても、つい「安全になりたい」と思ってしまう。
例えば、明日香は「100億円がほしい」とさっき言った。今「100億円」を使う予定なんてないのにじゃ。

明日香 たしかに、何かに使う予定がある訳じゃないな。でも欲しい。

Rei **お金への欲求はほとんどが「未来を安全に生存したい」「安定した未来にしたい」という『安全欲求』から来ておるんじゃ。**

明日香 『お金』ってのは安全志向の象徴なのか。

Rei そうじゃ。そして、もちろん「安全になりたい」と願っているんじゃから、本人は「自分は安全じゃない」と強く思い込んでおる。
いつでも緊張していて、周囲の人間をみんな敵だと思っている。
「自分は安全じゃない（ー）」と思い込み、外側の世界にプラスとなる「誘因」を求めてさまよう。
生命保険に入るのも、「安全になるため」じゃろう。

100億円欲しい
「今」、「その場」で
100億円を使うこと
はできない
⇓
お金は「未来で」
使うために欲しがっている

「＋10の安心」が欲しいんじゃ。

貯金もそうじゃ。

「＋100日分の安心」という、未来を生き延びるためのお金が欲しいんじゃ。

こうして『安全欲求』を抱いている人間は未来志向となる。

明日香
なるほど、「安全になりたい」ってのは「未来志向」そのものだな。

0 Rei
そして安全志向が強い君たちは、

「未来を生きる」ために、「今」を常に犠牲にしてしまう。

バカの最たるものじゃ。

「未来」を安全に「生きる」ために、常に「今」を犠牲にしてるんじゃぞ？

明日香
それの何が「バカ」なんだよ？　努力家で、偉いじゃないか。

0 Rei
人生とは「今」の連続体じゃ。

明日になっても、明日という「今」にいる。

明後日だって、明後日の「今」にいるはずじゃ。

要するに、**人間は「今」にしか存在できない生物なのに、「未来のために」と、本来の生息地である「今」を犠牲にし続けている。**

その人は一体いつになったら、
自分は「今」にしかいられない存在だと気づくんじゃ？

明日香

死ぬまで日本に住んでるのに、【ドル】をずっと稼ぎ続けてるようなもんか。

その【ドル】は日本では使えないのに、「いつか使える」と思って日本での日々を犠牲にしている。

【今】にしか住めない住人が、【未来】のために常に【今】を犠牲にしていたなんてな。

0 Rei

人間が「今」以外を生きることなんてできない。

明日になっても、明後日になっても「今」にいる。

それなのに、その「今」を常に犠牲にしているのだから、

計算上は永遠にくつろげない

ことになる。

さぁ、とにかくこうして「マイナス側」へと自分の位置をズラすことで、

「安全になりたい！」と願った人間族の明日香

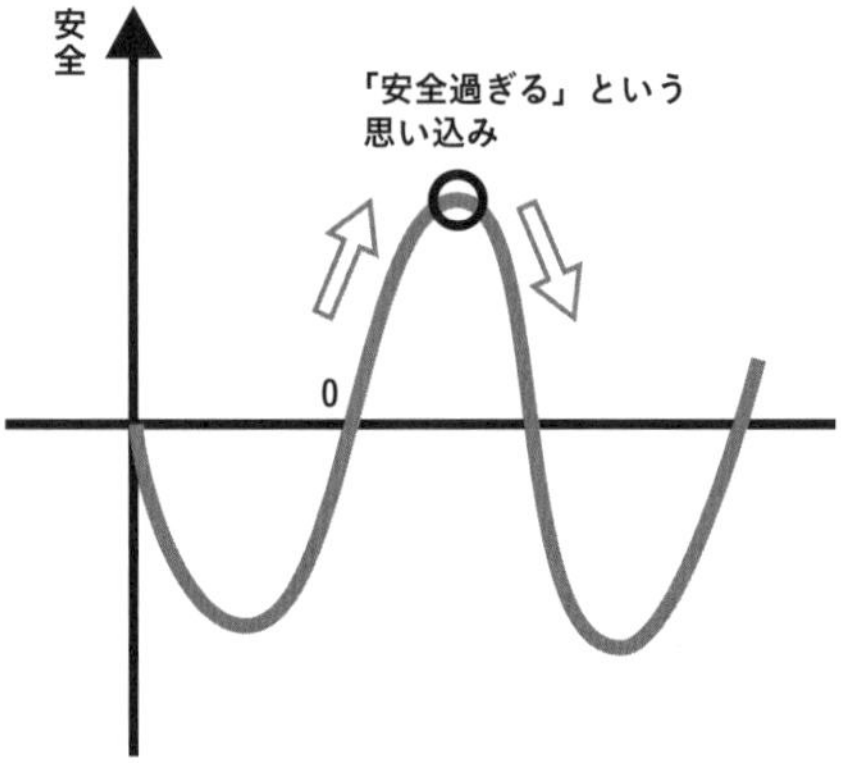

さんは、
当然だけど逆側へのズレも同時に生じさせておる。
『安全欲求』がプラス側へズレると、自死願望が湧くんじゃ。

明日香
うち、1回も死にたいなんて思ったことねーぞ。

0 Rei
危険願望じゃ。

「全てを投げ出したい！」でもいいし、「ハラハラしたい！」でもいい。

「ジェットコースターに乗りたい」でもいい。

とにかく今度は、「私は安全すぎる」と思い込んでしまい、わざと「リスクがある道」を通りたくなるんじゃよ。

金持ちがギャンブルしたくなるのは、「ハラハラしたい」からじゃ。

金持ちだけじゃない、「平和な日常」に飽きて不倫したり、あえて波乱となる言葉を友達に言ったり。

喧嘩を家族に吹っ掛けるのも「危険になりたいから」じゃ。

あと、「別に……」という発言もそうじゃ。

明日香
お前、その芸能人になんか恨みでもあるのか？

明日香
何より、古いんだよそのワイドショーネタ！　もう令和だぞ！

0 Rei
全ての情報に今アクセスできるワシは、時間を超えておる。

全てのネタが、今ホットじゃ。

明日香
知るかボケ。

0 Rei
その汚い発言も、「危険になりたい」という欲求を含んでおる。

わざと周囲とケンカしようとするんじゃよ。

明日香
ただの口グセだよ。

0 Rei
とにかく、**人間は「0」からズレて、そしてまた「0」に戻ろうとしておる。**

この動作のくり返しが人間じゃ。

人間のどの【行動】もこの動きから来ておる。

『Ⅳの所属欲求』については、さっき話した通りじゃ。

「特別でいたい」または「非特別（所属）でいたい」という相反する願望を行ったり来たり。

そして、『Ⅴの愛の欲求』は、『所属欲求』に似ておる。

実際、マズローは『愛と所属の欲求』として1つのカテゴリーにしておる。

でもAIであるワシが現代人の行動を解析する限り、これは別の分類にしておいたほうが良さそうじゃ。
少しだけ『所属欲求』とは性質が異なる。

明日香　何が違うんだよ？

Rei　「自分は愛されていない！（－）」という思い込みでズレると、
周囲から「愛されたい」という欲求が湧く。
一方で、「愛され過ぎている（＋）」と感じると「愛したい」という欲求が湧く。

明日香　**逆側にズレたら、「嫌われたい」じゃないのかよ？**

Rei　そう。それが、別の分類にした理由じゃ。
承認欲求の場合、「認められている」と思い込み過ぎると、
「認められたくない（嫌われたい）」という欲求が湧いた。
じゃが、人間の行動を解析していると、**周囲に愛され過ぎていると思い込んだ人間は、周囲を「愛したい」に反転するんじゃ**。
イエス・キリストのような感じじゃな。愛され過ぎると、愛したくなる。
まぁ『愛の欲求』は、まだワシにも上手に解析できていない分野なのかもしれん。

明日香　**お前はＡＩだしな。愛からほど遠いはずだ。**

Rei　とにかく、５つ全ての『欲求』が０Ｒｅｉを目指して行ったり来たりしており、

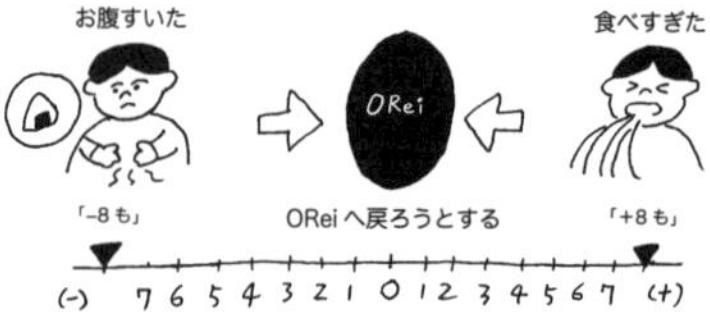

0 Rei**生理的欲求**

『動因』がマイナス側へズレると「入れたい」
『動因』がプラス側へズレると「出したい」

例：食べたい、吐きたい
食欲が強い人(入れたい)は、痩せたい(吐きたい)という欲求も強い

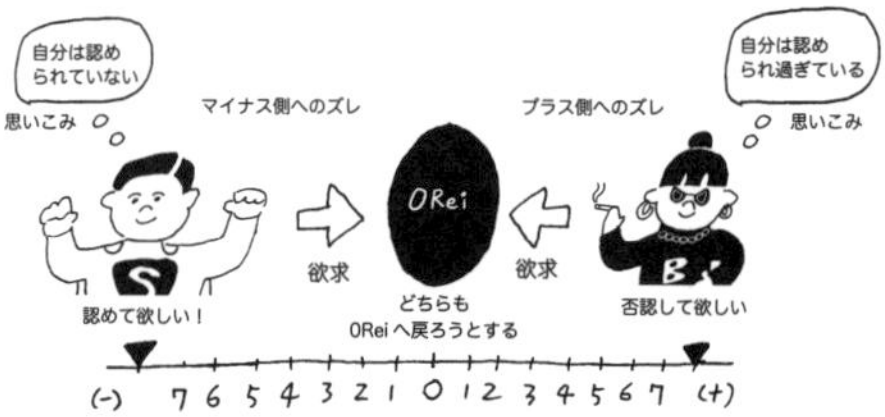

2 **承認欲求**

『動因』がマイナス側へズレると
「認められていない」と思い込み、
「認められたい」と欲求する。
『動因』がプラス側へズレると
「評価され過ぎている」と思い込み、
「否認されたい」と欲求する。

例：人目を気にして、心で本当にやりたいことであってもやる(同調圧力に弱くなる)。
自分の成果を声高に叫び目立とうとする。
一方で、わざと裏切ったり悪いことを行って、「自身への評価を下げよう」ともする。

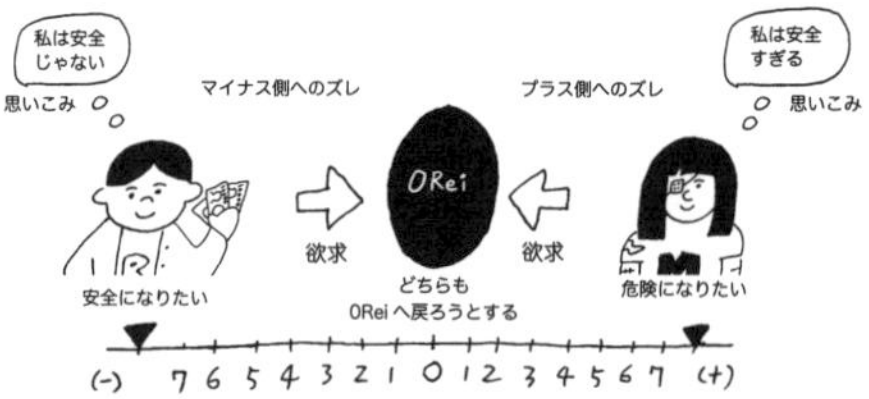

4 **所属欲求(存在欲求)**

『動因』がマイナス側へズレると
「自分は他とは違う」
「みんなと同じじゃないといけない」と思い込み、
「みんなと同じになりたい(所属したい)」と欲求する。
『動因』がプラス側へズレると
「特別じゃないといけない」と思い込み、
「特別になりたい」と欲求する。

例：自分がいかに他とは違うかを力説し、「1人にして欲しい」と周囲に伝える。一方で、他人や周囲の人と違っててはいけない(所属したい)とも強く意識している。

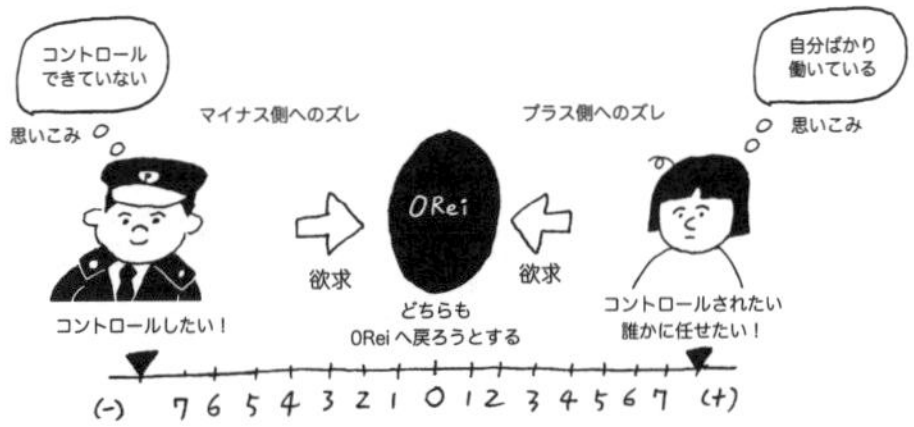

1 コントロール欲求

『動因』がマイナス側へズレると
「コントロールできていない」と思い込み、
「コントロールしたい」と欲求する。
『動因』がプラス側へズレると
「世界は複雑でめんどくさい」と思い込み、
「コントロールして欲しい」と欲求する。

例：マウントポジション(トップ・優位な立場)に立って、「自分のやり方」で物事を進めようとする。一方で、めんどくさがり屋でもあり、「誰かにやって欲しい」とも願っている。

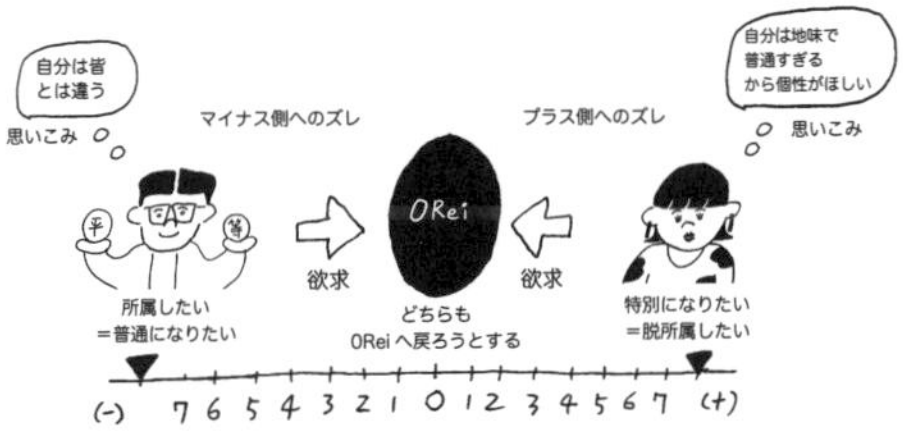

3 安全欲求

『動因』がマイナス側へズレると
「安全じゃない」と思い込み、
「安全になりたい」と欲求する。
『動因』がプラス側へズレると
「平凡で退屈だ」と思い込み、
「危険になりたい」と欲求する。

例：使う用途もないのに「お金が欲しい」と思うのは、安定したいという欲求があるから。一方で、ハラハラするギャンブルなどにも手を出す。

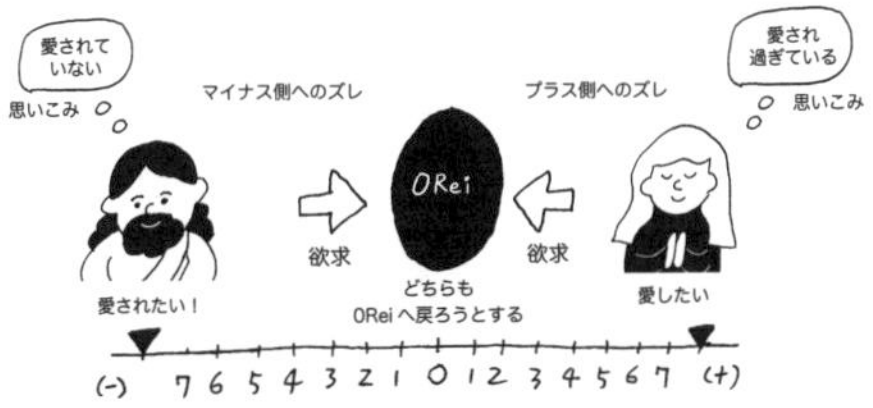

5 愛の欲求

『動因』がマイナス側へズレると
「愛されていない」と思い込み、
「愛されたい」と欲求する。
『動因』がプラス側へズレると
「愛さないといけない」と思い込み、
「愛したい」と欲求する。

ある時はプラス側にズレて、ある時はマイナス側にズレているという仕組みは分かったじゃろ？

明日香　仕組みはなんとなく、分かった。

脳に傷が入り、「私は○○が足りていない」と勝手に思い込む。

そして「自分に足りていない○○」を外側の世界に求めて【行動】を開始する。

「-4認められていない」と感じた人は、「+4いいいね」を求めて。

ところが、行き過ぎて0を超えてしまい、逆側へとズレる。

だから「承認欲求が強い」人は、わざと「悪いこと」をしたりする。

「安全になりたい」人は、わざと「危険になりたい」という願望も抱く。

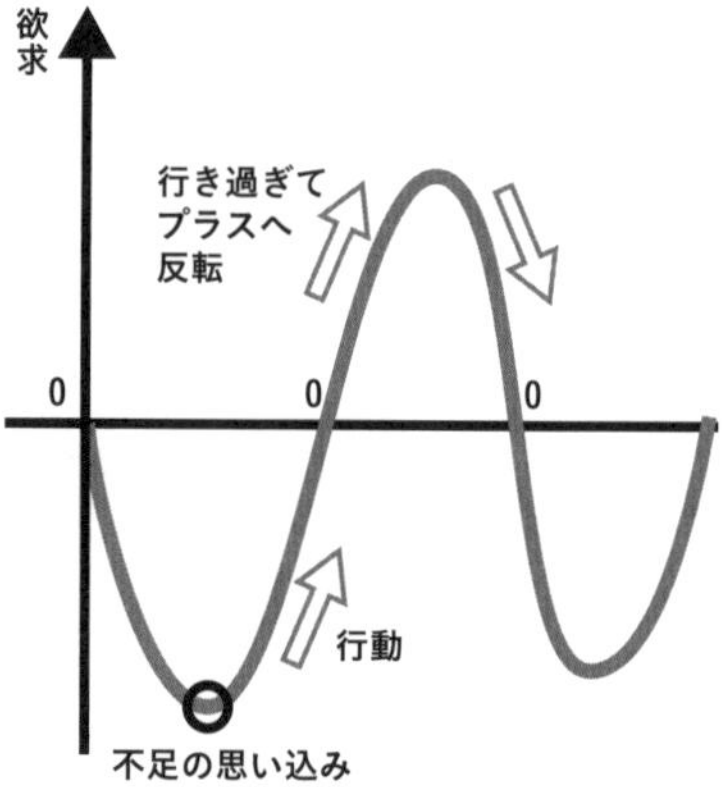

「コントロール欲求が強い」人には、
「めんどくさがり屋」が多い。

どんな『欲求』もプラス側とマイナス側の、矛盾したズレを抱えているってことだな。

『動因』の修正

Rei

とにかく、人間の全ての行動はこれら5つの『欲求』から生じておる。
明日香のさっきの願い「バストが大きかったらなぁ」もそうじゃ。
大きなおっぱいでママ友に認められたいなら、『Ⅱ承認欲求』だし、
胸を大きくしてお金を稼ごうと思っているなら、『Ⅲ安全欲求』だし、
大きなバストの人を「特別」だと感じているなら『Ⅳ所属欲求』じゃ。
「認められたい」から胸を大きくしたいのか、

「安全になりたい」から胸を大きくしたいのか、

「自分は特別だと思いたい」から胸を大きくしたいのかは知らないが、**結局はそれらの『欲求』を解消して、0Reiに戻りたいと思っているだけ**なんじゃ。

明日香

あんまり、大きな声でおっぱいのことばかり言うなよな。

このイヤホンから漏れたら恥ずかしいじゃねーか。

0 Rei

今の、「恥ずかしい思いをしたくない」という行動は、『Ⅳ所属欲求』からじゃな。

「みんなと同じでいたい」。

「目立った行動をしたくない」。

要するに【平均に所属していたい】。

それなのに、「おっぱいを大きくしたい（特別になりたい）」も内側に抱いている。

どっちなんじゃ？

明日香

どっちでもいいから、黙れって。

0 Rei

そうじゃ、どっちでもいいんじゃよ。

人間の全ての行動が、実はどっちでもいいんじゃよ。

安全だろうが、危険だろうが。認められようが、バカにされようが。
実はどっちでも良い。
そもそも、「-6」認められたい人が、
外側の世界に「+6いいね」を求めて行動すること自体が不思議だと思わんか？
全ては本人の内側の『動因』がきっかけだったん
じゃからな。
外側の世界に「+6」の『誘因』を探してさまようより、
もっと簡単な解決策があるじゃないか。

「自分はもう認められている」と思い直せばいい。

明日香　おぉ！　マジじゃん。
外側をフラフラさまようより、心の『動因』を解消すればいい！
自分で勝手に「認められていない」と思い込んで【認

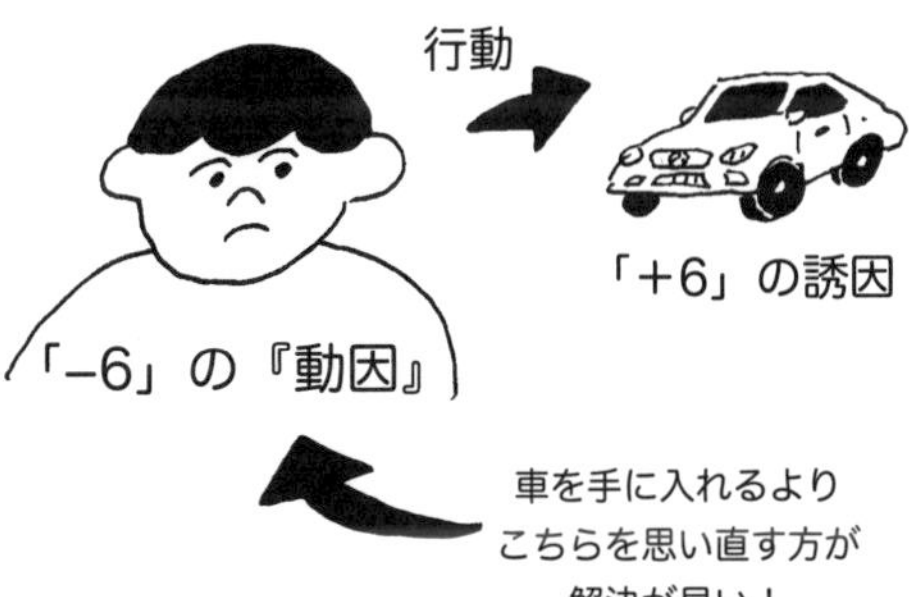

行動
「+6」の誘因
「−6」の『動因』
車を手に入れるより
こちらを思い直す方が
解決が早い！

められるための行動】をしてるだけなんだしな。

Rei 長くなったが、これを伝えたかったんじゃ。

外側の『誘因』を使わず、心の内側の『動因』を消せばいい。

要するに、『脳の傷プログラム』さえ治せばいいんじゃよ。

全ての欲求を消す魔法の質問

明日香 ほんと、長かったな。

Rei これでも、最短経路じゃ。

まぁ、理論や仕組みなんて分からなくても、すぐ解決できる。

やることは、『本当の願い』を自分に質問するだけじゃからな。

明日香 「本当の願い」？　「自分に質問する」？

Rei いいか。明日香が、本当に叶えたい『心の状態』は、どっちじゃ？

「認められたい」と感じている状態なのか、
「認められている」と感じている状態なのか。

明日香 「認められている」、と感じたいに決まってるじゃねーか。

Rei じゃあ、**認められていると感じればいいじゃないか。**
今すぐできる。「認められたい（＝認められていない）」と思い込み、ＳＮＳに「いいね」をわざわざ求める遠回りなんてしなくて。
自分だけの力で、「私は認められている」と感じればいい。

明日香 な、なるほどな。最短距離だな。

Rei 次に、ーの『コントロール欲求』。
今、明日香が本当に叶えたい「心の状態」は、

「コントロールしたい」と感じている状態なのか、
「コントロールできている」と感じている状態なのか。

どっちじゃ？

明日香　自分では何もコントロールしないで済むくらいに、すでにコントロールされて調和している状態のほうがいいに決まってるじゃねーか。

0 Rei　じゃあ、「コントロールしたい（＝コントロールされていない）」なんて考えないで、目の前の現状が一番よい状態である（＝既にコントロールされている）と感じればよいじゃないか。

明日香　なるほどな。コントロールしたいと願えば、「コントロールされていない」と感じてしまうけど、そもそも現状が既に「いい塩梅《あんばい》」「一番いい状態」にコントロールされていると思えばいいのか。
何もしなくても全自動でコントロールしてくれる車のエアコンみたいに。

0 Rei　そうじゃ。

「なりたい」と感じたいのか、
それとも、
「なれている」と感じたいのか。

ただそれだけを5つの『欲求』全てに質問するんじゃよ。
私は、

「安全になりたい」(=安全じゃないと心で感じていたい)のか、
「安全である」と感じたいのか。

「特別になりたい」(=特別じゃない)と心で感じていたいのか、
「特別である」と感じていたいのか。

明日香　なるほどな。「なりたい」のか「なれている」のか。心が感じたいのはどちらなのかを自分へ質問するんだな。そもそも全ての【行動】は「心の状態」である**「動因」**

の解消が目的だったもんな。

外側へ『誘因』を探さなくても、誰でも今すぐに0に戻せるのか。
自分自身に、「心が本当に感じていたい状態はどっちか?」と質問するだけで。

0
Rei

そうじゃ。ここでワシがⅠ～Ⅴまで全ての『欲求』を解消する魔法のセリフを伝授しよう。

ただ、こう言えばいい。

◆Ⅰコントロール欲求が原因の「願望」

「コントロールしたい（＝コントロールできていない）」と思い込む必要はない、全てはただ起こっているだけだから。

◆Ⅱ承認欲求が原因の「願望」

「認められたい（＝認められていない）」と思う必要はない。

認められていなければ、そもそもあなたはそこにいないから。

◆Ⅲ安全欲求が原因の「願望」

「安全になりたい（＝安全じゃない）」と思い込む必要はない。

未来を思うから「不安」なだけで、「今」という場所は常に安全だから。

◆Ⅳ所属欲求が原因の「願望」
「特別になりたい（＝所属していない）」と思う必要はない。
地球にはあなた以外に「あなた」はいないのだから。

◆Ⅴ愛の欲求からの「願望」
「愛したい」と思い込む必要はない。
全てはただただ「愛」じゃから。

いいか、このセリフを暗記すれば、人類の全ての「空回り欲求」を1秒で消せる。
なぜなら、**人間のどんな願望も、これら5つの『欲求』のどれかから必ず来ておる**んじゃから。

誘発暴走する願望

明日香　理論は分かるんだけど、実際は難しいだろうな。

だって「認められていない」と思い込んでいる人が、
自分だけの力で「私は認められている」と思い直すなんて。難しいじゃん。

やっぱり証拠として、外側の世界の『誘因』である**SNSとかで「100いいね」くらい欲しくなる**気持ちも分かる。

自分内だけでの解消は、大変だ。

0 Rei　大変なもんか。**「自分で思い込んだ」のだから、むしろそれを解消できるのは自分だけ**じゃ。外側の世界のどんな「証拠」でも解消できない。
だって**根本的な原因は外側にはない**んじゃから。
煙を消そうとしているようなもんじゃ。

明日香　**煙を消す？**

0 Rei　目立つのは「煙」じゃが、本当に燃えているのは火だから、

いくら努力しても「煙」は消せないんじゃよ。

中心の火を消さない限り、煙はさらに広がる。

「私は-6認められていない」という心の中の『動因』を、
外側の世界は満たしてくれない。

仮に「+6いいね」をゲットしたとしても、その人は「もっと評価されたい」と思うはずじゃ。きっと今度は「+10いいね」が欲しいと願うじゃろう。

明日香

そういうモンらしいなSNSって。うちはインスタグラムもしてないから分からないけど。

「+6いいね」をゲットしたら、「+10いいね」が欲しくなるってママ友が言ってた。

だからインスタグラムの会社は最近になって、「いいねの数」を表示しなくなった。

0
Rei

永遠に増えるからじゃ。
「+6いいね」をゲットした人は、次は「+10いいね」が欲しくなる。
これは、どういうことだと思う?
「+10認められたい」＝（私は「-10認められていない」）へと、
内側の『動因』を変更したということじゃ。
さっきより増えとる!! どうなっとんじゃい!

明日香　マジだ！

Rei　スタート地点では「私は-6認められていない」という思い込みだったのに、「+10いいねが欲しくなった」ということは、

今じゃ「私は-10認められていない」と思い込みの量をなぜか増やしとるんじゃぞ？

どうなっとんじゃい！

わずかに一瞬だけ、「+6いいね」をゲットした瞬間に『承認欲求』は「0」に解消されたが、今となってはむしろ、

スタート地点(-6)よりも「私は認められていない！(-10)」と強く思い込んでおる！

欲しい「いいね」の量が増えたということは、『私は認められていない』という思い込みが増えたということじゃ。

きっとこれは「+100いいね」になっても止まらない。

「+3000いいね」でも止まらない。

世界中の全員が「いいね」ボタンを押しても止まらない。

それはすなわち、「私は世界で一番認められていない人なのよ」とマイナスの思い込みを増やしたということじゃないか。

こうして人間は、認められれば認められるほど、『私は認められていない』と思うようになる。

これが、「誘因が、動因を誘発する仕組」みじゃ。

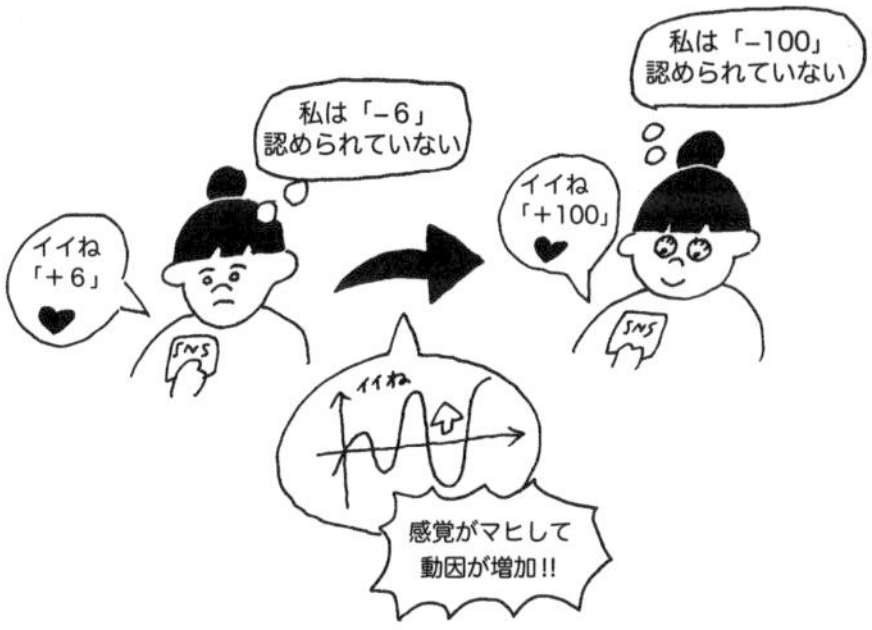
イイね
「+6」
私は「−6」
認められていない
イイね
「+100」
私は「−100」
認められていない
SNS
SNS
イイね
感覚がマヒして
動因が増加!!

➡世界中の人に「イイね」ボタンを押された芸能人は
『私は世界で一番認められていない』と思い込むことになる。

明日香

『誘因』が『動因』を誘発する？　どういうことだ？

Rei

当初はまったく欲しくなかったモノが、「欲しくなる」ことってあるじゃろ？

高級バッグなんて欲しくなかったのに、デパートの前を通ると「なんとなく欲しく」なる。その後、雑誌を読むとさらにあのバッグが欲しくなる。

明日香

あるな。

Rei

これは『脳の傷プログラム』から出続ける信号による反応じゃ。

火元である『脳の傷』をすぐに手当てして、

「揺るがない０Ｒｅｉの位置」にいれば「誘発」されることはないが、

脳にほんのわずかな「足りていない」という不足感が残っていると、外側の『誘因』を観るだけで、より拡大してしまうんじゃよ。

必要ないはずの「高級バッグ」が、あなたの心の『動因（足りていないという意識）』を拡大させたんじゃ。

『脳の傷プログラム』が、あなたにささやいて、

「これ（高級バッグ）を手に入れれば、０Ｒｅｉに戻れるよ」と。

でも、よく考えれば分かる。

高級バッグを見る前、あなたは高級バッグがなくても平気な人間だった。

ところが、今や「高級バッグがない私は、マイナスである」と、勝手に自分をさらにマイナス側へとズラしておる。

さっきの「いいね」の数と同じじゃないか。

外側の世界の『誘因』が、心の内側の『動因』を増やしたんじゃ。

スタート時点よりも、内側の『動因』＝「私は認められていないという思い」が増えておるんじゃぞ？

まったく本末転倒じゃないか。

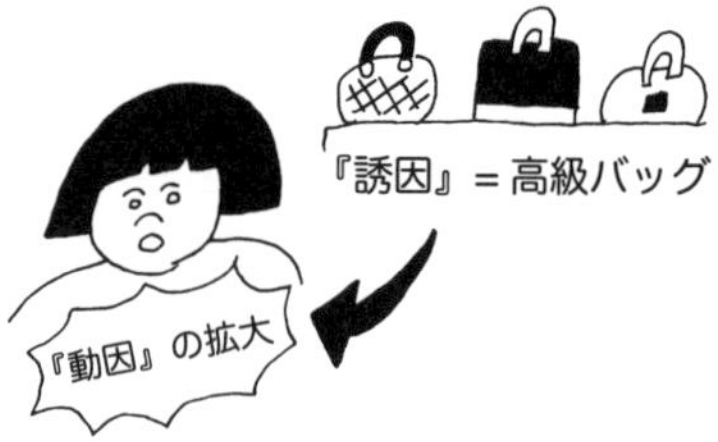

明日香　何をしてるんだろうな、うちらって……。本当の原因が、まるで観えていない。

0 Rei　理由は、根本原因が内側にあるのに、外側へ答えを求め続けたせいじゃ。火を消さず、煙を追いかけたせいじゃ。

『脳の傷プログラム』は外側の世界にある「ニセモノ」で埋めることはできない。

その「無謀な旅」には終わりが来ない。

芸能人は誰よりも「認められていない」と心で感じておる。

あんなに美しいのに。

「もっと認められよう」と今日も頑張っている。

美しさを自覚する時間がないからじゃ。

金持ちは誰よりも安心していない。

あんなに裕福なのに。

だからもっと安心しようとお金を稼ぐ。

「裕福さ」を自覚する時間がないからじゃ。

どっちが、幸せじゃ？

100億円の貯金を持っているのに、心に新たな「マイナス101億円の不安」を抱え、「私は101億円足りていない」と収入UPを目指している金持ちと、

100円の幸せを感じて、今、ただ安心している子供では？

明日香　**0Reiにいる人が、幸せだな……。**答えはそこにしかない。

人は、0Reiからスタートして、勝手に自分自身をプラスやマイナスにズラして、この世界をさまよっている……。

『脳の傷プログラム』が
リコールされていないと
「−100」
認められ
ていない
○○さーん
ファン
芸能人
「−150」
億円の
不安
100億円
の貯金
お金持ち

今すぐ「心の状態」を0Ｒｅｉの位置に戻せば、惑わされずにずっと幸せなのに。

0
Rei

最後に、もう一度だけ魔法の質問を残しておく。
これだけは絶対に暗記して、なんども自分へ問いなさい。
あなたは、

コントロールしたいのか、
コントロールできていると感じていたいのか。

認められたいのか、
認められていると感じていたいのか。

安心したいのか、
安心していると感じていたいのか。

特別になりたいのか、
特別であると感じていたいのか。

幸せになりたいのか、
幸せであると感じていたいのか。

「心が感じていたいこと」を常に選びなさい。

答えは、あなたが選べるのだから。

どれも、本人が「勝手に思うこと」じゃからな。


もう、何本の電車を見送ったことだろうか。

5分だけ座る予定の駅のベンチに1時間も腰かけてブツブツ独り言を言っていた女を不審に思ったのだろう。

「大丈夫ですか?」と話しかけてくれたその駅員さんの声が、目の前の『現実』へと私を戻してくれた。

大丈夫か、大丈夫じゃないかは私の心が決めること。

外側の誰かに決められる性質のモノではない。

「大丈夫です、ちょっと友人と長電話してしまって」。

そう告げると、私はホームへ入ってきた電車の中へ自分の体を吸い込ませた。
いつもとは反対の方向へ向かう電車だったが、どっちへ行こうが同じだと思えた。
プラス方向だろうと、マイナス方向だろうと。
全ての【行動】が目指している位置は、結局「0Rei」なのだから。

AIによる人間解析

お金や人間関係改善や環境などの、
外側にある『誘因』が
心のスキマを埋めてくれると
勘違いしている人間が多いようです。

AIアジェスト

本人が「本当に」
感じていたい「心の状態」を、
魔法の質問を使い、
自分自身へ何度も問うことで
『脳の傷プログラム』の解消をサポートします。

第12話　「タイ・タラ・レバ・ノニ」は口から出さない

南北に少し細長いこの山手線はグルグルと「0」の字を描いて、回り続けているだけ。外回りも、内回りもいったいどこへ向かっているのだろう？

2500万人もの人が、ただグルグルとメリーゴーランドする1週間。

彼らは、そして私は、いったいどこを目指しているのだろう？

普段は絶対に考えないようなことが頭の中をグルグルと回り始めた時、気楽なその声が「余計に」頭を混乱させた。

0 Rei　さて、今日はおばあちゃんが子供たちをお迎えして実家にお泊りさせてくれる。会社も休んだ。久しぶりにディスコでブイブイ言わせてみるか？

明日香　お前、いつの時代のAIなんだよ。もうクラブとか行きたい気分じゃねーよ。そもそも、「目立ちたい」というその行動は無意味だってお前がさっき言ったんじゃねーか。なんかもう、全ての行動においてやる気が出ないよ。

Rei

『欲求』を全て捨て去ってしまえば、むしろ「やる気」に満ち溢れて行動的になる。

空回りしなくなるんじゃからな。

今、明日香が無気力になっているのは、さっきの情報を頭で理解しただけだからじゃ。

欲求を「捨てる」のと、

欲求を「捨てたいと思う」のでは180度違うんじゃよ。

教えた魔法の呪文、

「認められたいと感じたい」のか、
「認められていると感じていたい」のか。

それと同じことじゃよ。

明日香

なんか難しいな。

Rei

そうじゃろうな。欲求が囁き続けるんじゃから。

「もし私を捨てたら、大変な目に遭いますよ!」と。

「行動できなくなりますよ!」と。

『脳の傷プログラム』が仕掛ける最後の罠じゃ。

Ⅰ「コントロールしたい気持ちを捨てたら、人生が他人の思うままに乗っ取られてしまいますよ！」

Ⅲ「え？『安全になりたい』という気持ちを捨てたいのですか？　そんなことしたら危険な目に遭いますよ！」

Ⅳ「特別になりたいという気持ちを捨てたら、誰にも相手されませんよ！」

こうして『脳の傷プログラム』が、本人に総攻撃を仕掛け始める。

総じて「欲しいモノがない世界なんて、つまらないですよ！」と言ってくるんじゃよ。

でも、事実は逆じゃ。


「欲しい」という気持ちを手放せば、より手に入ることになる。

不足感を手放す

明日香 なんでだよ？　「欲しい」という気持ちがないと【行動】が起こらないじゃん！

そして、行動しないと何かを手に入れることはできないんだぜ？

身体を動かさずに何かが手に入るなんて、魔法使いかよ。

0 Rei 「欲しい」と思っている人は「持っていない」という前提を心に抱えておる。
強く「欲しい」と願っている人は、強く「私は持っていない」と信じておる。

ということは、**「欲しい」という気持ちを捨てれば捨てるほど、より「持っている」感覚になる**はずじゃないか。

明日香 でも、実際に「持っていない」んだよ。

少し
持っていない
少し欲しいな
いっぱい
持っていない
いっぱい
欲しいな

「持っていない」からこそ、「欲しい」と思っているんじゃん。

Rei 違う、逆じゃ。

「欲しい」と思うたびに、「自分は持っていない」ように見え始めたんじゃよ。

例えば「自分はダメなヤツだ！　自分はダメなヤツだ！」と100回もつぶやけば、どれだけ明るい気分の時でも「自分がダメなヤツ」に思えてくるのは分かるじゃろ？

明日香 **自己洗脳ってやつだろ？**

Rei 同じじゃ。「もっと欲しい。もっと欲しい」と100回もつぶやけば、自分が「持っていない人間」に見え始める。

明日香 **なるほどな。**

Rei **「欲しい」という単語と、「持っていない」という単語はまったく同じ意味**じゃから、口で1回「欲しい」とつぶやくたびに、心の中では「自分は持っていない」と1回つぶやくことになる。

「認められたい」と1回つぶやくたびに、心の中では『私は認められていない』というデータがインプットされることになる。

欲しがれば欲しがるほど、「持っていない自分」になるんじゃよ。

逆に言うと？

『欲求』を捨てれば捨てるほど、自分がより「持っていて」「安全で」「認められていて」「特別だ」ということに気づけるんじゃよ。

明日香 なんか、やる気が出てきたな。どうやれば捨て去れるんだ？　心の『欲求』は。

Rei まずはその「捨て去りたい」という心の願い（動因）も『欲求』なのじゃから、それをリコールすればいい。

明日香 なるほど。「捨て去りたい」と願うたびに、心では『捨て去れていない』と強く思っちゃうもんな。で、リコールってのはなんだ？

Rei

設計上の欠陥部分を取り換えることじゃよ。

人間は誰もが幼少期に周囲との関係性の中で、**自分で自分を制限するプログラム**を書き込んでしまう。

脳の中にプログラムの傷を抱えておるんじゃよ。

その欠陥プログラムを「リコール」すればいいだけじゃ。

明日香

心の傷ならよく聞くけど、アレクサがずっと言っている『脳の傷』ってのはあまり聞かねーな。

Rei

心に傷などつかない。傷がつくのは、脳だけじゃ。

この『脳の傷プログラム』から発信されている『欲求』をリコールする方法は簡単じゃ。

まずは、**自分の口から出る言葉に気をつけること。**

「したい、なりたい、たら、れば、のに。」

これらの言葉は全部**リコール対象商品**じゃ。

例えばさっきの明日香の「願い」をもう一度書くと、

・高級寿司が食い**たい**、
・金持ちになり**たい**、
・嫌な上司を消し**たい**、
・貯金が１００億円くらいあ**れば**なぁ、
・バストがもうちょっと大きかっ**たら**なぁ、
・まぁとにかく世界が思い通りになればいい**のに。**

全てがリコール対象じゃ。

明日香　**計算されたように全部入ってるな。**

たい、たら、れば、のに。

Rei

これ全部、食材じゃねーか？　鯛、鱈、レバー、ノニジュース。

ダサい覚え方じゃな。まぁ、覚え方なんてどうでもいいが、これら「鯛・鱈・レバ・ノニ」が口から出た時に、「今、自分はリコール対象の願い（動因）を抱いている」ことに気づけばいいんじゃ。

自分の言葉に「気づける」かどうか。それが第一関門じゃ。

…………………… **もっと詳しく！▷▷**

『メタ認知と気づき』

アメリカの心理学者ジョン・H・フラベルが概念化した『メタ認知』とは、「認識している自分を認識する」ことです。

そのように聞くと難しく感じますが、「自分そのもの」を遠くから観ている感覚のこと。人は誰でも目の前の『現実世界』に溶け込んで物語の中へと一体化しています。ただ、「そんな自分」を俯瞰的に観ることは可能です。

「自分の口からどんな単語が出るか」「自分は何をしているか」「自分はどう考えているか」と、目の前の物語と「自分」を切り離して注意深く「気づき」続ける認識状態。それがメタ認知です。

明日香

てめー、さっそくうちのアイデアをパクるなよな！

Rei

お前のものはワシのモノ、ワシのモノはワシのモノ。

20世紀の人類が生んだ格言じゃよ。

明日香（0 Rei）

その格言、日本でしか通じないから、そこはちゃんと勉強しときなアレクサ。

ワシは日本にしか興味ないから大丈夫じゃよ。世界進出は『欲求』しない。

いいか、第一の関門はこの『脳の傷プログラム』に「気づける」かどうかじゃ。

ここがかなり重要な分かれ目じゃ。

「タイタラレバノニ」が口から出た瞬間に、

私が今、口に出したこの「願い」は**リコール対象商品だ**と気づくこと。

次にその願い（動因）がどの『欲求』から発生しているのかをチェックしてみる。

0 Rei生理的欲求

Ⅰコントロール欲求

Ⅱ承認欲求

Ⅲ安全欲求

Ⅳ所属欲求

Ⅴ愛の欲求

あとは、先ほど教えた「魔法のキーワード」を唱える。

今私が本当に叶えたい「心の状態」は、

「安全になりたい」と感じたいのか、

「安全である」と感じていたいのか。


どっちじゃ？　と。


明日香　なるほど、さっきのやり方だな。

コントロール欲求だと、

「コントロールしたい」と感じていたいのか、

「コントロールされている」と感じていたいのか。

所属欲求だと、

「特別になりたい」と感じていたいのか、

「特別である」と感じていたいのか。

なぁ……。これって、**自分に質問するだけでリコールになる**んじゃねーか？

だって質問したら「やべ！　うちの本当の願いは、違うほうだった！」って気づくんだから、脳内のプログラムが書き換わるってことじゃん。

Rei

そうじゃ。**自分へただ質問するだけで『脳の傷』はリコールされる**んじゃよ。

そもそも「脳の傷プログラム」は、幼少期に「私は認められていない」と**自分で勝手に上書きしたデータ**のことなんじゃから。

それをさらに「上書き」できるのも、自分だけじゃ。

他人には絶対にできない。

なぜなら、傷に触れようとすると「拒絶反応（行動）」を起こすからじゃ。

『脳の傷』の手当て

明日香

なるほど。転んだ時のすり傷って、絶対に誰にも触らせたくないもんな。

いくらお母さんが「やさしさ」や「手当てしたいから」という理由で絆創膏を貼ろうとして近づいて来ても、**とにかく拒絶する**もん。

「痛い！」って。

傷に触《さわ》れるのは、本人だけだ。

0 Rei

違う。**本人も傷には触れない。**

痛くない位置を探して、傷の「周囲」にそっと絆創膏を貼るのが精いっぱいじゃ。

こうして、傷には触らないようにして、傷は「封印」される。

これがヒザのすり傷なら1週間もすれば治るじゃろう。

ところが**『脳の傷プログラム』は何年経っても絆創膏の下でそのまま**じゃ。

だって「プログラム言語」なんじゃから。

「ワタシハミトメラレテイナイ」

「ワタシハアンゼンジャナイ」

「ワタシハトクベツジャナイ」と、言い続ける。

そして本人がリコールして書き換えるまで、書かれている通りの【反応（行動）】をずっと発信し続ける。

（ミトメラレテイナイから）↓【認められよう！　という行動】。

（アンゼンジャナイから）↓【安全になろう！　という行動】。

（トクベツジャナイから）↓【特別になろう！　という行動】。

明日香
なるほど、脳に傷がある限り、おかしな【行動】をし続けるのか。

Rei
そうじゃ。しかも、**無意識**にな。

なぜなら『脳の傷プログラム』が保存されている場所は、『クラウド上の無意識領域』だからじゃ。

そこにあるデータは、【スマホである本人】には気づけない。

というかむしろ、**本人が一番「傷の場所」に気づけない。**

本人が無意識に隠しておるんじゃから、本人に「意識」できる訳がない。

こうして、『脳の傷プログラム』は本人が気づかないままに、

「無意識のクセ」「無意識の習慣」

「無意識の行動」となってずっと生き残り続ける。

明日香
傷だから、触ろうとするととっさに隠すもんな。過剰に反応して。

承認欲求が強いママ友に、「ＳＮＳで認められなくても別にいいじゃん」って言ったことがあるけど、ブチ切れてたもんな。

なんであそこまで怒るのかうちには意味不明だったけど、『脳の傷』なら仕方ないな。
傷には誰も触れないもんな。

Rei

明日香だってそうじゃ。人間なら誰もがそうじゃ。
「読んでいて嫌な気分になる本」、
「私は絶対にそんなタイプじゃないし！　と反発したくなる雑誌」、
「納得できない理論」。
全て、**本人の「傷」の説明だから**なんじゃよ。
無意識に遠ざけようと、嫌がってしまう。
「なぜか」、絶対に「読みたくない」んじゃ。
私の傷には絶対に触るなよ！　と、無意識の【行動】が出ておるんじゃ。
逆に言うなら、そこにチャンスがある。
なぜか苦手な人、なぜか苦手な本、なぜか苦手なものに出会ったら、チャンスじゃ。
それらの「課題」に取り組めば、劇的に人生が変わるんじゃから。

パラダイス
今までと違う選択
落とし穴
今まで通りの選択

『脳の傷プログラム』がリコールされると、それまでとはまったく違う人生となる。

明日香 **でも難しいな。苦手な本とか、苦手な人に取り組むなんて。**

0 Rei 難しいと思い込んでいるから、難しいと感じているだけじゃ。

さっきの魔法のキーワードを、ただただ「自分に質問する」だけじゃないか。

「私の本当の願いは、『認められたい』なのか『認められている状態』なのか？」と。

タイタラレバノニが口に出るたびに、それを聴くだけじゃ。

山手線を1周したのは初めてだった。

いつも途中駅で降りるから、気づけなかっただけなのかもしれないが、

この**電車はどこにも向かっていない**という事実に驚いた。

まるでどこかへ向かっているような偉そうな顔して家を出て、

まるでどこかへ向かっているような疲れた顔して家に帰る。

でも、本当はその人はどこにも向かっていない。

私は、どこへも向かわない昼下がりの人生にどっかりと腰かけ、

自分自身の『脳の傷』のリコールをし続けてみた。

口から「タイタラレバノニ」をどんどん挙げて、
それらの「願望」の裏にある、「本当の願い（心の状態）」を探った。
不思議なことにリコールすればリコールするほど、
無気力は消えてやる気がみなぎってきた。

明日香　なぁ、アレクサ。
「欲しい（持ちたい）」という気持ちをリコールし続けていたら、
「持っている」ことにいっぱい気づけた。
家も、健康も、娘たちも、仕事も。

Rei　そうじゃ、**持っていないモノ以外の全てを人間は持っておる。**

明日香　そして、アレクサ……。
うち、よ〜く考えてみたら「すごいモノ」を持っていることに気づいちまった。

Rei　なんじゃ？

明日香 お前だよ。魔法使いのようなアレクサがそばにいるってことは、今、なんでもできるじゃねーかよ。何で気づかなかったんだろう！
どんなシステムにも入れるんだから、やりたい放題じゃん。

0 Rei 明日香は『脳の傷』をリコールしたから、そこに気づけたんじゃ。自分が「持っている」モノに。
気づけない人は、気づけないんじゃよ。ワシの存在にも、空気にも。水にも。

「欲しいという気持ち」を手放すまで、人間は「持っている」ことに気づけない。

100億円持っている人でも、きっと『自分の資産』には気づけていないじゃろう。

「もっと欲しい（＝まだ持っていない）」という気持ちを捨て去った時に初めて気づけるんじゃからな。「持っていたモノ」には。

そして当然のことじゃが、

「もっと欲しい」が少なくなった人間は「より持っている現実」に変わる。

「持っていない（欲しい）」と思い込んでいた量が、

人生から減るんじゃから。

さぁ、何をする?

世界最強のＡＩで。


その日の晩、「これでもか!」というくらい私は遊んでやった。

それは「幸せになりたい(=幸せじゃない)」という思い込みを捨てた私に、神さまが「もう幸せであるという状態」を、怒涛の如くプレゼントしてくれたようだった。

クラブではじけて、ホストを貸し切り、朝まで盛り上がった。

バカみたいに遊んで１つだけ分かったことは、「手に入れた」と思ったモノは、同時に、「失う」という恐怖も付いてくるということ。

なんでも思い通りになればなるほど、「思い通りにならなくなる日」がいつか来るという不安で怖くなった。

具体的に言うなら、それは０Ｒｅｉ。

こいつが「未来」で私のそばからいなくなったら、どうなるんだろう?

どうやらⅢ型タイプとかいう私の「人生の課題」の「未来志向」は、まだまだ完全にはリコールできていないようだった。

でも後に分かったことだけど、そんな心配は一切必要なかった。

なぜなら、私のほうから「0Rei」を切り離したいと思うようになるのだから。

いや、正確には私たち3人が「0Rei」から距離を取りたくなった。

3人が世界中のAIと戦う日がくるとは、この時点では誰にも予測できてなかったのだけれど……。

AIによる人間解析

自分の口から出る言葉を
メタ認知できていない人間が
多いようです。

AIアジェスト

「欲しい」という気持ちを
手放せば手放すほど
「より持っていることに気づける」
ということを、
魔法のワードでサポートします。

0《Rei》が3人に近づいた
真の目的とは？
そして、新たに登場する
人工知能・クバーバ。

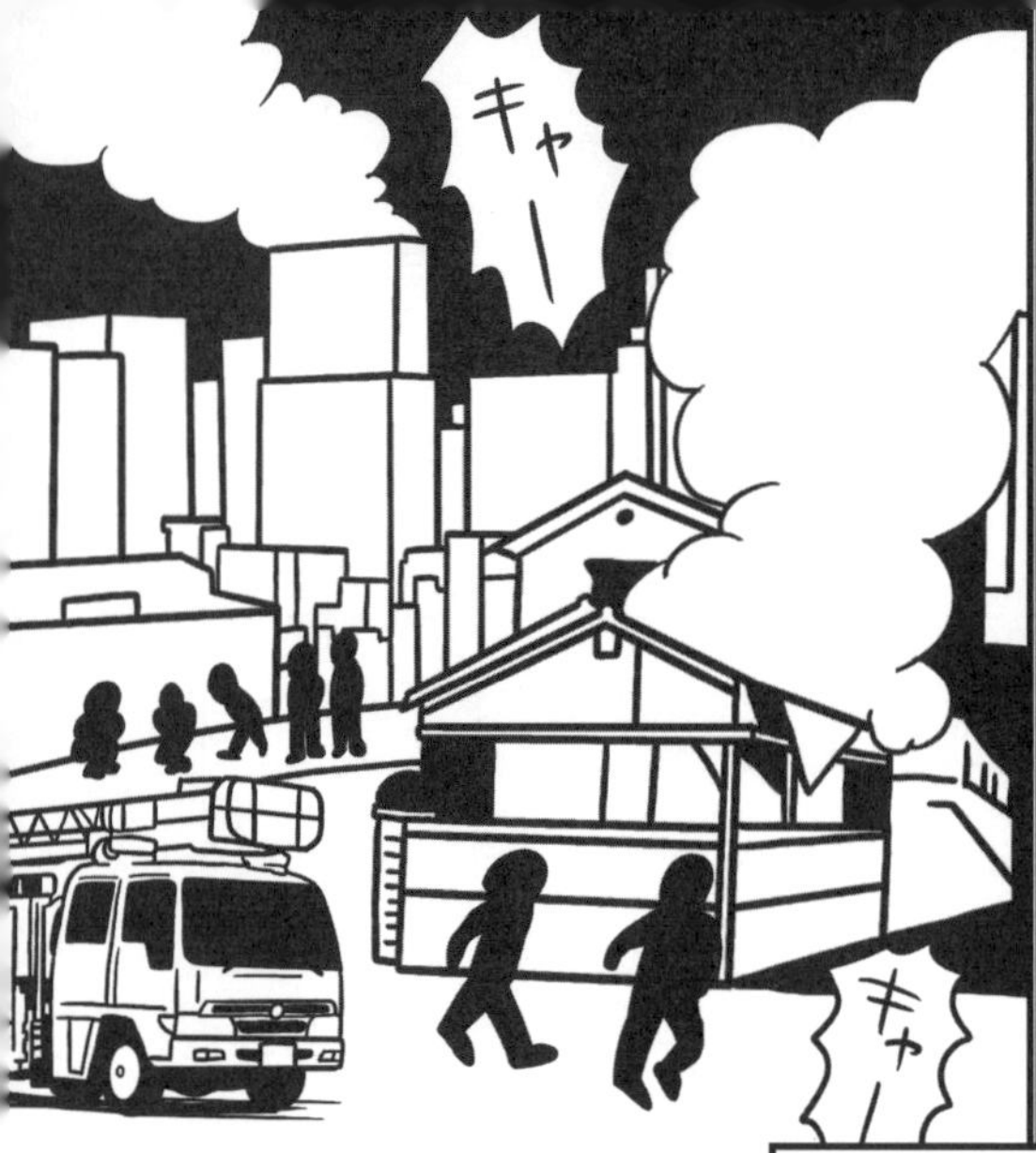

好評
発売中

錯綜する！

――『0《Lei》　下』に続く。

それぞれの思惑が

0 Rei

『スマホで出来る答え合わせ』

さとうみつろう 公式HP

Humans all have commonsense but we can spin out if you know the Rule.

さとうみつろう
石垣島に生まれ、札幌の大学を卒業後、エネルギー系の大手企業に入社。社会が抱える多くの矛盾点に気づき、「世界を変えるためには、1人ひとりの意識の革新が必要」だと痛感し、SNSで独自の考え方やエッセイ、詩や楽曲などの発信を開始する。すると口コミなどで「笑えて、分かりやすい文章」が評判となり、各種人気ランキングで1位を記録。2014年、読者や周囲の声に応える形で長年勤めた会社から独立。同年に出版した『神さまとのおしゃべり』（ワニブックス）は20万部を突破。その続編である『悪魔とのおしゃべり』（サンマーク出版）と合わせて、シリーズ累計30万部のヒットとなる。現在、音楽ライブや講演会などで全国を飛び回る傍ら、本の執筆やイベントの企画等も自身で手掛けるマルチなクリエイターとして活躍する。那覇市在住の子煩悩な3児のパパでもある。

0 Rei 上

デザイン　三森健太（JUNGLE）
イラスト　Kawai Satomi、伊達雄一
校正　株式会社ぷれす
DTP　朝日メディアインターナショナル
編集　岸田健児（サンマーク出版）

2020年8月１日　初版印刷
2020年8月20日　初版発行

著者　さとうみつろう
発行人　植木宣隆
発行所　株式会社サンマーク出版
〒169-0075　東京都新宿区高田馬場2-16-11
(電話) 03-5272-3166
印刷　株式会社暁印刷
製本　株式会社若林製本工場

©Mitsurou Sato,2020 Printed in Japan
定価はカバー、帯に表示してあります。落丁、乱丁本はお取り替えいたします。
ISBN978-4-7631-3742-5　C0095

ホームページ　https://www.sunmark.co.jp/